PRINCIPES

DE LA

LANGUE CASTILLANE

EN TABLEAUX COLORIÉS

CONTENANT

La partie lexigraphique de la Langue. — La Syntaxe avec tous ses développements. — Des Tableaux relatifs à
l'emploi des Prépositions. — Un Cours d'idiotismes proprement dit. — Un Traité complet de
Prosodie. — Un Alphabet des variations orthographiques, indispensable pour la lecture
des anciens auteurs, à dater du treizième siècle.

« Ce n'est qu'avec des tableaux que l'on peut faire des rap-
« prochements; ils réveillent les idées et les provoquent. »
Napoléon.

PAR

MM. F. MAUREL ET D^r. P. MARTINEZ LOPEZ.

MAGRAU, ÉDITEUR,
RUE DE SEINE, N. 10.

PARIS. — 1838.

PRINCIPES

DE LA

LANGUE CASTILLANE.

PRINCIPES

DE LA

LANGUE CASTILLANE

EN TABLEAUX COLORIÉS

CONTENANT :

La partie lexigraphique de la Langue. — La Syntaxe avec tous ses développements. — Des Tableaux relatifs à
l'emploi des Prépositions. — Un Cours d'Idiotismes proprement dits. — Un Traité complet de
Prosodie. — Un Alphabet des variations orthographiques, indispensable pour la
lecture des anciens auteurs, à dater du treizième siècle.

PAR

MM. F. MAUREL ET Dr P. MARTINEZ LOPEZ.

« Ce n'est qu'avec des tableaux que l'on peut faire des rap-
« prochements; ils éveillent les idées et les provoquent. »

NAPOLÉON.

PARIS,

CHEZ HINGRAY, ÉDITEUR, RUE DE SEINE-SAINT-GERMAIN, 10.

1838.

Sous Presse, et pour paraître prochainement :

PRINCIPES DE LA LANGUE FRANÇAISE, EN ESPAGNOL,

PAR LES MÊMES AUTEURS.

Les exemplaires non revêtus de la signature des deux auteurs seront réputés contrefaits, et tout contrefacteur ou débitant de contrefaçons de cet ouvrage sera poursuivi suivant la rigueur des lois.

TYPOGRAPHIE DE LACHAMPE ET COMPAGNIE, RUE DAMIETTE, 4.

PRÉFACE

Il existe beaucoup de grammaires espagnoles ; et, dans notre opinion, elles sont telles, que le meilleur moyen d'en faire une nouvelle, c'est de la faire bonne. Une chose qui paraît avoir été complètement ignorée de nos prédécesseurs, c'est que, dans toutes les sciences, il n'y a qu'une seule et même marche, l'observation et l'analyse. On ne trouve chez eux aucune notion de grammaire générale, pas la moindre trace d'idéologie. Ils ont quelque connaissance des détails, sans aucune vue d'ensemble ; ils voient les choses, mais les rapports leur échappent ; en un mot, ils entassent des règles, sans jamais poser un principe. Leurs ouvrages ne sont guère que les paraphrases routinières du texte prétendu grammatical enfanté par l'Académie de Madrid.

La langue castillane mérite un culte plus éclairé, et le temps est enfin venu pour elle de participer aux progrès et aux conquêtes du siècle dans le domaine de la philologie. Nous avons eu l'ambition de commencer cette réforme grammaticale, et une telle entreprise est peut-être digne de quelque encouragement, à une époque où l'Espagne travaille à consolider l'œuvre de régénération politique qui l'identifie de plus en plus avec la France constitutionnelle.

Mais qu'est-ce qu'une grammaire ? Ce n'est, ou du moins ce ne doit être que l'introduction à l'étude d'une langue ; c'est l'enseignement de ses formes lexi-graphiques, et l'exposé des règles fondamentales qui président à l'union de ces formes élémentaires, pour la manifestation de la pensée. L'application pratique et complète de ces règles, c'est là l'étude même de la langue, mais ce n'est plus de la grammaire. La lecture des bons écrivains doit faire les frais de ce second enseignement.

Comme conséquence de ces idées, on peut admettre le principe de Dumarsais : *Peu de règles, et beaucoup de pratique*; mais ce principe, il faut en pénétrer le sens, en bien saisir l'esprit.

Une règle grammaticale est comme un centre lumineux, autour duquel gravitent une foule de locutions qui reflètent sa clarté ; et, comme dans toutes les langues, ces locutions se combinent et se modifient à l'infini, il importe de restreindre autant que possible le nombre des centres régulateurs, en agrandissant les circonférences. Nous devons ici dire toute notre pensée. Il est des personnes qui prétendent que les ouvrages élémentaires ne doivent renfermer que des règles simples, claires et faciles : nous prétendons, nous, que *la règle* doit d'abord être *une règle*; qu'en toute matière, et sur un point quelconque, il existe une règle unique, hors de laquelle on ne peut que faire fausse route : que seule, cette règle est comme un guide fidèle, vous conduisant quelquefois à travers des chemins quelque peu scabreux, mais ne vous égarant jamais. Les faiseurs de rudiments, qui ont l'air de compatir à la faible intelligence des enfants, ne font qu'accuser leur propre faiblesse. Au lieu de creuser dans les entrailles d'une question, pour en faire jaillir la vérité et la mettre dans tout son jour, ils s'arrêtent à la surface des choses ; ils veulent faire comprendre, et ils n'ont pas le courage d'approfondir ; ils veulent vous initier dans les mystères qu'eux-mêmes n'ont pas su pénétrer. Les difficultés d'un enseignement quelconque doivent être vaincues par le maître, avant d'être attaquées par l'élève. Si le premier a bien accompli son œuvre, celle du second deviendra facile ; si l'un possède l'art de penser et l'art d'écrire, l'autre aura certainement le talent de comprendre. Au lieu de cela, on trouve infiniment plus commode de tracer des règles, nous ne dirons pas superficielles, mais purement mécaniques ; des préceptes tellement *simples*, qu'ils sont dépourvus de toute substance ; tellement *clairs et faciles*, qu'ils n'ont pas la moindre portée.

Il serait temps de renoncer à ce système, qui ne s'adresse qu'à la mémoire, et fait divorce avec l'intelligence. Tout grammairien, s'il veut se montrer digne de ce titre, doit, au moyen d'une observation attentive, découvrir les principes cachés qui établissent des analogies au milieu d'apparentes dissemblances ; il doit, par le secours de l'analyse, arriver aux résultats synthétiques ; en d'autres termes, il doit donner *peu de règles*, mais des règles d'une application vaste, lumineuse et féconde. Une pareille marche nécessite la *mise en tableaux* des exemples cités à l'appui des principes. Ce n'est que par la mise en tableaux qu'on peut montrer *le plus immédiatement possible*, comme dit Lemare, *la filiation des idées* et *l'enchaînement des rapports*. Nous avons donc pris le parti d'adopter le format in-4° et la forme oblongue. Dans cette innovation n'est pas un vain luxe de typographie ; elle complète les avantages d'une méthode où le classement et la disposition des matières portent sur des rapprochements et des contrastes rendus plus sensibles par le jeu des couleurs.

La *prononciation* est une chose en quelque sorte vitale dans l'étude des idiomes méridionaux ; et par le mot *prononciation*, nous n'entendons pas seulement le son affecté aux diverses voyelles, à leurs combinaisons, et à leur articulation par telle ou telle consonne. *Bien prononcer*, c'est surtout *bien prosodier* ; c'est observer la quantité syllabique, et, par une connaissance parfaite de l'accent, donner à chaque mot, et par suite à l'ensemble d'une période, ce rhythme, cette cadence qui résulte du mélange des brèves et des longues. Chez les anciens Romains, on aurait accueilli par des sifflets et des huées l'acteur qui aurait commis une faute de quantité. Les Italiens et les Espagnols, qui ont hérité des débris de la langue latine, en ont, sur plus d'un point, modifié le système prosodique ; mais leurs idiomes sont restés soumis à cet enchaînement d'iambes, de trochées, d'anapestes et de dactyles, auquel les oreilles des nationaux sont habituées, et dont elles éprouvent l'impérieux besoin. Cependant, pour ne nous occuper ici que des Espagnols, voyez ce que leurs grammairiens nous apprennent sur cette matière importante, voyez leurs *Traités de l'accent*. Non-seulement l'instruction y est totalement tronquée ; mais les omissions portent sur les choses les plus essentielles, et l'insuffisance des préceptes est aggravée par l'absence de toute méthode : c'est à la fois le chaos et le néant !

Un seul écrivain, D¹ Mariano José Sicilia, a donné, dans ses quatre volumes sur l'orthologie et la prosodie de la langue castillane, un ouvrage vraiment estimable, et d'une vaste érudition. Nous avons puisé dans cet immense répertoire quelques détails lexicologiques, qui pourraient s'adapter aux combinaisons tout-à-fait neuves formant le plan de notre *Traité de prosodie*.

En commençant, nous avons exprimé une opinion peu favorable aux travaux de nos devanciers. Si nous nous sommes bornés à des généralités, ce n'est pas, à coup sûr, faute de pièces à l'appui de nos assertions : nous n'aurions, à cet égard, que l'embarras du choix. M. Nuñez de Taboada, par exemple, a doté le public d'une *Grammaire espagnole* où l'on remarque, parmi une foule de naïvetés, le passage suivant : « On se sert souvent en espagnol des pronoms ME, TE, SE, *seulement pour donner plus d'expression à la phrase*. » Ce qui veut dire que ces pronoms sont employés souvent d'une manière explétive. Exemple (toujours d'après M. Nuñez) : « *Quien* TE ME *dira ver en senejante apuro !* que je voudrais te voir dans un semblable embarras ! » Ce n'est pas le cas de relever ici la trivialité et le mauvais goût de cette phrase, qu'on pourrait qualifier de patois castillan ; bornons-nous à la critique purement grammaticale, et traduisons mot à mot : *Quien* (qui) ME *dira* (ME donnerait), *ver* TE (de TE voir) *en senejante apuro* (dans un semblable embarras). En vérité, nous proclamerons M. Nuñez de Taboada le plagiax des hommes habiles, s'il peut trouver dans sa citation le plus petit mot explétif, la plus faible lueur de redondance.

L'Académie de Madrid a donné une *Grammaire castillane*, œuvre d'autant plus déplorable, que son influence a été en raison inverse de son mérite. Dans un pays malheureux et longtemps soumis à toute espèce de joug, ce code barbare et immuable est devenu comme un texte sacré, imposant à l'Espagne son autorité inquisitoriale; tandis que, chez l'étranger, il était répété et lourdement commenté, à titre de conception nationale, par cette foule de pygmées litté-raires, véritables échos, incapables de rien proférer par eux-mêmes, et propres seulement à dénaturer la parole d'autrui. C'est donc à l'Académie de Ma-drid, et à sa didactique inintelligente, que l'on doit imputer l'état arriéré où se sont maintenus les principes du bel idiome castillan.

Cette même Académie a produit et reproduit un dictionnaire, dont la dernière édition (celle de 1837) est pire que les précédentes, sous tous les rap-ports. Nous ne ferons sur ce dictionnaire qu'une seule observation, à propos d'une question grammaticale.

Un usage vraiment barbare a fait de l'article neutre LO un synonyme du substantif relatif masculin LE, complément du verbe; et l'Académie, ordinai-rement si rétive contre les innovations, alors même qu'elles sont marquées au coin de la raison et du bon goût, a consacré, dans son dictionnaire de 1837, cet étrange solécisme, qui viole des principes du langage, et devient la source d'une foule d'équivoques, de contre-sens et de non-sens. Prenons un exemple, pour nous faire mieux comprendre. Supposons qu'un individu raconte un fait à plusieurs personnes réunies. Dès qu'il a cessé de parler, un des auditeurs s'écrie : « *No LO creo*; » ce qui signifie : « à le ne crois pas *la chose* qu'on vient de raconter; *ce fait* me paraît *invraisemblable*. » Le doute, manifesté de cette ma-nière, retombe sur la *narration*, non sur le *narrateur*. Mais à peine cet incrédule a-t-il parlé, que son voisin lui dit, dans le tuyau de l'oreille : « *Yo no LE creo*. Moi, je ne *le* crois pas, *lui qui parle*. » Ceci est une incrédulité d'une autre espèce; elle porte sur *le narrateur* bien plus que sur la *narration*. On met donc en doute, dans le premier cas, *la vérité de la chose*; dans le second cas, *la véracité de la personne*... Et cette différence si tranchée, si radicale, d'où résulte-t-elle? De l'emploi de LE ou de LO, chacun dans le sens qui lui est propre, et qui ne devrait pas plus permettre de remplacer LE par LO, que LO par LE.

Après avoir parlé de l'Académie en corps, disons un mot de son secrétaire, M. Martinez de la Rosa. Dans une note de son *Art poétique*, cet illustre per-sonnage a dit : « *Espíritu* (pour *espíritu*) : syncope qui a lieu en poésie, quand ce mot *espíritu* ne peut pas entrer dans le vers. Il en est de même de DO » (pour DONDE), VO (pour VOY), bien que Francisco de Rioja ait prétendu que ces mots ont été faits en connaissance de cause, et après un savant exa-» men : il est constant, d'après les ouvrages, qu'on ne s'est servi de DO, VO, que là où DONDE, VOY, ne pourraient pas entrer dans la contexture d'un » vers. » On pourrait ici adresser à M. Martinez de la Rosa, les deux vers si connus de Francaleu :

Monsieur, la poésie a ses licences; mais
Celle-ci passe un peu les bornes que j'y mets.

---

[1] Nous avons consigné ce fait dans notre *Grammaire*, mais comme contraints et forcés, et nous protestons du moins contre son illégitimité.

Eh quoi! VO et DO ne sont que des syncopes commandées par le mécanisme de la versification! Mais on trouve DO à chaque ligne dans *Las Partidas*, le *Fuero real*, la *Recopilacion*, dans tous ces recueils de lois qui ne sont pas plus poétiques dans le fond que dans la forme; mais le marquis de Santillana a dit en vers : DÓ *es Semiramis é Pantasilea*?[1] Et nous n'avons pas besoin d'apprendre à l'auteur d'un *Art poétique*, que ce vers serait tout aussi régulier si l'on avait dit : DONDE *es Semiramis é Pantasilea*. Écoutons Lope de Vega :

Mas nunca veo pagada

Esta semana en que ESTÓ,

Ni sé ni aguas por quien SÓ, etc.

Quelles entraves empêchaient le grand poète d'employer *estoy*, *soy*? Ces mots riment parfaitement ensemble, et n'auraient apporté aucun dérangement dans la structure du vers. Nous sommes donc forcés d'apprendre à M. Martinez de la Rosa, que DO est la forme primitive de DONDE; que VO est la forme primitive de VOY, en y ajoutant l'adverbe Y, si usité dans l'ancienne littérature : « *Muchacho, marcha al correo*; garçon, va-t-on à la poste.—VO-Y, Señor; j'Y vais, Monsieur. »

Résumons-nous. Nous avions à nous occuper d'une langue logique dans ses principes, noble et harmonieuse dans ses formes, riche de ses écrivains....., pauvre en grammairiens. Nous avons fait tous nos efforts pour donner quelque intérêt à un ouvrage d'enseignement, pour mettre la vérité dans les préceptes, et la clarté dans la méthode : c'est au public à décider si, en nous éloignant de la route vulgaire, nous n'avons pas eu le malheur de nous fourvoyer.

Un ministre français, digne de son siècle et de son pays, vient de rendre obligatoire dans les colléges l'étude de la langue espagnole. Puisse notre ouvrage contribuer à en propager le goût et la connaissance!

---

[1] Manuscrit de la Bibliothèque royale de Paris.

PRINCIPES DE LA LANGUE CASTILLANE.

LEXIGRAPHIE.

PRONONCIATION ET ORTHOGRAPHE.

L'Alphabet Espagnol comprend 28 lettres, toutes du genre féminin. Voici la figure et le nom de chacune d'elles:

A, B, C, CH, D, E, F, G, H, I, J, K, L, LL, M, N, Ñ, O, P, Q, R, S,
T, U, V, V, X, Y, Z,

a, bé, cé, tché, dé, é, éfé, gé, aché, i, jota, ké, élé, éllé, émé, éné, égné, o, pé, cou, érré, éssé,
té, ou, vé, vé ligulad, équis, igriéga, zéda ou zéta.

VOYELLES (A, E, I, O, U).

		ANCIENNE ORTHOGRAPHE.	NOUVELLE ORTHOGRAPHE.
A, I, O.	Ces trois voyelles se prononcent comme en français. L'I est toujours le même son que votre mot préf. Il remplace aujourd'hui l'Y dont on se servait dans le principe pour les mots d'origine grecque.	Lyra, lyre.	Lira.
E.	Se prononce toujours comme l'é fermé: célo, écribir, imperio, etc.	Pyra, bûcher.	Pira.
U.	Se prononce comme l'é fermé. Cette lettre est muette dans les syllabes GUE, GUI,—QUE, QUI: qui se prononcent comme dans (guehile, guérra, guérir, quiter.) (Pour les cas où cette voyelle n'est pas muette, voyez à la lettre G et à la lettre Q.)		

CONSONNES.

		ANCIENNE ORTHOGRAPHE.	NOUVELLE ORTHOGRAPHE.
B, V.	Le B a la prononciation française; mais le V n'existe en espagnol que pour la forme. Il a le son du B, ce qui fait que les poètes font rimer ensemble suave avec sabe, brave avec débe, vivo avec recibe. Cependant l'Académie espagnole a décidé qu'il fallait donner à chacune de ces lettres, comme en français, le son qui lui est propre. Dans l'ancienne orthographe on écrivait obscuro, a (obscur, e), et les dérivés de ce mot avec B. Aujourd'hui cette consonne a disparu, et l'Académie espagnole a adopté cette innovation en écrivant oscerro, a, etc.	Obscuracion, obscurité... Obscurecer, obscurcir... Obscuro, a, obscur, e, etc...	Oscuracion. Oscurecer. Oscuro, a, etc.
C.	Devant A, O, U, cette consonne se prononce comme en français; mais devant E, I, elle se prononce en avançant la langue entre les dents qu'elle frôle légèrement. Pour adoucir le C devant A, O, U, on faisait autrefois usage de la cédille; aujourd'hui d'un T, auquel on substitue le Z.	Çapato, soulier... Açucar, sucre, etc...	Zapato. Azúcar, etc.
CH.	Ces deux lettres se prononcent comme on les prononcerait en français en les faisant précéder d'un T, auquel on ne donnerait qu'un son faible: chico, petit; prononcez Tchico. Autrefois, lorsque CH était suivi d'une consonne (chrísto), ou d'un accent circonflexe (chómica), il prenait le son du Q ou du K, et se prononçait crísto, kímica. Cette prononciation est toujours la même, mais avec une nouvelle orthographe; et l'on écrit aujourd'hui crísto sans H, et quimica sans accent circonflexe.	Chrísto, christ... Chímera, chimère... Chímica, chimie... Chímera, chimère... Chiromancia, chiromancie, etc...	Cristo, etc. Quimera. Quimica. Quimera. Quiromancia, etc.

1 La prononciation la plus usitée du double V est celle du V consonne. Cette lettre est omise par la plupart des grammairiens. On l'appelle V líquide ou uélouis...

(Arte poética!!!)

LEXIGRAPHIE.

		ANCIENNE ORTHOGRAPHE.	NOUVELLE ORTHOGRAPHE.
G	G se prononce comme en français, excepté lorsqu'il se trouve immédiatement suivi d'un N, ou de E, I; — devant N, il a la prononciation latine (dig-no, digne), où le son du G et de l'N se font entendre séparément; c'est ainsi que nous prononçons le G dans le mot diagnostique; — devant E, I, il se prononce du gosier; cette prononciation orientale, que les Arabes ont importée en Espagne, est une espèce de râlement dont on peut fortement se faire une idée en pressant le gosier entre deux doigts, au moment de l'émission de la voix. Lorsque la voyelle U n'est pas muette dans les syllabes GÜE, GÜI, on a la marque d'un tréma. Ex.: Vergüenza, honte; Argüir, argumenter, etc. Ces mots se prononcent: Vergoenza, argoir.		
H	L'H s'aspire légèrement devant UE: Huevo, œuf; huero, oie. Cette lettre s'est maintenue dans quelques mots où elle ne se prononce pas, et, dans plusieurs de ces mots, elle remplace la lettre F, en usage autrefois.	Fracer, faire. . . . . . / Forcina, exploit. . . / Fasta, jusqu'à. . . . / Fermosura, beauté. . / Fijo, fils, etc. . . .	Hacer. / Hazaña. / Hasta. / Hermosura. / Hijo, etc.
J	Jota a toujours le son guttural, que G ne prend que devant E, I.		
Ll	Cette lettre double se prononce toujours comme L mouillée en français.		
M, N	Ces deux consonnes se prononcent comme en français; mais sans avoir, jamais le son nasal; M, toujours comme dans le mot immortel; N, toujours comme dans le mot tené.		
Ñ	Ñ, surmonté du petit trait que les Espagnols nomment tilde, a le même son que GN en français dans Seigneur, agneau, etc.		
	D'après la nouvelle orthographe, la lettre Q se change en C, conformément aux exemples suivants : Devant UE, lorsque l'U n'est pas muet et qu'il se prononce ou, on ne fait pas connaître autrefois usage du tréma; mais la lettre Q se change en C. Ainsi, au lieu d'agüededo, on écrit acuediedo, que l'on prononce acouediouedo.	Agüededo, aqueduc. . . / Question, question. . . / Questor, questeur, etc. .	Acueducto. / Cuestion. / Cuestor, etc.
Q	Devant UO, UA, ou l'U n'est jamais muet et se prononce toujours ou, la lettre Q se change aussi en C. Ex.: Iniquo, inique, s'écrivent inicuo, inicua, et se prononcent inicouo, inicoua.	Iniquo-a, inique. . . / Propinquo-a, proche. . / Quota, quote. . . . . / Quatro, quatre, quel. . / Quaresma, carême, etc.	Inicuo-a. / Propincuo-a. / Cuota. / Cuatro, cual. / Cuaresma, etc.
	Devant UE, lorsque l'U n'est pas muet et qu'il se prononce ou, on ... changent qu ou cu en C.	Quotidiano, quotidien. . / Quota, quelque. . . . / Quociente, ou cuociente. .	Cotidiano, catorce. / Cota. / Cociente.
	La lettre Q ne se trouve donc devant la voyelle U que lorsque celle-ci est combinant avec E, I, X. Ex.: Queda (ueda), je reste; quito (kito), chyle.		
R	Cette lettre a deux sons, un très-fort et un très-doux. 1° Au commencement des mots: Ramo, branche; Reido, bruit; Rico, riche, etc. 2° Lorsqu'elle est double: Perro, chien; Corro, char, etc. 3° Après L, N, S: Malrotar, dilapider; Honra, honneur; Israelita, Israélite; 4° Dans les mots où elle est précédée des prépositions AB, OB, SUB. Ex.: Abrogation †, rétroquer, etc. 5° Dans les mots composés de deux autres, dont le second commence par R. Ex.: Cara-redondo (carra, redondo), qui a le visage rond. Ceci s'étend des mots précédés des prépositions pre, pro, contra, entre. Ex.: Pre-rogativa, prérogative; pro-rogar, proroger, etc. ².	Elle a le son très-fort. / Partout ailleurs la lettre R a le son très-doux. Ex.: Perro, mais; pera, poire.	

---

¹ Il s'agit ici de l'R après l'R, quand cette dernière consonne fait partie des prépositions ob, ab, sub, etc. Hors de ce cas, et quand les deux consonnes concourent à la formation d'une même syllabe avec la voyelle qui suit, l'R a le son doux: Abrever, abréger, abrégo, abri; Avrió, sant, etc.

² Les cas des n° 4 et 5 rentrent dans celui du n° 1. En effet, il s'y agit des mots composés, et l'R initial du second mot doit y être considéré comme ceux qui sont au commencement d'un mot simple.

		ANCIENNE ORTHOGRAPHE.	NOUVELLE ORTHOGRAPHE.
S.	Cette consonne se prononce toujours, même entre deux voyelles, comme deux S en français. Ex. *Paseo*, promenade; pr. *passeo*, etc.		
T.	Conserve toujours sa valeur alphabétique; il est aussi dur devant l'I que devant les autres voyelles.		
X.	Cette lettre, au commencement ou au milieu d'un mot, avait le son guttural de la lettre J : *Xefe*, chef; *Exercito*, armée; *Xabon*, savon. Suivie d'un accent circonflexe, elle prenait le son de CS : *Exâminhar*, examiner; pr. *Ecsaminar*. C'était l'ancienne ortho-graphe. Aujourd'hui l'X est changé en J ou G dans les mots où il était guttural (*Gefe*, chef; *Jabon*, savon), et l'on n'emploie plus l'accent circonflexe pour la distinction des mots où il doit se prononcer CS.	Xefe, chef; Xabon, savon. Exercito, armée. Dixo, dixe, etc., du verbe *decir*. Exentrico, examiner; etc.	Jefe, gefe. Jabon. Egercito, egerito. Dije, dijo, etc. Ecsentrico, etc.
	Dans les mots où l'Y est suivi d'une consonne, on le change en S.	Extrangero, étranger; Extremo, extrème, etc.	Estrangero. Estremo, etc.
	A la fin des mots, l'X a un son guttural adouci, comme dans *Box*, buis; *relox*, horloge, etc.		
Y.	Cette lettre ne s'emploie aujourd'hui comme voyelle, au lieu de I, que dans la conjonction Y (et), et à la fin des mots, après une autre voyelle avec laquelle elle forme diphthongue. Ex.: *Hoy*, H'y a; *ley*, loi; *rey*, roi; *doy*, je donne; *muy*, très, etc. Partout ailleurs, elle est considérée comme une consonne et doit être suivie d'une voyelle. Ex.: *Ayuno*, jeûne; *rayo*, rayon, etc. Alors elle se prononce comme l'Y dans les mots aïeul : aïeuse, raïo, etc.		
	Placé au milieu d'un mot, et suivi d'une consonne, l'Y se change en I.	Ayre, air; Afeytar, raser; Alcayde, gouverneur; Deleyte, délice; Pays, pays.	Aire, etc. Afeitar. Alcaide. Deleite. País, pays, etc.
Z.	Le Z a un même son devant toutes les voyelles, et correspond au C devant l'E et l'I. On emploie le Z devant les voyelles A, O, U, comme dans *Zagal*, jeune berger; *zorzal*, grive; *zumo*, suc. Devant E, I, on ne s'en sert que dans quelques mots où l'ortho-graphe originaire a été confirmée par l'usage: *Zelo*, zèle; *zizaña*, ivraie. Partout ailleurs le C a été substitué au Z devant E, I. On commence même à écrire *zelo*, zèle, avec C.	Zéfiro, zéphyr; Zebra, zèbre; Zenit, zénith; etc.	Céfiro. Cebra. Cenit. Celo, etc.

Il est des auteurs qui écrivent les syllabes *xa*, *xen*, *xi* (*exâmen*, *exemo*, *exîmio*) avec cs : *Ecsamen*, *ecsemo*, *ecsimio*. L'S substitué à l'X donnerait le mot *Espiar*, signifiant épier.

compliqué l'écriture au lieu de la simplifier, et qui dénature la véritable prononciation de l'X.

1 Avec cette restriction cependant, que le changement de la lettre ne changera pas le sens du mot. Par ex., dans le mot *Espiar* (expier), l'S substitué à l'X donnerait le mot *Espiar*, signifiant épier.

DIPHTHONGUES ET TRIPHTHONGUES.

On appelle *diphthongue* et *triphthongue* la réunion de *deux* et de *trois voyelles*, que l'on prononce distinctement par une seule émission de voix. Voici celle que l'on trouve dans la langue espagnole.

COMBINAISONS

COMBINAISON DE VOYELLES.	FORMANT DIPHTHONGUES.	SON DIPHTHONGUES.
A.E.	Sentan, raudam.	Ja-en, Isna-el, Sa-eta, ca-e.
A.I.	Ay, aïre, arron, arrozo.	Fa-is, Abiga-il, distra-ido.
A.O.	Ricochero, caobana, Gaborosita.	Ba-ilon?, na-o, Gaba-ou.
A.U.	Caeta, aura, nórdica.	A-ollo, Sa-humo.
E.A.	Ea, creador, aurea, beatitud.	Le-al, sabore-ar, are-ano.
E.I.	Ley, freile, Ceñan, Neredia.	Re-i, le-ido.
E.O.	Peonía, Leonidas, coetáneo.	Le-on, treñe-o.
E.U.	Eorro, neutral, feudo.	Re-uma, re-uno, Cer-asa.
I.A.	Gracia, cristiano, varia (adj.).	Fi-ar, vari-o (verbe).
I.E.	Pié, Diego, prólogo.	Fi-é, desti-é.
I.O.	Vício, violeta, Dionísio, vário (adj.).	Fi-o, desti-ó, vari-o (verbe).
I.U.	Triunfo, dreurano, triunvirato.	Di-urno, fi-ucia.
O.A.	Goetürz, coegular, soasa.	Bo-ah, bo-ato, gano-a.
O.E.	Roedor, boceado, coetáneo.	Ro-er, ro-ota, aho-e.
O.I.	Hoy, señor, Lois, estorolde.	O-í, o-ido, Zo-ilo.
O.U.	Touran.	
U.A.	Menor, igual, inmor, continua (adj.).	Flucu-ar, reliu-ar, continu-a (verbe).
U.E.	Fué, sanio, magiar, duresado.	Mimr-é, sitñ-é.
U.I.	Buey, ruina, jerjui, juridoso.	Rdtn-ir, dlln-ir, jesu-ita.
U.O.	Patio, desague, continuo (adj.).	Artu-ó, situtn-o, continuo-ó (verbe).

COMBINAISONS

	FORMANT TRIPHTHONGUES.	SON TRIPHTHONGUES.
IAI.	Precias, vicias.	Fi-áis, cri-áis.
IEI.	Liciéis, viciéis.	Fi-éis, le-éis.
UAI.	Agorás, Guerra.	Continu-áis, oxcuph-áis.
UEI.	Buey, santigüéis.	Fluctu-éis, habéü-éis.

REDOUBLEMENT DES VOYELLES

	FORMANT DIPHTHONGUES.	SON DIPHTHONGUES.
A.A.	Saavedra.	Alba-luna.
E.E.	Premhenria.	L-r-r, le-r.
I.I.	Coordinar.	Fr-i-ictiun.
O.O.	Coordinar.	Bo-otes.
U.U.	Duuavir.	

DIPHTHONGUES.

En tout, vingt combinaisons.

L'Académie espagnole n'en reconnaît que seize; ses émissions portent sur les quatre combinaisons:

$$\left\{ \begin{array}{l} A\,E,\ A\,O; \\ O\,A,\ O\,U. \end{array} \right.$$

Cependant, dans quelques-uns des exemples que nous présentons de l'union de ces voyelles en une seule syllabe, la diphthongue est telle que sa dissolution ne pourrait avoir lieu, même par l'effet d'une licence poétique.

OBSERVATION.

Dans quels cas les diverses combinaisons de voyelles et leur redoublement forment-ils ou ne forment-ils pas diphthongue ou triphthongue, et quelle est la place de l'accent qui frappe la syllabe longue d'un mot ? c'est du ressort de la prosodie, dont nous donnerons un traité méthodique et complet à la fin de l'ouvrage. Nous pensons qu'on doit réserver cette étude pour la dernière. On ne peut s'occuper de la prosodie qu'après avoir acquis une connaissance parfaite de la conjugaison des verbes, tant irréguliers que réguliers. Dans les tableaux que nous présenterons des différentes espèces de verbes, nous avertirons tous les temps, modes, nombres et personnes, afin que cette pratique préliminaire devienne un acheminement à l'étude des principes théoriques de la prosodie.

1 La lettre H n'est souvent qu'un signe orthographique pour la division des syllabes, comme dans A h í, etc. Quelquefois, cependant, la triphthongue a lieu malgré l'interposition de cette lettre, comme dans : Aberrojar, ahíjado, vehemente, etc.

Avertissement.

Nous ne ferons pas précéder notre grammaire espagnole d'un *Traité de grammaire générale* : nous supposons à nos lecteurs la connaissance préliminaire des éléments du discours. Il nous suffira de donner un aperçu de la nomenclature grammaticale que nous avons adoptée, et que nous mettrons en rapport avec les dénominations anciennes les plus importantes.

		ANCIENNES DÉNOMINATIONS.	OBSERVATION.
SUBSTANTIF.			
1. ABSOLU......	bonne, vertu, arbre, grandeur, etc...	Nom substantif.	Nous conservons les dénominations de *Pré-position*, *Adverbe*, *Conjonction*, *interjection*.
2. RELATIF......	JE, MOI, ME; TU, TOI, TE; IL, LUI, ELLE, etc...	Pronom personnel.	
ADJECTIF.			
1. QUALIFICATIF...	bon, blanc, etc...	Nom adjectif.	
2. ACTIF...	Frappant...	Participe présent.	
3. PASSIF...	Frappé...	Participe passé.	
	Le, la, les...	Article défini.	
	Un, une...	Article indéfini.	
	Le mien, la mienne; le tien, la tienne; le sien, etc...	Pronom possessif absolu.	
	Mon, ma, mes; ton, ta, tes, etc...	Pronom possessif relatif.	
4. DÉTERMINATIFS OU DÉMONSTRATIFS.	Quelque, un certain; nul, aucun; chaque, tout, etc...	Pronom indéfini.	
	Ce, cette, ces; celui-ci, celle-ci, etc...	Pronom démonstratif.	
	Qui, que, lequel, laquelle, etc...	Pronom relatif.	
	Un, deux, trois, quatre, cinq, etc...	Nom de nombre.	
VERBE.			
1. TRANSITIF.	Je frappe *Paul*.	Verbe actif.	
	Je me frappe.	Verbe réfléchi.	
	Nous *nous* frappons l'un l'autre.	Verbe réciproque.	
2. INTRANSITIF.	Je suis, j'existe.	Verbe neutre.	
	Je suis, verbe auxiliaire.	Je suis, verbe auxiliaire.	
	Je suis *frappé*.	*Frappé*, verbe passif.	

PLAN ET DIVISION DE L'OUVRAGE.

LEXIGRAPHIE. . . . .

La lexigraphie est, en quelque sorte, la partie matérielle de la grammaire; elle s'occupe de la *description des mots*, c'est-à-dire, de leurs différentes formes. Le singulier d'un substantif étant donné, elle apprend à former son pluriel; le genre masculin d'un adjectif étant donné, elle enseigne à former son féminin, etc. S'agit-il de l'action exprimée par un verbe, de l'action d'*aimer*, par exemple? elle donne toutes les formes de cette action : *j'aime*, *tu aimes*, *il aime*, etc.

SYNTAXE. . . . .

La phrase grammaticale peut être figurée par l'idée d'un édifice à construire. La lexigraphie fournit les matériaux déjà élaborés; la syntaxe les dispose, les coordonne et les met en harmonie avec les rapports qu'il s'agit d'exprimer.

IDIOTISMES. . . . .

L'usage d'une langue peut changer les rapports établis par la raison : il consacre une foule de disconvenances, ou réelles et tout-à-fait arbitraires, ou seulement apparentes, mais qui ne se rattachent aux principes que par un lien imperceptible. Nous donnons, sous le titre d'*Idiotismes*, un choix de ces locutions, qu'il est indispensable de connaître. Elles sont précédées d'un travail important sur l'emploi des diverses prépositions, etc.

PROSODIE. . . . .

A la correction du langage, il faut joindre, en parlant, la prononciation régulière des mots, conformément à l'accent, à la quantité syllabique. En conséquence, on trouvera à la fin, et pour complément de notre ouvrage, un *Traité de prosodie espagnole*, rédigé et classé avec tout le soin qu'exigeaient l'importance et la difficulté de la matière.

La lexigraphie, disons-nous, est la description des mots; c'est-à-dire, la description de leurs différentes formes. La *préposition*, l'*adverbe*, la *conjonction* et l'*interjection* étant des mots inva-riables de leur nature, nous n'en parlerons que dans la syntaxe.

Le *substantif* est le mot par excellence, puisqu'il représente tout ce qui subsiste réellement dans la nature, ou figurément dans l'imagination de l'homme; c'est-à-dire, tous les êtres physiques ou métaphysiques. Il est l'âme du discours, le point central d'où tout dérive et où tout aboutit. Nous le divisons en substantif *absolu* et en substantif *relatif*.

SUBSTANTIF.

SUBSTANTIF ABSOLU.

Le substantif *absolu* est le nom qui désigne les êtres, indépendamment du rôle qu'ils jouent dans le discours, comme *homme*, *montagne*, *beauté*, *grandeur*, etc. Il peut être considéré sous trois rapports : GENRE, NOMBRE, CAS.

1º GENRE. Un même substantif ne peut avoir plusieurs genres, c'est-à-dire plusieurs sexes. *Leon*, signifie *lion*; *leona*, signifie *lionne*. Si ce sont là deux genres, ce sont aussi deux *substantifs distincts*, ayant chacun son genre, l'un masculin, l'autre féminin. La lionne n'est pas le féminin du mot *lion*[1]. La lexigraphie n'a donc rien à enseigner pour ce qui concerne le genre du substantif absolu; la syntaxe n'aura pas à s'en occuper davantage, car l'usage est l'arbitre souverain sur cette matière. La *muscaline* représente les êtres mâles, ainsi que les professions, dignités, etc., attribuées à l'homme; le *féminin* représente les êtres femelles, ainsi que les professions affectées à la femme. Voilà tout ce que la grammaire a à dire sur les genres : c'est au dictionnaire à enseigner le reste.

2º NOMBRE. Nous n'avons rien à dire sur la forme du *singulier*; c'est le mot tel qu'il est fourni par le vocabulaire d'une langue quelconque. Quant au *pluriel*, il se forme en espagnol du sin-gulier, d'après les règles suivantes :

Les noms, masculins ou féminins, qui se terminent par une voyelle non accentuée, prennent S au pluriel.

Ex. : Singulier. *PadrE*, père; *madrE*, mère; *hermanA*, sœur, etc. — Pluriel : *PadreS*, *madreS*, *hermanoS*, etc.

Les noms terminés par une voyelle accentuée, c'est-à-dire longue, ainsi que par un Y ou par une consonne, prennent ES au pluriel.

Ex. : Singulier.

AtelÍ,	m., girofle.	
BorceguÍ,	m., brodequin.	
JteY,	m., roi.	
VerdaD,	f., vérité.	
AmoR,	m., amour.	
DioS,	m., dieu.	

Pluriel.	*AteliÉS*,	girofles.
	BorceguÍES,	brodequins.
	ReyES,	rois.
	VerdadES,	vérités.
	AmorES,	amours.
	DiosES,	dieux[2].

N. B. Parmi les noms terminés par une consonne, ceux qui le sont par un Z prennent C au pluriel : *Luz*, lumière; *voz*, voix, etc., font au pluriel : *Luces*, *voces* Les noms terminés en X prennent, J au pluriel : *ReloX*, horloge; *reloJes*, horloges[3].

Les substantifs terminés en S, qui ont l'accent sur une autre syllabe que la dernière, ne varient point au pluriel : *Brindis*, santé portée à table; *tésis*, thèse; *elipsis*, ellipse; *hipótesis*, hypo-thèse; *lúnes*, lundi; mardi, etc. Pluriel : *Brindis*, *tésis*, etc. « *Con repetidos brindis* » « *Al alba saludaban* » « Leurs toasts répétés saluaient l'aurore. »

[1] On doit dire aussi que, *sous la forme d'un genre unique*, le substantif absolu ne peut représenter divers genres. Le mot *milano*, par exemple, s'entend, dit-on, du milan mâle et du milan femelle. Ce qui veut dire qu'il ne s'entend ni de l'un ni de l'autre. *Milano* exprime l'idée métaphysique d'une espèce d'oiseau, de l'espèce *milan*, abstraction faite de toute idée de sexe ou de genre.

[2] Il y a quelques exceptions à cette règle. Les substantifs en *ß* accentué prennent seulement S. Ex. : *Cafès*, caneapès, etc. — Le mot *maravedí* à trois formes de pluriel : *Maravedís, maravedíes, maravedises*.

[3] A la fin des mots, l'X est maintenant remplacé par J, au singulier. Dans ce cas la règle exceptionnelle nº 2 n'a plus lieu.

L'ÉNIGRAPHE.

Ce qui est relatif aux CAS ou POSITIONS du substantif, rentre tout entier dans le domaine de la syntaxe.

SUBSTANTIF RELATIF.

Le substantif *relatif* représente les êtres comme parties du discours, et relativement à la place qu'ils occupent dans le discours.

Si je dis : JE frappe, TU frappes, IL, ELLE frappe; JE, indique que la personne qui frappe est *celle qui parle*; TU, que la personne qui frappe est *celle de qui l'on parle*. Le même individu qui est représenté par JE, lorsque c'est lui qui parle, devient TU, si on lui parle, et devient IL ou ELLE, si on parle de lui. Il en est de même pour le pluriel NOUS, VOUS, ILS ou ELLES. Ces mots représentent donc des personnes ou des choses personnifiées, et marquent leurs rapports avec les différents rôles qu'elles jouent dans le discours : de là, la dénomination de substantifs *relatifs*. Ces substantifs relatifs en espagnol, sont :

	SINGULIER.		PLURIEL.	
SUJET DU VERBE : *YO hablo, JE parle*, etc.	1re personne.	YO...... (m. f.), JE[1]......	NOSOTROS-AS (m.-f.), NOUS;	
	2e personne.	TÚ...... (m. f.), TU......	VOSOTROS-AS (m.-f.), VOUS[2];	
	3e personne.	ÉL, ELLA (m.-f.), IL, ELLE......	ELLOS, ELLAS (m.-f.), ILS, ELLES.	
COMPLÉMENT D'UNE PRÉPOSITION : *Habla de MÍ*, il parle de *Moi*, etc.	1re personne.	MÍ...... (m. f.), MOI......	NOSOTROS-AS (m.-f.), NOUS.	
	2e personne.	TÍ...... (m. f.), TOI......	VOSOTROS-AS (m.-f.), VOUS.	
	3e personne.	ÉL, ELLA (m.-f.), LUI, ELLE......	ELLOS, ELLAS (m.-f.), EUX, ELLES.	
		SÍ...... (m. f.), SOI, relatif réfléchi	SÍ...... (m. f.), SOI, relatif réfléchi.	
COMPLÉMENT DIRECT D'UN VERBE : *ME quiere, il M'aime*, etc.	1re personne.	ME...... (m. f.), ME......	NOS...... (m. f.), NOUS.	
	2e personne.	TE...... (m. f.), TE......	OS...... (m. f.), VOUS.	
	3e personne.	LE, LO...... ( ), LE......	LOS...... (m. f.), LES.	
		LA...... (f.), LA......	LAS...... (f.), LES.	
		SE...... (m. f.), SE, relatif réfléchi	SE...... (m. f.), SE, relatif réfléchi.	
COMPLÉMENT INDIRECT D'UN VERBE : *ME dice, il ME dit, il M'en dit*, etc.	1re personne.	ME...... (m. f.), ME, à moi......	NOS...... (m. f.), NOUS, à nous.	
	2e personne.	TE...... (m. f.), TE, à toi......	OS...... (m. f.), VOUS, à vous.	
	3e personne.	LE...... (m. f.), LUI, à lui, à elle......	LES...... (m. f.), LEUR, à eux, à elles.	
		SE...... (m. f.), SE, à soi, rel. réfléchi	SE...... (m. f.), SE, à soi, rel. réfléchi.	

[1] Dans les parenthèses, m., signifie *masculin*; f., *féminin*; m. f., *masculin et féminin*; m.-f., *masculin* pour la première forme, *féminin* pour la deuxième, lorsque deux relatifs sont sur la même ligne horizontale.

[2] *NOS, VOS*, sujets du verbe ont un emploi particulier que la syntaxe fera connaître.

ADJECTIF.

Il y a quatre sortes d'adjectifs :

1° L'adjectif *qualificatif*, celui qui désigne la qualité des êtres ; comme *bon*, *méchant*, *rouge*, *bleu*, *grand*, *petit*, etc.;

2° L'adjectif *déterminatif* ou *démonstratif*, celui qui désigne la quantité ou l'étendue selon laquelle on prend un substantif. Tels sont les mots : *Le*, *ce*, *mon*, *quelque*, etc.;

3° L'adjectif *actif*, celui qui désigne les êtres comme *agissants*. Tels sont : *Lisant*, *écrivant*, *chantant*, etc.;

4° L'adjectif *passif*, celui qui désigne les êtres comme *éprouvant* l'effet des actions. Tels sont : *Lu*, *écrit*, *chanté*, etc.

Nous nous occuperons des adjectifs *actifs* et *passifs*, en traitant des verbes.

ADJECTIF QUALIFICATIF.

On a vu que le substantif peut être considéré sous les trois rapports de genre, de nombre, de cas. Ses formes indiquent seulement qu'il se rapporte à tel ou tel substantif, avec lequel il doit nécessairement s'accorder sous les trois rapports énoncés.

GENRE. Parmi les adjectifs qualificatifs,

Ceux qui ont leur terminaison en O au masculin, se terminent en A au féminin........... *Hombre doctO*, homme savant; *mujer doctA*, femme savante, etc.

Ceux qui se terminent au masculin par une autre lettre que la lettre O, ou en général sont invariables. { *Un hombre, una mujer cortéS*; un homme poli, une femme polie. { *Un hombre, una mujer gravE*; un homme, une femme grave.

Il y en a quelques-uns, terminés par une consonne, qui prennent A au féminin.......... { *Holgazan*, fainéant; *holgazanA*, fainéante. { *Francés*, français; *francesA*, française. De même pour *inglés*, *inglésA*, etc. { Ceux en OR : *HabladOR*, bavard; *habladORA*, bavarde, etc.

NOMBRE. Le pluriel des adjectifs qualificatifs se forme du singulier, de la même manière que ceux des substantifs absolus.

CAS. Les cas de l'adjectif ne peuvent être et ne sont en effet que ceux du substantif, et ces derniers appartiennent à la syntaxe.

REMARQUE.

Bueno-a, malo-a. Devant le substantif masculin singulier auquel il se rapporte, l'adjectif *bueno* est remplacé par *buen*, qui est sa forme primitive. Ex. : *Buen año*, bonne année; *buen Héro*, bon livre [1]. Le féminin *buena* subit la même métamorphose, au singulier, devant un substantif féminin commençant par la lettre A, et quand ce substantif se compose de deux syllabes dont la première est longue. Ex. : *Buen olmo*, bonne âme [2]. Ce que nous disons de l'adjectif *bueno-a*, s'applique à *malo-a*, avec cette différence que *malo* est substantif qui commence par une consonne, soit qu'il s'agisse de grandeur morale ou de grandeur matérielle. Ex. : *Un gran poeta*, un grand poète; *un gran hombre*, un grand homme [3]. — *un gran palacio*, un vaste palais.

On se sert de *grande* devant un substantif qui commence par une voyelle, dans le sens métaphysique ou matériel. Ex. : *Grande infamia fué la suya*, son infamie fut grande; — *grande iglesia*, grande église, véritable archaïsme.

On se sert de *grande* devant un substantif qui commence par une voyelle, dans le sens métaphysique ou matériel. Ex. : *Grande infamia fué la suya*, son infamie fut grande; — *grande iglesia*, église spacieuse [4].

---

[1] *Libro bueno*, quand l'adjectif suit son substantif.

[2] *Buena obra*, bonne œuvre, quand le substantif ne commence pas par la lettre A...... *obra buena*, quand l'adjectif suit son substantif.

[3] On dit aussi : *Un grande hombre*, le mot *hombre* pouvant être considéré comme commençant par une voyelle.

[4] Avec l'idée de grandeur matérielle, il est plus conforme au génie de la langue espagnole d'employer *grande* en le plaçant après le substantif : *Un palacio grande*, au lieu de *un gran palacio*.

DES DEGRÉS DE SIGNIFICATION DE L'ADJECTIF QUALIFICATIF.

Une *qualité* attribuée à un être quelconque s'exprime au moyen d'un adjectif *qualificatif*. Ainsi, l'on dit : Le tigre est *féroce*. Ici cette qualification est exprimée d'une manière *absolue*, sans rapport à d'autres animaux féroces, abstraction faite de tout degré de férocité [1] ; elle a un sens purement caractéristique de l'individu auquel on l'attribue, et n'est énoncée que sous le rapport de son existence *positive* chez cet être individu. Dans ce cas, on dit que l'adjectif est au *positif*.

POSITIF.

Mais le tigre, comparé à lui-même, est *plus* ou *moins* féroce, suivant les circonstances qui excitent ou modèrent sa férocité ; comparé à d'autres tigres, ou à d'autres animaux féroces, il est à leur égard ou *aussi* féroce, ou *plus* féroce, ou *moins* féroce. C'est là le degré de signification que nous appelons *comparatif*, et qui exprime les trois rapports d'égalité, de supériorité, d'infériorité.

COMPARATIF.

Il est un troisième degré de signification : c'est le *superlatif*, tantôt *absolu*, tantôt *relatif*.

1° Le superlatif *absolu* exprime dans un objet quelconque une qualité portée à un haut degré, une qualité portée à l'excès. Ex. : *Le tigre est très-féroce ; ce tigre est très-féroce* [2].

2° Le superlatif *relatif* exprime le supérior degré *de plus* ou *de moins*, avec rapport à d'autres objets d'une même nature. Ex. : *Le tigre est l'animal le plus féroce et le moins généreux ; c'est le plus féroce des tigres.*

SUPERLATIF.

[1] Nous disons, sans rapport à d'autres animaux *féroces*, et non, sans rapport à d'autres animaux ; car il ne faut pas prendre ici le mot *absolu* dans son sens rigoureux. Un tigre n'est reconnu *féroce* que par suite d'un rapport entre cet animal et d'autres animaux d'une nature différente.

[2] Il n'y a pas, à proprement parler, de superlatif absolu. Quand je dis : *Le tigre est très-féroce*, il y a dans cette proposition un rapport tacite entre *le tigre* et *les autres animaux : féroces*. Quand je dis : *Ce tigre est très-féroce*, j'exprime le résultat d'une comparaison tacite entre *ce tigre* et *les autres tigres*. Le mot *absolu*, appliqué au superlatif, doit s'entendre d'une qualité portée au superlatif degré, sans rapport explicite d'un objet à un autre.

POSITIF.

—

Sous le rapport des degrés de signification, la lexigraphie n'a point à s'occuper de l'adjectif au *positif*. C'est l'adjectif tel que le fournit le vocabulaire de la langue, ou tel que l'ont façonné les règles du *genre* et du *nombre*.

COMPARATIF.

—

Le comparatif de SUPÉRIORITÉ s'exprime en ajoutant à l'adjectif l'adverbe *MAS*........... Ex. : *MAS docto, MAS docta*, etc.; plus savant, plus savante, etc.

Le comparatif d'INFÉRIORITÉ s'exprime en ajoutant à l'adjectif l'adverbe *MENOS*........ Ex. : *MENOS docto, MENOS docta*, etc.; moins savant, moins savante, etc.

Le comparatif d'ÉGALITÉ s'exprime en ajoutant à l'adjectif l'adverbe *TAN*............ Ex. : *TAN docto, TAN docta*, etc.: aussi savant, aussi savante, etc.

SUPERLATIF RELATIF.

—

$$ \begin{array}{cc} \text{s.} & \text{p.} \\ \text{m. f.} & \text{m. f.} \end{array} $$

L'adjectif, au superlatif *relatif*, ne fait qu'ajouter au comparatif l'article *EL*, *LA*, — *LOS*, *LAS*, suivant le genre et le nombre des substantifs.

Ex. : { *EL MAS docto*, le plus docte; *LOS MAS doctos*, les plus doctes.
{ *LA MENOS docta*, la moins docte; *LAS MENOS doctas*, les moins doctes.

SUPERLATIF ABSOLU.

—

Le superlatif *absolu* peut s'exprimer en ajoutant l'adverbe *MUY* au positif........... Ex. : *MUY docto*, très-savant; *MUY docta*, très-savante, etc.

Il s'exprime encore en retranchant la voyelle finale, que l'on remplace par la terminaison *ISIMO*-A. Ex. : de *doctO*, *doctISIMO*, *doctISIMA*, très-savant, très-savante, etc.

Si le positif est terminé par une consonne, on ne retranche rien, et l'on ajoute *ISIMO*-A........ Ex. : de *fetiZ*, *feticiSIMO*, *feticiSIMA*; très-heureux, très-heureuse [1], etc.

Si le positif est terminé en BLE, cette syllabe finale se change en *BILISIMO*-A......... Ex. : de *amaBLE*, *amaBILISIMO*, *amaBILISIMA*; très-aimable [2].

N. B. Il y a des adjectifs qui n'admettent point la dernière forme du superlatif absolu, en *ISIMO*-A. Dans le doute si on peut en faire usage, le plus sûr est d'employer *MUY* avec le positif.

Ajoutons cependant, en passant, que *MUY* n'a pas la même force que la terminaison *ISIMO*-A. Ex. : *Es MUY rico*, il est bien riche; *es riquISIMO*, il est excessivement riche. Ceci est plus qu'une simple nuance, et l'Académie espagnole n'aurait pas dû négliger d'en faire la remarque.

—————————

[1] Quand le radical du mot se termine par un C ou un G, la première de ces consonnes se change en QU. Ex. : de *ricO*, *riquISIMO*-A.

[2] Dans ce cas, le Z se change en C. — — en GU. Ex. : de *largO*, *larguISIMO*-A.

[3] Le superlatif de *fiel*, fidèle, est irrégulier : *fideISIMO*-A.

LEXIGRAPHIE.

FORMES IRRÉGULIÈRES DE QUELQUES ADJECTIFS COMPARATIFS ET SUPERLATIFS.

POSITIF.	COMPARATIFS RÉGULIERS.	COMPARATIFS IRRÉGULIERS.
Bueno-a, bon, bonne........	MÁS bueno-a ; plus bon.	MEJOR, meilleur, meilleure.
Malo-a, mauvais, mauvaise........	MÁS malo-a ; plus mauvais.	PEOR, pire, pire.
Grande, grand, grande........	MÁS grande ; plus grand.	MAYOR, plus grand ; plus grande.
Pequeño-a, petit, petite........	MÁS pequeño-a ; plus petit, plus petite.	MENOR, plus petit, plus petite.

POSITIF.	SUPERLATIFS RELATIFS RÉGULIERS.	SUPERLATIFS RELATIFS IRRÉGULIERS.
Bueno-a........	EL MÁS malo, le plus mauvais, la plus mauvaise.	EL, LA MEJOR, le meilleur, la meilleure.
Malo-a........	EL MÁS malo, le plus mauvais, la plus mauvaise.	EL, LA PEOR, le pire, la pire.
Grande........	EL MÁS grande, le plus grand, la plus grande.	EL, LA MAYOR, le plus grand, la plus grande.
Pequeño-a........	EL MÁS pequeño, le plus petit, le plus petite.	EL, LA MENOR, le plus petit, la plus petite ; le moindre, la moindre.

POSITIF.	SUPERLATIFS ABSOLUS RÉGULIERS.	SUPERLATIFS RELATIFS IRRÉGULIERS.
Bueno-a........	MUY bueno-a, BUENÍSIMO-A, très-bon, très-bonne.	BONÍSIMO-A, ÓPTIMO-A, très-bon, très-bonne.
Malo-a........	MUY malo-a, MALÍSIMO-A, très-mauvais, très-mauvaise.	PÉSIMO-A, très-mauvais, très-mauvaise.
Grande........	MUY grande, GRANDÍSIMO-A, très-grand, très-grande.	MÁXIMO-A, très-grand, très-grande.
Pequeño-a........	MUY pequeño-a, PEQUEÑÍSIMO-A, très-petit, très-petite.	MÍNIMO-A, très-petit, très-petite.

REMARQUES SUR LE TABLEAU.

——

Nous mettons à côté du positif les comparatifs réguliers, qui peuvent s'employer, excepté pour l'adjectif bueno, qui n'admet pas le comparatif mas bueno ; plus que nous n'admettons plus bon, en français. On trouve cependant dans les anciens auteurs, et nommément dans Cervantes : Mas bueno, et mas breve; meilleur, le meilleur.

Les comparatifs et les superlatifs absolus ont aussi leurs formes régulières, que nous faisons toutes figurer dans la couleur jaune.

Les superlatifs relatifs et les superlatifs irréguliers se trouvent dans la couleur verte. À l'exception de Bonísimo-a, toutes ces formes dérivent du latin.

DES DIMINUTIFS ET DES AUGMENTATIFS.

Les Espagnols et les Italiens ont emprunté leurs diminutifs aux Latins. Ceux-ci disaient : *Duriuscŭlus*, un peu dur ; *acidŭlus*, un peu acide ; *homunciŭlus*, *hornuncio*, un petit homme ; *mulier-cŭla*, une petite femme. Au nom de *Tullia*, par exemple, ils substituaient celui de *Tulliola*. S'il y avait plusieurs filles dans une maison, on les nommait par leur ordre : *Prima*, *secunda*, etc. ; et, par diminution, *secundilla*, *quartilla*, etc. (*Voy.* la Grammaire latine de Port-Royal.)

Les diminutifs espagnols expriment, pour les choses et les personnes, une idée de *petitesse*, qui en fait ou des objets délicats, ou des objets vils et méprisables.

Les augmentatifs portent en eux une idée de grandeur, de grosseur, qui tourne tantôt vers le sublime, tantôt vers le ridicule.

VOICI LES PRINCIPALES TERMINAISONS DES DIMINUTIFS ET DES AUGMENTATIFS ESPAGNOLS.

DIMINUTIFS (SUBSTANTIFS ET ADJECTIFS).

De *Señor*......	*Señor.*—ITO...	le fils de la maison.
De *Señora*.....	*Señor.*—ITA...,	la fille de la maison, la demoiselle.
De *Mozo*.......	*Moz.*—ICO....,	un jeune et gentil garçon.
De *Perro*......	*Perr.*—ITO.....,	un joli petit chien.
De *Cosa*.......	*Cos* ....—ITA...,	une chose de peu d'importance.
De *Pobre*......	*Pobre.*—CITO...,	pauvre petit, pauvret.
De *Hombre*.....	*Hombre*-CITO...,	un petit homme.
De *Muger*......	*Muger* —CITA...,	une petite femme.

Terminaisons, { CITO-A. ITO-A. ICO-A. } idée de diminution, prise en bonne part ; expression de bienveillance et de caresse.

De *Asno*.......	*Asn.*—ILLO...,	un ânon.
De *Perro*......	*Perr.*—ILLO...,	un vilain petit chien.
De *Dinero*.....	*Diner.*—ILLO...,	quelque peu d'argent.
De *Gente*......	*Gente.*—CILLA.,	le petit peuple, la plèbe.
De *Muger*......	*Muger* —CILLA,	une femmelette, une prostituée.
De *Caballo*....	*Caball.*—UELO.,	un petit cheval.
De *Mozo*.......	*Moz.*....—UELO.,	un petit mauvais sujet, un petit vaurien.
De *Caballero*..	*Caballero*-ETE..,	un élégant, un dandy.
De *Animal*.....	*Animal*—EJO...,	un petit animal.

Terminaisons, { CILLO-A. ILLO-A. UELO-A. ETE. EJO. } idée de diminution pure et simple, ou jointe à l'idée de mépris et de pitié.

1 Un jeune homme de bonne famille. *Señorita*, une demoiselle, une demoiselle de bonne famille.
2 *Gentuza*, *Gentualla* : la lie du peuple, la populace, la canaille.
3 On dit, dans le même sens : *Mozalillo, mozalbete.*

AUGMENTATIFS.

De Hombre...	Hombr.-ON, un homme puissant (au physique), supérieur (au moral).
De Gigante...	Gigant.-ON, un énorme géant.
De Mnger...	Mnger.-ONA, une grande et grosse femme.
De Simple...	Simple.-ON, niais, grand niais.
De Muchacho...	Muchach.-ON, un gros garçon.
De Grande...	Grand.-ON, très-grand, démesuré [1].

Terminaisons en ON, ONA; idée de grandeur, de grosseur, prise en bonne part.

De Perro...	Perr.-.-AZO, un vilain mâtin [2].
De Bestia...	Besti.-.-AZA, une grosse bête.
De Animal...	Animal.-OTE, un gros animal.
De Caballero...	Caballer.-OTE, un gentilhomme grossier, un gentilâtre [3].

Terminaisons en { AZO-A. / OTE. } idée de grandeur, de grosseur, ridicule ou désagréable [4].

La terminaison en ON, ordinairement augmentative, fait quelquefois des diminutifs des noms auxquels elle s'adapte.

EXEMPLES.

Ala, aile d'un oiseau quelconque.
Alon, aile de volatile, dépouillée de ses plumes.

Escoba, balai.
Escobon (en Castille), vieux balai usé.

Il y a d'autres exemples; mais il suffit de ceux qui précèdent pour établir ce que nous avons avancé. L'Académie de Madrid n'en cite qu'une, et elle cite à faux. Elle fait un diminutif du mot Ansaron (dont le primitif est Ánsar, oie). Sur ce point, nous en appelons de l'Académie à l'Académie elle-même. Que dit l'Académie de Madrid par l'organe de sa grammaire, au sujet des diminutifs? « Ánsaron, en ON, como de Ánsar, Ansaron. » Que dit cette même Académie, par l'organe de son dictionnaire, sur le mot Ansaron? « Pato, ganso y ansaron, tres cosas suenan y una son, » c'est-à-dire, Pato, ganso et ansaron, forment trois sons et ne signifient qu'une seule chose, une oie. Que l'Académie tâche de se mettre d'accord avec elle-même. Pour cela, il faut qu'elle refasse sa grammaire ou son dictionnaire. Nous pensons qu'il serait encore mieux de refaire l'un et l'autre. Concluons : Ánsar, signifie une oie; ansaron, une petite oie, un oison; ansaron, une grosse oie.

Cette même Académie, dans son dictionnaire, donne Escobon comme un augmentatif; attendu, dit-elle, que ce mot signifie un balai dans lequel on ajoute un bâton pour manche. Il existe cependant une manière de s'exprimer, bien connue en Espagne, qui prouve que l'idée de manche et de bâton s'adapte plutôt à Escoba qu'à Escobon. On dit partout : Date con el palo de la escoba, frappe-le avec le manche du balai. On ne dit nulle part : Date con el palo del escobon.

OBSERVATION SUR LES AUGMENTATIFS EN ON.

EXEMPLES.

Escora, natte de jonc, long tapis couvrant tout le plancher d'une chambre.
Escoron, petit tapis pour le devant d'une porte, ou pour placer dans les églises, sous les genoux des dames.

Puente, pont.
Puenton, petit pont de bois, sans préjudice du diminutif puentecillo.

Monte, mont.
Monton, petit mont, monceau. — « Monton de trigo, » monceau, tas de blé.

Calle, rue.
Callejon, petite rue, ruelle [5].

---

1 Il est permis de conjecturer que le mot Meson (hôtellerie) est un augmentatif qui dérive du mot Mesa, table : Meson, grande table, table d'hôte, hôtellerie.

2 Expression injurieuse, qui peut s'appliquer à l'homme; il en est de même de Bestiaza, animalote.

3 Caballerote s'entend aussi dans le sens de un lourd homme, un rustre homme.

4 Quelquefois la terminaison en AZO exprime le coup d'un instrument, d'une machine : Hachazo, un coup de hache; cañonazo, un coup de canon, etc.

5 Suivant l'Académie, callejon signifie un long défilé entre deux murs, ce qui ferait de ce mot une espèce d'augmentatif. Nous nous bornerons à répondre à cette définition par un fait. Il y a à Madrid une petite rue aboutissant à la grande place (plaza Mayor), qu'on appelle callejon del Infierno, petite rue de l'Enfer. Une Académie ne doit pas ignorer cela, encore moins une Académie de Madrid.

ADJECTIFS DÉMONSTRATIFS.

Sous la dénomination d'adjectifs démonstratifs ou déterminatifs, nous allons réunir une foule de mots appelés articles définis et indéfinis ; pronoms possessifs, indéfinis, démonstratifs, relatifs, etc. Si nous abandonnons ici, comme ailleurs, la division et les dénominations adoptées par la plupart des grammairiens, nous avons pour nous des autorités imposantes, et particulièrement celle de DUMARSAIS, qui s'exprime ainsi dans son traité des noms adjectifs :

« Un nom est un adjectif, quand il qualifie un nom substantif. Or, qualifier un nom substantif, ce n'est pas seulement dire qu'il est rouge ou bleu, grand ou petit ; c'est en fixer l'étendue, la
« valeur, l'acception, étendre cette acception ou la restreindre... Ainsi, tout, nul, quelque, aucun, chaque, tel, certain, un, ce, mon, ton, etc., et même le, la, les, sont de véritables adjectifs
« métaphysiques, puisqu'ils modifient des substantifs et les font regarder sous des points de vue particuliers. Tout homme, présente homme dans un sens général affirmatif ; nul homme l'annonce
« dans un sens général négatif; quelque homme présente un sens particulier indéterminé; son, sa, ses, font considérer le substantif sous un rapport d'appartenance et de propriété, etc. »

EL, LA . . . (le, la).

L'adjectif EL s'alaplie a un substantif du genre masculin : EL ségnuïo, le soulier; l'adjectif ou l'article LA s'applique au substantif féminin : LA média, le bas.

Singulier. . . EL, LA. — Le, la.
Pluriel..... LOS, LAS.—Les, les.

Les prépositions DE, A, lorsqu'elles sont unies à l'article EL, masculin singulier, se contractent avec lui : au lieu de DE EL, A EL, on dit DEL, AL. Cette contraction n'a lieu dans aucun autre cas. On trouve bien, dans les anciens auteurs, DESTE pour DE ESTE; DELLA pour DE ELLA, etc.; mais ce sont des locutions surannées et tombées en désuétude.

EL se place exceptionnellement devant plusieurs substantifs féminins, qui commencent par la lettre A; tels que: EL ave María, l'ave-María; EL avena, la levaine; EL arma, l'arme; EL anca, la fesse; EL ave, l'oiseau; EL águila, l'aigle, etc. Cette exception n'a lieu qu'au singulier, et le plus souvent devant les mots de deux syllabes dont la première est longue. Au pluriel, l'accord du genre se rétablit. Ex. : LAS armas, etc. Cet accord est constant, hors le cas de l'exception que nous venons de signaler, et existe pour le singulier aussi bien que pour le pluriel. Ex. : LA alegría, l'allégresse, le pavot ; — LAS alegrías, la joie ; — LAS alegres, les abeilles, etc.

ELLO. LO . . . (la chose, cela, le).

ELLO, mot invariable signifiant la chose, cela, est un adjectif substantivé. Sa nature a en soi quelque chose de vague, qui n'admet pas la précision d'un genre déterminé. Ce mot rentre donc nécesrativement dans le genre neutre. Ex : ELLO es que así sucedió; le fait est que la chose se passa ainsi; mot à mot : la chose est, qu'il arriva ainsi.

LO n'est qu'une inflexion de ELLO. Ex. : LO bueno, la chose bonne, le bon; LO útil, l'utile. C'est ainsi que les Latins disaient, en employant le genre neutre : UTILE, la chose utile, ce qui est utile. « Cui:eas de esthudio con sus pantoflos de LO mismo [2]; » des chausses de velours avec les pantoufles de la même chose, c'est-à-dire de velours, et non du même velours;

---

[1] On trouve cependant dans Calderon, EL alegria.

[2] Don Quichotte.

SUITE DES ADJECTIFS DÉMONSTRATIFS OU DÉTERMINATIFS.

FORMES DE ESTE, ESE, AQUEL. (ce)[1].

	m.	f.		m.	f.	
SINGULIER...	ESTE,	ce; ESTA,	cette;	ESTOS,	ces; ESTAS,	ces...
	ESE,	ce; ESA,	cette[2];	ESOS,	ces; ESAS,	ces...
	AQUEL, ce; AQUELLA, cette...		PLURIEL...	AQUELLOS, ces; AQUELLAS, ces...		

Ces trois mots sont des adjectifs *substantifiés* du genre neutre, et invariables: ils désignent nécessairement un *sujet* quelconque, pour nous servir de l'expression de Damascenis, et deviennent des substantifs exprimant une chose vague et indéterminée, ELLO, LO, répondent à *EL, LA*; de même ESTO, ESO, AQUELLO, répondent à *ESTE, ESE, AQUEL*.

ESTO, ESO, AQUELLO (signifiant *esta cosa, esa cosa, aquella cosa*; cette chose).

— *Esto* s'entend de l'objet ou de la personne qui est près de celui qui parle.
— *Eso* s'entend de l'objet ou de la personne qui est près de celui à qui l'on parle.
— *Aquel* s'entend de l'objet ou de la personne qui n'est rapproché ni de celui qui parle, ni de celui à qui l'on parle.

FORMES DE UNO, ALGUNO, NINGUNO (un, quelque, aucun).

	m.	f.			m.	f.	
SINGULIER...	UNO,	UNA,	un.......	PLURIEL...	UNOS,	UNAS,	quelques;
	ALGUNO, quelque; ALGUNA, quelque...				ALGUNOS, quelques; ALGUNAS, quelques;		
	NINGUNO, aucun; NINGUNA, aucune...				NINGUNOS, aucuns; NINGUNAS, aucunes.		

FORMES DE { MI, TU, SU (mon, ton, son).
{ MIO, TUYO, SUYO (mien, tien, sien), etc.

	m.	f.			m.	f.	
SINGULIER...	MI,	mon, ma.......		SINGULIER....	MIO,	MIA; mien, mienne...	
	TU,	ton, ta.......			TUYO,	TUYA; tien, tienne;	
	SU,	son, sa.......			SUYO, SUYA; sien, sienne...		
PLURIEL...	MIS,	mes...		PLURIEL....	MIOS, MIAS; miens, miennes;		
	TUS,	tes...			TUYOS, TUYAS; tiens, tiennes;		
	SUS,	ses...			SUYOS, SUYAS; siens, siennes.		

	m.	f.	
SINGULIER....	NUESTRO, NUESTRA: notre, notre;		
	VUESTRO, VUESTRA: votre, votre;		
	SU,		son, sa;
	SU,		leur, leur.
PLURIEL....	NUESTROS, NUESTRAS: nos, nos;		
	VUESTROS, VUESTRAS: vos, vos;		
	SUS,		ses, ses;
	SUS,		leurs, leurs.

[1] Nous verrons, dans la syntaxe, comment ces adjectifs signifient *celui-ci, celui-là*, etc.
[2] De *este-a*, ou forme *aqueste-a*, qui a le même sens et les mêmes inflexions.
[3] De *ese-a*, ou forme *aquese-a*, qui a le même sens et les mêmes inflexions.
[4] *Alguno, cha*, répond également à *aquese-a*.
[5] *Uno-a*, *alguno-a*, *ninguno-a*, sont remplacés par *un*, *algun*, *ningun*, dans les mêmes cas où l'adjectif *bueno* remplace *buene-a*. (*Voy.* page 17.)

ADJECTIFS DÉMONSTRATIFS.

QUE, qui, que, etc.; — QUIEN, qui, que, etc.

ET AUTRES DIVERS ADJECTIFS.

QUE, invariable,   qui, que; quel, quelle; quels, quelles; ....

m. f.
Sing. *QUIEN,*   plur. *QUIENES.*   qui, que; lequel, laquelle, etc. ... .

m. f.
Sing. *CUAL,*   plur. *CUALES.*   quel, quelle; lequel, laquelle, lesquels, etc...

m.   f.
Sing. *CUYO, CUYA,* plur. *CUYOS, CUYAS,* duquel, de laquelle, etc.; de qui, dont.

ALGUIEN, invariable: quelqu'un, quelque personne.

Sing. $\begin{cases} QUIENQUIER, \\ QUIENQUIERA, \end{cases}$	plur. $\begin{cases} QUIENESQUIER, \\ QUIENESQUIERA, \end{cases}$	quiconque, quelconque; quelconques [1].

m. f.
Sing. $\begin{cases} CUALQUIER, \\ CUALQUIERA, \end{cases}$ plur. $\begin{cases} CUALESQUIER, \\ CUALESQUIERA; \end{cases}$ quelconque, quelconques.

---

[1] Suivant les grammaires espagnoles, *quienquiera* est un mot invariable qui n'admet pas le pluriel *quienesquiera*. C'est la une erreur grave, que l'Académie a propagée, et que nous devons combattre. De l'aveu de l'Académie elle-même, *quienquiera* est un composé de *quien*, et de *quiera*, conjonction distributive, signifiant soit; soit. *Quien* fait au pluriel *quiénes*; et *quien*, *quiéras*, sont synonymes de *cual*, *cuáles*, dont les composés sont *cualquiera*, *CUALESQUIERA*. La logique et l'analogie venlent donc que de *quienquiera* on forme *QUIENESQUIERA*, qui n'est autre chose que *quiénes seas*, *seru quiéras fuerin*. On raconte qu'un jour plusieurs académiciens espagnols discutaient entre eux le *quienquiera* et le *quienesquiera*. Qui était pour le *quien*, qui pour le *quéras*. Un des contendants prétexait avoir lu *quienesquiera* dans une foule de bons auteurs : à *Quiénes son cas autores?* Quels sont ces auteurs, répliqua un *quienquiériste?* et comme on hésitait à lui répondre, il s'écrie : *QUIÉNES QUIERA que sean*, no ficuen razon; quels que soient ces auteurs, ils ont tort.

Du reste, nous n'avons pas la prétention d'émettre ici une idée nouvelle. Outre que l'usage universel a consacré des longtemps le *quienesquiera*, nous avons sous les yeux une grammaire espagnole de 1651, dédiée à mademoiselle d'ESTAMPES ne VALENCEY, et dans laquelle nous lisons au chapitre des noms indéfinis :

Sing.   Plur.
Quienquiera .....   *Quienesquiera.*
Quienquiera .....   *Quienesquiera.*

5

LEXIGRAPHIE.

NOMS DE NOMBRE.

NOMBRES CARDINAUX.	NOMBRES ORDINAUX.	NOMBRES DISTRIBUTIFS.	NOMBRES COLLECTIFS.
Uno, una; un, une........ 1.	Primero-a, ou primo-a....... 1er.	La mitad. .... la moitié.	Decena, dizaine.
Dos..................... 2.	Segundo-a................. 2e.	Un tercio (una tercera parte)... un tiers.	Quincena, quinzaine, etc.
Tres.................... 3.	Tercero-a, tercio-o........ 3e.	Un cuarto (una cuarta parte)... un quart.	
Cuatro.................. 4.	Cuarto-a, tercio-o......... 4e.	Un quinto (una quinta parte)... un 5e.	**NOMBRES MULTIPLICATIFS.**
Cinco................... 5.	Quinto-a.................. 5e.	Un sexto (una sexta parte).... un 6e.	
Seis.................... 6.	Sesto-a................... 6e.	Un sétimo (una sétima parte)... un 7e.	Duplo, double.
Siete................... 7.	Sétimo-a.................. 7e.	Un octavo (una octava parte)... un 8e.	Cuadruplo, quadruple.
Ocho.................... 8.	Octavo-a.................. 8e.	Un noveno (una novena parte)... un 9e.	Centuplo, céntuple, etc.
Nueve................... 9.	Noveno-a (noveno-o)....... 9e.	Un décimo (una décima parte)... un 10e.	
Diez.................... 10.	Décimo-o (deceno-o)....... 10e.	Un onceno (una oncena parte)... un 11e.	**MÉCANISME DU TABLEAU.**
Once.................... 11.	Undécimo-o (onceno-a)..... 11e.	Un doceno (una docena parte)... un 12e.	
Doce.................... 12.	Duodécimo-o (doceno-a).... 12e.	Una décima tercia (una décima tercia parte)... un 13e, etc.	La colonne des noms distributifs renferme une
Trece................... 13.	Décimo-tercio-o (treceno-a) 13e.	Una décima cuarta	grande variété de couleurs, dont l'explication est
Catorce................. 14.	Décimo-cuarto-o (catorceno-a) 14e.	Un décima quinta	toute simple. Sa couleur propre est le rose; elle
Quince.................. 15.	Décimo quinto (quinceno-a) 15e.	— décima sexta	est envahie successivement par le vert et le jaune,
Diez y seis............. 16.	Décimo sesto.............. 16e.	— décima sétima } parte.	ce qui indique que les noms qu'elle présente dans
Diez y siete............ 17.	Décimo sétimo............. 17e.	— décima octava	ces couleurs étrangères dérivent, tantôt des nom-
Diez y ocho............. 18.	Décimo octavo............. 18e.	— décima octava	bres ordinaux, qui figurent dans la couleur verte,
Diez y nueve............ 19.	Décimo nono............... 19e.	— décima nona	tantôt des nombres cardinaux, qui figurent dans
Veinte.................. 20.	Vigésimo-o................ 20e.	Un ventésimo. .... un 20e.	la couleur jaune.
Veintiuno, etc.......... 21.	Vigésimo primo........... 21e.	Dos ventésimos........... deux 20e.	
Veintidos, etc.......... 22.	Vigésimo segundo, etc..... 22e.		**QUELQUES OBSERVATIONS**
Veintitres.............. 23.	Vigésimo nono............. 29e.		SUR LE TABLEAU.
Treinta................. 30.	Trigésimo................. 30e.	Un treintavo............. un 30e.	1° Devant un substantif masculin, au lieu de
Treinta y uno, etc...... 31.	Trigésimo primo, etc...... 31e.		primero, tercero, postrero, 1er, 3e, dernier, on
Cuarenta................ 40.	Cuadragésimo.............. 40e.	Un cuarentavo............ un 40e.	dit : primer, tercer, postrer; les
Cincuenta............... 50.	Quincuagésimo............. 50e.		unes primitives. Ex. : El primer hombre del
Sesenta................. 60.	Sexagésimo................ 60e.		mondo, le premier homme du monde. Cette der-
Setenta................. 70.	Septuagésimo.............. 70e.		nière expression est aujourd'hui la plus usitée.
Ochenta................. 80.	Octogésimo................ 80e.		dans le cas dont il s'agit; mais elle n'exclut pas
Noventa................. 90.	Nonagésimo................ 90e.		l'autre. Ex. : Durante el primero ó tercero ma-
Ciento.................. 100.	Centésimo................. 100e.	Un centavo............... un 100e.	trimonio, durant le 1er ou le 3e mariage.
Ciento y uno-a.......... 101.	Centésimo primo.......... 101e.		2° On ne se sert des nombres ordinaux pour
Doscientos-as, etc...... 200.	Ducentésimo.............. 200e.		désigner les souverains que depuis 1 jusqu'à 10.
Trescientos-as, trecientos-as 300.	Trecentésimo............. 300e.		Francisco primero, François 1er.
Cuatrocientos-as........ 400.	Cuadringentésimo......... 400e.		Enrique cuarto, Henri IV, etc.
Quinientos-as........... 500.	Quingentésimo............ 500e.		Luis once, doce, trece, catorce, quince.
Seiscientos-as.......... 600.	Sexcentésimo............. 600e.		Louis XI, XII, XIII, XIV, XV, etc.
Setecientos-as.......... 700.	Septingentésimo.......... 700e.		Avec un nom commun, on se sert ordinaire-
Ochocientos-as.......... 800.	Octingentésimo........... 800e.		ment depuis onzième, des ordinaux et des car-
Novecientos-as, nuevecientos-as 900.	Noningentésimo.......... 900e.		dinaux : capitulo quince, ou décimo quinto,
Mil..................... 1,000.	Milésimo................. 1,000e.	Un milésimo, dos milésimos, un, dos milésimos.	chap. 15; página veinte, ou vigésima, page 20.
Mil ciento.............. 1,100.			3° Ciento perd la dernière syllabe devant les
Mil doscientos-as....... 1,200.			substantifs : Cien pesos, 100 piastres.
Mil..................... 1,300.			4° Dans la colonne des nombres ordinaux, à
Dos mil................. 2,000.			partir de décimo cuarto, nous n'avons marqué
Cien mil................ 100,000.			que le masculin. Le féminin est décima cuarta,
Cien mil................ 500,000.			et ainsi de suite pour tous les autres.
Doscientos mil.......... 200,000.			
Millon.................. 1,000,000.	Millonésimo............. millionième.		

AVANT-PROPOS SUR LES TABLEAUX CONJUGATIFS.

Les lignes *horizontales* qui traversent le tableau en regard marquent la division des temps, qui se succèdent du haut en bas. *Les couleurs*, placées avec plus ou moins d'étendue dans le sens vertical, marquent et séparent les divers *modes*, dont les noms sont inscrits au sommet de ces teintes variées, et qui sont placés à côté les uns des autres, pour la correspondance des temps dans les différents modes.

Parcourez le tableau verticalement, vous avez la série des divers temps dans une même couleur, c'est-à-dire, dans un même mode ; parcourez-en l'étendue horizontalement, vous suivrez les diverses couleurs, c'est-à-dire, les divers modes d'un même temps. Le *futur-subjonctif* se trouve sur la même ligne que l'*imparfait* du même mode : cette position est commandée par la loi lexigraphique, à cause de la ressemblance des formes (*hubiera, hubiere*), et l'analogie de sens n'y est même pas étrangère, ainsi qu'on le verra lorsque nous nous occuperons de l'emploi des *temps* et des *modes*.

Quant aux deux *imparfaits* du subjonctif (*hubiera, hubiese*), comme ils ne dérivent pas de l'imparfait, mais bien du prétérit de l'indicatif, c'est à côté de ce dernier temps qu'il a fallu les placer. Si les temps subissent des métamorphoses par l'influence des modes, d'un autre côté, les modes, ou plutôt les temps modifiés, doivent se ressentir de leur origine. On conçoit, dès lors, qu'il est naturel, en conjuguant, de faire marcher de front les temps et les modes, pour que la même merte à profit les avantages que lui présente l'analogie des mêmes temps dans les divers modes. Il est donc de la plus haute importance de conjuguer dans la direction horizontale, en prenant l'indicatif pour point de départ.

Voyez au haut du tableau les quatre grandes dénominations : INFINITIF, INDICATIF, SUBJONCTIF, IMPÉRATIF ; ce sont les quatre modes. L'*infinitif* n'occupe qu'une petite partie de son étendue verticale, parce que, dans son état d'abstraction, il n'est susceptible d'aucune modification de personne ni de nombre. A l'extrémité opposée, on voit l'*impératif*, aussi étroit dans ses dimensions, qu'il est borné dans sa nature et brusque dans son langage. Il n'étend qu'un seul temps, ou, pour mieux dire, il renferme tous les temps sous une seule forme. L'*indicatif*, qui étend parcourent l'étendue, d'une manière positive et absolue, s'élève avec une régularité majestueuse sur le piédestal de ses temps composés, que nous rejoions au bas du tableau. Quant au *subjonctif*, comme il est toujours dépendant, soit d'un verbe, soit d'une interjection de désir ou de volonté, on lui a conjonctions conditionnelles ou dubitatives, ses temps sont susceptibles d'une variété de formes que l'on voit se déployer dans l'étendue horizontale de sa couleur.

N. B. Dans les tableaux conjugatifs, nous supprimons les substantifs relatifs ou pronoms personnels (*yo, tú, él*, etc.), que l'on n'emploie pas ordinairement en espagnol. Dans chaque mot, la syllabe longue est marquée par un accent, soit grave ou aigu. L'accent grave indique la syllabe longue *non accentuée* ; l'accent aigu, la syllabe longue *accentuée*.

VERBES PRÉLIMINAIRES.

HABER, avoir.

INFINITIF.

PRÉSENT.
Haber......... avoir.

ADJECTIF ACTIF.
Habiendo......... ayant.

ADJECTIF PASSIF.
Habido......... eu.

PASSÉ.
Haber habido......... avoir eu.
Habiendo habido......... ayant eu.

FUTUR.
Haber de haber......... devoir avoir.
Habiéndo de haber, devant avoir.

INDICATIF.

PRÉSENT.
S. { He, ... j'ai.
   { Has, ... tu as.
   { Ha, ... il, elle a.
P. { Hémos, ... nous avons.
   { Habéis, ... vous avez.
   { Han, ... ils, elles ont.

IMPARFAIT.
S. { Había, ... j'avais.
   { Habías, ... tu avais.
   { Había, ... il avait.
P. { Habíamos, n. avions.
   { Habíais, ... v. aviez.
   { Habían, ... ils avaient.

PRÉTÉRIT DÉFINI.
S. { Hube, ... j'eus.
   { Hubiste, ... tu eus.
   { Hubo, ... il eut.
P. { Hubimos, n. eûmes.
   { Hubisteis, v. eûtes.
   { Hubiéron, ils eurent.

FUTUR.
S. { Habré, ... j'aurai.
   { Habrás, ... tu auras.
   { Habrá, ... il aura.
P. { Habrémos, n. aurons.
   { Habréis, ... v. aurez.
   { Habrán, ... ils auront.

SUBJONCTIF.

PRÉSENT.
Que haya, que j'aie.
Que hayas, que tu aies.
Que haya, qu'il ait.
Que hayamos, que nous ayons.
Que hayáis, que vous ayez.
Que hayan, qu'ils aient.

IMPARFAIT.
Si.........
Ojalá......... plût à Dieu que
Aun cuando......... quand même

Hubiera, hubieras, hubiera, Hubiéramos, hubiérais, hubieran. ... j'eusse, tu eusses, il eût, n. eussions, v. eussiez, ils eussent.

Hubiese, hubieses, hubiese, Hubiésemos, hubieseis, hubiesen. ... j'aurais, tu aurais, il aurait, n. aurions, v. auriez, ils auraient.

FUTUR-SUBJONCTIF ou dubitatif.
Hubiere, hubieres, hubiere, Hubiéremos, hubieres, hubieren. ... j'aurai, tu auras, il aura, n. aurons, v. aurez, ils auront.

IMPÉRATIF.

S. 2e p. Ha ó he!
P. 2e p. Habed ó osotros... ayez.
Haya él, qu'il ait.
Hayan ellos, qu'ils aient.

CONDITIONNEL.

S. { Habría, j'aurais.
   { Habrías, tu aurais.
   { Habría, il aurait.
P. { Habríamos, n. aurions.
   { Habríais, v. auriez.
   { Habrían, ils auraient.

TEMPS COMPOSÉS DE L'INDICATIF.

Prétérit indéfini..... Ha habido, ... il y a eu.
Plusque-parfait..... Había habido, il y avait eu.
Prétérit antérieur... Hube habido, il y eut eu.
Futur antérieur..... Habrá habido, il y aura eu.

TEMPS COMPOSÉS DU SUBJONCTIF.

Prétérit......... Que haya habido, qu'il y ait eu.
Plusque-parfait... Hubiera, hubiese habido, il y aurait ou eu.
Futur antérieur... Hubiere habido, il y aura eu.
Conditionnel antérieur. Habría habido, il y aurait eu.

OBSERVATIONS.

Le verbe *Haber* n'a un impératif que lors-qu'il devient verbe transitif, et s'emploie dans le sens de *posséder*, ce qui est rare aujourd'hui, mais ne l'était nullement dans l'ancienne littérature. Ce verbe n'a guère d'autre fonction que celle de servir d'auxi-liaire à tous les verbes actifs (transitifs ou intransitifs), pour la formation de leurs temps composés.

Dans ces temps composés, conjugués avec *Haber*, l'adjectif passif reste invariablement le même en espagnol. Ainsi, en parlant d'une ou de plusieurs femmes, on dit: *La he, las he visto*; je l'ai vue, je les ai vues. Ceci sera expliqué dans le tableau suivant.

Les *temps* composés du verbe *Haber* ne sont usités qu'à la 3e *personne du singulier* et sont employés *unipersonnellement*. Ex.: *Ha habido*, il y a eu; *había habido*, il y avait eu, etc.

A la 3e personne du singulier, les *temps simples* eux-mêmes s'emploient *uniperson-nellement*, soit avec un substantif singulier, soit avec un substantif pluriel. Ex.: *Había hombres*, il y avait des hommes. Cette locu-tion a lieu aussi avec l'infinitif: *Puede Haber mayor locura?* peut-il y avoir une plus grande folie? On dit en 3e personne: *Hay hombres*, il y a des hommes, au lieu de *Ha hombres*. C'est que l'*y* a été ajouté au mot verbal *Ha*, comme contraction de *aquí, ahí, allí* (ici, là)... *Ha-y*, il y a.

¹ El *héla*, chez les anciens: « *Hela, o reina, enemigación* » « O reine, prends pitié de ce grand pécheur. » (De Bianceo.)

VERBES PRÉLIMINAIRES.

TENER, AVOIR, POSSÉDER. (Conjuguez de même ses composés : *CONTENER, MANTENER, etc.*)

INFINITIF.
PRÉSENT.

Tener............ avoir.

ADJECTIF ACTIF.

Teniendo........ ayant.

ADJECTIF PASSIF.

Tenido.......... eu.

PASSÉ.

Haber tenido....... avoir eu.
Habiendo tenido....... ayant eu.

INDICATIF.

PRÉSENT.

S. { Tengo, j'ai.
    { Tienes, tu as.
    { Tiene, il, elle a.
P. { Tenemos, n. avons.
    { Tenéis, v. avez.
    { Tienen, ils, elles ont.

IMPARFAIT.

S. { Tenía, j'avais.
    { Tenías, tu avais.
    { Tenía, il eut.
P. { Teníamos, n. avions.
    { Teníais, v. aviez.
    { Tenían, ils avaient.

PRÉTÉRIT DÉFINI.

S. { Tuve, j'eus.
    { Tuviste, tu eus.
    { Tuvo, il eut.
P. { Tuvimos, n. eûmes.
    { Tuvisteis, v. eûtes.
    { Tuvieron, ils eurent.

FUTUR.

S. { Tendré, j'aurai.
    { Tendrás, tu auras.
    { Tendrá, il aura.
P. { Tendremos, n. aurons.
    { Tendréis, v. aurez.
    { Tendrán, ils auront.

SUBJONCTIF.

PRÉSENT.

Que tenga, que j'aie.
Que tengas, que tu aies.
Que tenga, qu'il ait.
Que tengamos, que nous ayons.
Que tengáis, que vous ayez.
Que tengan, qu'ils aient.

IMPARFAIT.

Si....................... si
Ojalá.................... plût à Dieu que
Aun cuando.............. quand même

{ Tuviera,..... j'avais.
{ Tuvieras,.... tu avais.
{ Tuviera,..... il avait.
{ Tuviéramos,.. n. avions.
{ Tuviérais,... v. aviez.
{ Tuvieran,.... ils avaient.

{ Tuviese,..... j'eusse.
{ Tuvieses,.... tu eusses.
{ Tuviese,..... il eût.
{ Tuviésemos,.. n. eussions.
{ Tuviéseis,... v. eussiez.
{ Tuviesen,.... ils eussent.

FUTUR-SUBJONCTIF ou dubitatif

{ Tuviere,..... j'aurai.
{ Tuvieres,.... tu auras.
{ Tuviere,..... il aura.
{ Tuviéremos,.. n. aurions.
{ Tuviéreis,... v. aurez.
{ Tuvieren,.... ils auront.

IMPÉRATIF.

S. 2e p. Ten tú, aie.
P. 2e p. Tened vosotros, ayez.

Tenga él, qu'il ait.
Tengamos, ayons.
Tengáis, ...
Tengan, qu'ils aient.

CONDITIONNEL.

S. { Tendría, j'aurais.
    { Tendrías, tu aurais.
    { Tendría, il aurait.
P. { Tendríamos, n. aurions.
    { Tendríais, v. auriez.
    { Tendrían, ils auraient.

TEMPS COMPOSÉS DE L'INDICATIF.

Prétérit antérieur.... He tenido, j'ai eu.
Plusque-parfait...... Había tenido, j'avais eu.
Prétérit antérieur.... Hube tenido, j'eus eu.
Futur antérieur...... Habré tenido, j'aurai eu.

TEMPS COMPOSÉS DU SUBJONCTIF.

Prétérit.............. Que haya tenido, que j'aie eu.
Plusque-parfait...... Hubiera, hubiese tenido, j'aurais, j'eusse eu.
Futur douteux antérieur. Hubiere tenido, j'aurai eu.
Conditionnel antérieur. Habría tenido, j'aurais eu.

SUR LES PRÉTENDUS VERBES AUXILIAIRES.

On trouve dans la langue espagnole des locutions qui ont fait considérer le verbe *Tener* comme auxiliaire : *Tengo dicho*, j'ai dit, etc.; mais *dicho* est un adjectif. C'est comme si l'on disait : *Tengo (et decir) dicho*, j'ai (le dire) dit. L'observation est applicable au verbe *haber* lui-même. Nous ne concevons qu'il n'y a point, à proprement parler, de verbes auxiliaires, et que les temps qu'on appelle composés ne sont autre chose que le verbe *haber* conjugué avec un adjectif passif se rapportant à l'infinitif d'un verbe sous-entendu et pris substantivement. De là vient que l'adjectif passif demeure invariable dans les temps composés où figure le verbe *haber*. Analysez cette phrase : *LAS he visto*, je les ai vues, et vous trouverez : *He (el VER)-LAS visto...* (*el VER)-LAS visto...* ( ) *LAS he visto...*

Si nous faisons figurer les verbes *tener, ser, estar*, avant les tableaux des verbes réguliers, c'est à cause du fréquent usage qu'on en fait, et parce qu'ils sont, du nombre de ceux où les irrégularités du *présent*, du *prétérit* et du *futur* de l'indicatif, font le mieux sentir l'analogie des modes qui en dérivent :

Tengo......... Tenga.
Tuve.......... Tuviera.
Tendré........ Tendría.

VERBES PRÉLIMINAIRES.

SER, ÊTRE.

INFINITIF.

PRÉSENT.
Ser. .... être.

ADJECTIF ACTIF.
Siendo. .... étant.

ADJECTIF PASSÉ.
Sido. .... été.

PASSÉ.
Haber sido. ..... avoir été.
Habiendo sido. .. ayant été.

FUTUR.
Haber de ser ... devoir être.
Habiéndo de ser. devant être.

TEMPS COMPOSÉS DE L'INDICATIF.
Prétéri indéfini. ...... He sido, j'ai été, etc.
Plusque-parfait. ...... Había sido, j'avais été, etc.
Prétérit antérieur. ... Hube sido, j'eus été, etc.
Futur antérieur. ...... Habré sido, j'aurai été, etc.

TEMPS COMPOSÉS DU SUBJONCTIF.
Prétérit. .... Que haya sido, que j'aie été, etc.
Plusque-parfait .... Hubiera, hubiése sido, j'eusse été, etc.
Futur dubitatif antérieur. Hubiére sido, j'aurai été, etc.
Conditionnel antérieur... Habría sido, j'aurais été, etc.

INDICATIF.

PRÉSENT.

S. { Soy, je suis.
{ Éres, tu es.
{ Es, il, elle est.
P. { Sómos, n. sommes.
{ Sóis, v. êtes.
{ Son, ils, elles sont.

IMPARFAIT.

S. { Era, j'étais.
{ Eras, tu étais.
{ Era, il était.
P. { Eramos, n. étions.
{ Erais, v. étiez.
{ Eran, ils étaient.

PRÉTÉRIT DÉFINI.

S. { Fui, je fus.
{ Fuíste, tu fus.
{ Fué, il fut.
P. { Fuímos, n. fûmes.
{ Fuísteis, v. fûtes.
{ Fuéron, ils furent.

FUTUR.

S. { Seré, je serai.
{ Serás, tu seras.
{ Será, il sera.
P. { Serémos, n. serons.
{ Seréis, v. serez.
{ Serán, ils seront.

SUBJONCTIF.

PRÉSENT.
Que sea, que je sois.
Que seas, que tu sois.
Que sea, qu'il soit.
Que seámos, que nous soyons.
Que seáis, que vous soyez.
Que sean, qu'ils soient.

IMPARFAIT.

Si .... si
Ojalá .... plût à Dieu que
Aun cuando .... quand même

Fuéra, fuése, j'étais, je fusse.
Fuéras, fuéses, tu étais, tu fusses.
Fuéra, fuése, il était, il fût.
Fuéramos, fuésemos, n. étions, n. fussions.
Fuérais, fuéseis, v. étiez, v. fussiez.
Fuéran, fuésen, ils étaient, ils fussent.

FUTUR-SUBJONCTIF ou dubitatif.
Fuére, je serai.
Fuéres, tu seras.
Fuére, il sera.
Fuérémos, nous serons.
Fuéreis, vous serez.
Fuéren, ils seront.

IMPÉRATIF.

S. 2e p. Sé tú, sois.
P. 2e p. Sed vosotros, soyez.
Séa él, qu'il soit.
Seámos, soyons.
Sean, qu'ils soient.

OBSERVATIONS.

L'adjectif passif, joint au verbe *haber*, forme les temps composés de tous les verbes *actifs*, soit *transitifs* ou *intransitifs* (ce qui comprend les verbes communément appelés verbes actifs, réfléchis, réciproques, et neutres). *Haber* est donc le seul verbe auxiliaire en espagnol, puisque cette langue n'a point de verbes passifs. Les participes passifs, qui ne sont que de véritables adjectifs, forment, avec les verbes SER et ESTÁR (être), ce que l'on appelle la voix passive.

Ex. : Je suis aimé, *(yo) soy querido*; elle est aimée, *(ella) es querida; nous sommes aimés, (nosotros) sómos queridos.*

Ici le participe s'accorde en genre et en nombre avec le sujet de la proposition auquel il se rapporte, sujet exprimé ou sous-entendu, et représenté par un substantif absolu ou par un substantif relatif. Nous ne connaissons qu'une seule exception à cette règle. Elle a lieu lorsqu'on substitue la troisième personne à la deuxième, par l'emploi de *vuestra merced*, ordinairement contracté en *usted*: « Sí que querido, respondió Sancho, que VUESTRA MERCED *sea muy bien obedecido*; Seigneur, répondit Sancho, que votre seigneurie soit parfaitement obéie. » Il en est de même de *vuestra alteza*, votre altesse, et autres titres qualificatifs.

LEXIGRAPHIE.

VERBES PRÉLIMINAIRES.

ESTÁR, être.

INFINITIF.	INDICATIF	SUBJONCTIF	IMPÉRATIF
PRÉSENT.	PRÉSENT.	PRÉSENT.	
Estár .... être.	Estóy, je suis.	Que esté, que je sois.	S. 2e p. Está tú, sois.
ADJECTIF ACTIF.	S. { Estás, tu es.	Que estés, que tu sois.	P. 2e p. Estád, soyez.
Estándo .... étant.	Está, il est.	Que esté, qu'il soit.	Esté él, qu'il soit.
ADJECTIF PASSIF. ... été.	Estámos, n. sommes.	Que estémos, que nous soyons.	Estémos, soyons.
Estádo ...	P. { Estáis, v. êtes.	Que estéis, que vous soyez.	Estén, qu'ils soient.
	Están, ils sont.	Que estén, qu'ils soient.	
PASSÉ.	IMPARFAIT.	IMPARFAIT.	FUTUR-SUBJONCTIF
Habér estádo .... avoir été.	Estába, j'étais.	Si ...	ou doublatif.
Habiéndo estádo .. ayant été.	S. { Estábas, tu étais.	Ojála ...	.... si
	Estába, il était.	A un cuándo ...	... plût à Dieu que
	Estábamos, n. étions.		.... quand même
	P. { Estábais, v. étiez.		
	Estában, ils étaient.		

	PARFAIT DÉFINI.	CONDITIONNEL.
	Estúve, je fus.	Estaría, je serais.
FUTUR.	S. { Estuviste, tu fus.	S. { Estarías, tu serais.
Habér de estár, devoir être.	Estúvo, il fut.	Estaría, il serait.
Habiéndo de estár, devant être.	Estuvímos, n. fûmes.	Estaríamos, n. serions.
	P. { Estuvisteis, v. fûtes.	P. { Estaríais, vous seriez.
	Estuviéron, ils furent.	Estarían, ils seraient.

FUTUR.	FUTUR.
Estaré, je serai.	Estuviéra, Estuviése, j'étais.
S. { Estarás, tu seras.	Estuviéras, Estuviéses, tu étais.
Estará, il sera.	Estuviéra, Estuviése, il était.
Estarémos, n. serons.	Estuviéramos, Estuviésemos, n. étions.
P. { Estaréis, v. serez.	Estuviérais, Estuviéseis, v. étiez.
Estarán, ils seront.	Estuviéran, Estuviésen, ils étaient.

		Estuviére, je serai.
		Estuviéres, tu seras.
		Estuviére, il sera.
		Estuviéremos, n. serons.
		Estuviéreis, v. serez.
		Estuviéren, ils seront.

N. B. Il est bien étrange qu'on ait considéré le verbe *Estár* comme verbe auxiliaire. On dit : *Estóy comiéndo, estóy mascando, je mange ; mais, on dit aussi : Ándo eszándo, aller chasser, chasser ; ir jugándo, aller jouer, vóy comiéndo, je vais, je suis en chemin, etc. ; et personne n'a songé à qualifier d'auxiliaires les verbes ir et andár, pas plus à l'actif qu'au passé.*

TEMPS COMPOSÉS DE L'INDICATIF.

Prétérit indéfini....	He estádo, j'ai été.
Plusque-parfait....	Había estádo, j'avais été.
Prétérit antérieur...	Húbe estádo, j'eus été.
Futur antérieur....	Habré estádo, j'aurai été.

TEMPS COMPOSÉS DU SUBJONCTIF.

Prétérit...................	Que haya estádo, que j'aie été.
Plusque-parfait.........	Hubiéra, hubiéses estádo, j'aurais été.
Futur....................	Hubiére estádo, j'aurai été.
Conditionnel antérieur...	Habría estádo, j'aurais été.

OBSERVATIONS
sur
L'EMPLOI DES VERBES SER ET STÁR.

Huerta, dans ses synonymes espagnols, pose en fait que l'on confond souvent les verbes *Ser* et *Estár,* et qu'on les emploie indifféremment, sauf le cas que c'est auteur précise très-bien, quoique d'une manière fort incomplète.

Nous tâcherons, dans la syntaxe, d'être clairs sur cette matière vraiment délicate, et de répandre quelque lumière sur des difficultés que la plupart des grammairiens semblent craindre d'aborder franchement.

La lecture des auteurs présente, il est vrai, sur l'emploi de *ser* et *estár,* des exemples qui contrarient la rigueur des principes, et il ne faut pas s'en donner. Les langues ont toutes quelque chose de capricieux qui lutte contre le sens et la raison. L'instinct des peuples n'est pas infaillible dans les locutions qu'il adopte ; et c'est par l'emploie seule que l'oreille décide, souvent en souverain, parvient à expliquer certaines irrégularités plus ou moins bizarres. D'ailleurs, qui ignore que le savoir à ses licences ? qui ignore que les distractions et ses licences ? tout cela n'empêche pas que l'emploi des verbes *Ser* et *Estár* ne soit fondé sur les principes de la plus saine logique, ainsi que nous le verrons.

Nous n'avons en français qu'un seul verbe *être,* qui s'applique à tout, et par conséquent ne précise rien ; tandis que les Espagnols en ont deux, dont les Latins nous présentaient l'origine dans les verbes *Esse, stáre.* Le premier indique l'essence des choses, le second leur position, leur état accidentel. *Ser* est le véritable verbe *être ; estár* peut s'analyser par *ser en su estádo, être dans tel ou tel état.* (Voy. la syntaxe.)

SUR LES TABLEAUX CONJUGATIFS RÉGULIERS.

Il importe, avant de présenter les trois tableaux-modèles des conjugaisons régulières, de faire connaître les éléments des individus qui peuvent entrer dans la composition d'un verbe.

Soit le mot verbal *Amôherons*, nous aurions, nous présente ce mot, et quels sont en lui les éléments qui expriment ces idées? Le voici:

1° L'idée d'*aimer*, c'est-à-dire l'idée signifiée par le verbe et exprimée par sa racine: *AM*-; nous appelons cet élément *radical*.

2° L'idée de *temps passé au mode indicatif*, ... *ÆRA*-, élément que nous appelons *temporatif*.

3° L'idée de *3e personne jointe à celle de pluralité* .... *MOS*, élément que nous appelons *personnatif*.

1° RADICAL (signification.)

Le radical est invariablement le même dans tous les mots d'une conjugaison régulière. C'est l'infinitif du verbe moins sa terminaison caractéristique: *AM*-*er*, *TEM*-*er*, *PART*-*ir*.

2° TEMPORATIF (idée de temps et de mode.)

Le temporatif est celui des trois éléments qui présente le plus de variétés. Il constitue en grande partie le système conjugatif. L'exposition que présentent dans chacun de leurs temporatifs particuliers, l'imparfait de l'indicatif, le présent, les deux temporatifs et le futur du subjonctif, ainsi que le conditionnel, simplifie d'une manière merveilleuse cette étude lexigraphique.

3° PERSONNATIF (idée de personne et de nombre.)

Ce qui concerne le personnatif se réduit à peu de chose.

Singulier	1re pers., néant	...,	Am-ô-,	am-ô-,	am-ôôo-,	am-ô-, etc.
	2e pers., toujours en	S,	Am-ô-o-S,	am-ôôo-S,	1,	etc.
	3e pers., néant		Am-ô-,	am-ô-,	am-ôôo-,	am-ô-, etc.
Pluriel	1re pers., toujours en........	MOS:				
	2e pers., toujours en........	IS: }	Voir les tableaux.			
	3e pers., toujours en........	N: }				

C'est sur ces bases que nous allons dresser les trois tableaux des conjugaisons régulières. Chaque mot y offrira la décomposition de ses parties élémentaires. Cette chimie du langage facilite le travail des rapprochements et dévoile tous les mystères du système analogique.

L'infinitif, l'adjectif actif et l'adjectif passif, n'étant pas susceptibles des modifications de temps, et de personne, n'ont à se décomposer qu'en radical et terminaison: *AM*-*ir*, *am*-*ôndo*, *am*-*ôto*.

---

1 Exceptions : La 2e pers. sing. du prétérit indicatif : *Am-âste-*, tu aimas, etc., laquelle n'a point de personnatif. Nous ferons cependant remarquer qu'on trouve, dans les meilleurs auteurs, cette 2e pers. avec l'S du personnatif; Ex.: *Et reg que tu nos d-iste-S*, tu sais que tu nous as donné. [*Foible des grammaticiens qui demandent un roi.*— L'ANCROBATEUR se livre.] Dans la conversation on dira plutôt, par example, *v-iste-S é fulano?*

2 Une seule exception à la 2e pers. plur. de l'impératif : *Am-à-d (nostre.*

LÉNIGRAPHIE.

VERBES RÉGULIERS.

PREMIÈRE CONJUGAISON EN AR.

INFINITIF.

PRÉSENT.
Am-ár................ aimer.

ADJECTIF ACTIF.
Am-ándo............ aimant.

ADJECTIF PASSÉ.
Am-ádo......., aimé.

PASSÉ.
Haber am-ádo....... avoir aimé.
Habiéndo am-ádo... ayant aimé.

FUTUR.
Haber de am-ár... devoir aimer.
Habiéndo de am-ár devant aimer.

TEMPS COMPOSÉS DE L'INDICATIF.

Prétérit indéfini.. He am-ádo, J'ai aimé.
Plusque-parfait... Había am-ádo, J'avais aimé.
Prétérit antérieur.. Hube am-ádo, J'eus aimé.
Futur antérieur... Habré am-ádo, J'aurai aimé.

TEMPS COMPOSÉS DU SUBJONCTIF.

Prétérit............ Que haya am-ádo, que j'aie aimé.
Plusque-parfait... Hubiéra, habiéra am-ádo, J'aurais aimé.
Futur indicatif antérieur. Habiére am-ádo, J'aurai aimé.
Conditionnel antérieur. Habría am-ádo, J'aurais aimé.

INDICATIF.

PRÉSENT.
S. { Am-o-, j'aime.
    Am-a-s, tu aimes.
    Am-a-, il aime.
P. { Am-á-mos, n. aimons.
    Am-á-is, v. aimez.
    Am-a-n, ils aiment.

IMPARFAIT.
Am-á-ba-, j'aimais.
Am-á-ba-s, tu aimais.
Am-á-ba-, il aimait.
Am-á-ba-mos, n. aimions.
Am-á-ba-is, v. aimiez.
Am-á-ba-n, ils aimaient.

PRÉTÉRIT DÉFINI.
Am-é-, j'aimai.
Am-ás-te-, tu aimas.
Am-ó-, il aima.
Am-á-mos, n. aimâmes.
Am-ás-te-is, v. aimâtes.
Am-á-ro-n, ils aimèrent.

FUTUR.
Am-aré-, j'aimerai.
Am-aré-s, tu aimeras.
Am-ará-, il aimera.
Am-aré-mos, n. aimerons.
Am-aré-is, v. aimerez.
Am-ará-n, ils aimeront.

CONDITIONNEL.
Am-aría-, j'aimerais.
Am-aría-s, tu aimerais.
Am-aría-, il aimerait.
Am-aría-mos, n. aimerions.
Am-aría-is, v. aimeriez.
Am-aría-n, ils aimeraient.

SUBJONCTIF.

PRÉSENT.
Que am-e-, que j'aime.
Que am-e-s, que tu aimes.
Que am-e-, qu'il aime.
Que am-é-mos, que nous aimions.
Que am-é-is, que vous aimiez.
Que am-e-n, qu'ils aiment.

IMPARFAIT.
Si................ si
Ojalá.... plût à Dieu que

FUTUR-SUBJONCTIF
ou
dubitatif.

am-á-ra- / am-á-se- / am-á-re-   j'aimasse.
am-á-ra-s / am-á-se-s / am-á-re-s   tu aimasses.
am-á-se- / am-á-se- / am-á-re-   il aimât.
am-áse-mos / am-áse-mos / am-áre-mos, n. aimassions.
am-áse-is / am-áse-is / am-áre-is, v. aimassiez.
am-áse-n / am-áse-n / am-áre-n, ils aimassent.

N. B. Quand le temporatif est invariable dans toutes les formes d'un temps quelconque, cette circonstance est rendue sensible par l'absence de toute couleur.

Le radical étant constamment invariable, et les règles si simples du personnel présque sans exception, on comprend le peu de difficultés que présente le système de la conjugaison régulière.

IMPÉRATIF.

S. 2e p. Am-a-, té tú, aime.
P. 2e p. Am-á-d vosotros, aimez.
        Am-e-, él., qu'il aime.
        Am-é-mos, aimons.
        Am-á-n élos, qu'ils aiment.

EXPLICATION DU TABLEAU.

Nous allons maintenant dans le système des conjugaisons régulières. Jusqu'ici, le tableau présente les différents modes du verbe isolés les uns des autres; nous allons montrer l'Indicatif franchissant sa barrière et envahissant les autres modes pour y propager l'analogie de ses formes.

Reprenons les quatre dénominations exploitées qui figurent au haut du tableau.

L'*Infinitif* reste invariable dans ses formes, et ne sert qu'à dériver que la 3e personne du *passé* et du *futur*.

Remarquons la couleur jaune de l'*Infinitif*; il n'a d'autre dérivé que le *présent* de l'Impératif: *Am-á-d*, à laquelle nous donnons la couleur verte, qui indique son origine.

L'*Indicatif*/déborde sur tous les points, et s'étend sur la totalité de ses voisins, par les trois routes du *présent*, du *passé* et du *futur*.

Les *imparfaits* et le *futur du subjonctif* dérivent du prétérit de l'Indicatif, d'où il dérive (sans déroger plus tard sous quel rapport). L'invasion s'étend et gagne jusqu'à l'*impératif*; une personne seule de ce dernier mode, la 2e du pluriel, prend la couleur verte de l'Infinitif.

La *conditionnel* dérive du futur.

Après avoir donné les trois tableaux des conjugaisons régulières, nous développerons tout ce qui est relatif au système de la dérivation des temps d'un mode à l'autre. Pour le moment, nous nous bornons à constater les faits.

VERBES RÉGULIERS.

DEUXIÈME CONJUGAISON EN ER.

INFINITIF.	INDICATIF.	SUBJONCTIF.	IMPÉRATIF.
PRÉSENT.	**PRÉSENT.**	**PRÉSENT.**	
Tem-ér...... craindre.	Tem-o...... je crains.	que je craigne.	S. 2ᵉ p. Tem-e-¹, é, crains.
ADJECTIF ACTIF.	Tem-e-s...... tu crains.	que tu craignes.	1ʳᵉ 2ᵉ p. Tem-á-mos, é, craignons.
Tem-iéndo...... craignan	Tem-e...... il craint.	qu'il craigne.	Tem-é-di, craignez.
ADJECTIF PASSIF.	Tem-é-mos,	que nous craignions,	Tem-á-n, ellos, qu'ils craignent.
Tem-ido...... craint.	Tem-é-is,	que vous craigniez,	
	Tem-e-n,	qu'ils craignent.	
PASSÉ.	**IMPARFAIT.**	**IMPARFAIT.**	
Habér tem-ido...... avoir craint.	Tem-ia...... je craignais.	Si...... si	
Habiéndo tem-ido...... ayant craint.	Tem-ia-s...... tu craignais.	Ojalá...... plût à Dieu que	
	Tem-ia...... il craignait.	Aun cuando...... quand même	
FUTUR.	Tem-ia-mos,	tem-iére, etc.	
	Tem-ia-is,	tem-iére-s,	
	Tem-ia-n,	tem-iére-.....	
Habér de tem-ér... devoir craindre.	**PRÉTÉRIT DÉFINI.**	**FUTUR-SUBJONCTIF**	je craignisse, etc.
Habiéndo de tem-ér, devant craindre.	S. Tem-í,	Tem-iére,	**ou**
	Tem-iste,	tem-iére-s,	**DUBITATIF**
	Tem-ió,	tem-iére-.....	
	P. Tem-i-mos,	Tem-iére-mos,	
	Tem-iste-is,	tem-iére-is,	
	Tem-iéro-n,	tem-iére-n,	
	FUTUR.	**CONDITIONNEL.**	
	S. Tem-eré,	Tem-eria,	je craindrais, etc.
	Tem-erá-s,	Tem-eria-s,	
	Tem-erá,	Tem-eria,	
	P. Tem-eré-mos,	Tem-eria-mos,	
	Tem-eré-is,	Tem-eria-is,	
	Tem-erá-n,	Tem-eria-n,	

TEMPS COMPOSÉS DE L'INDICATIF.

	TEMPS COMPOSÉS DU SUBJONCTIF.
Prétérit indéfini... He tem-ido, j'ai craint......	Prétérit... Que haya tem-ido, que j'aie craint.
Plusque-parfait... Habia tem-ido, j'avais craint.	Pl.-parfait... Hubiéra, hubiése tem-ido, j'aurais craint.
Prétérit antérieur... Hube tem-ido, j'eus craint.	F. dub. aut. Hubiére tem-ido, j'aurai craint.
Futur antérieur... Habré tem-ido, j'aurai craint.	Conditionnel. Habria tem-ido, j'aurais craint.

SUR LE VERBE VER, VOIR.

Le verbe Ver a quelques irrégularités qu'on a négligé de faire remarquer, et que nous allons consigner ici, pour les rendre plus palpables ou les rappro--chant des formes régulières de la con--jugaison en ER.

D'après le système que nous avons établi, le radical du verbe Ver, c'est la lettre V-; or, nous allons voir que la conjugaison de ce verbe exige quel--quefois, dans ses temporatifs, l'inter--calation de la lettre E. Donnons, à cet égard, un petit tableau où toutes les irrégularités seront revêtues de la couleur verte.

INDICATIF			SUBJONCTIF
PRÉSENT.			**PRÉSENT.**
Sing. V-éo-,	v-é-s,	v-é-,	Sing. V-éa-, v-éa-s, v-éa-.
Plur. V-é-mos,	v-é-is,	v-é-n.	Plur. V-éa-mos, v-éa-is, v-éa-n.
IMPARFAIT.			
Sing. V-éia-,	v-éia-s,	v-éia-.	
Plur. V-éia-mos,	v-éia-is,	v-éia-n.	

Autrefois, on disait : V-ía-, v-ía-s, v-ía-, etc.

Tous les autres temps et modes sont réguliers. (Voy. la Grammaire d'OUDIN, 1651.)

Ex. : V-í-, — V-íste-, — V-iéra-, v-iéra-s, etc.,
V-eré-, v-eré-s, etc. — v-ió-, — V-erie-, v-erie-s,
etc. etc.

VERBES RÉGULIERS.
TROISIÈME CONJUGAISON EN IR.

INFINITIF.

PRÉSENT.
Part-ir.... partager.

ADVERBE ACTIF.
Part-iéndo.... partageant.

ADJECTIF PASSIF.
Part-ido.... partagé.

PASSÉ.
Habér } part-ido, avoir partagé.
Habiéndo } part-ido, ayant partagé.

FUTUR.
de { Habér } part-ir, devoir partager.
de { Habiéndo } part-ir, devant partager.

TEMPS COMPOSÉS DE L'INDICATIF.

Prétérit indéfini...	He part-ido,	j'ai partagé.
Plusque-parfait...	Había part-ido,	j'avais partagé.
Prétérit antérieur...	Húbe part-ido,	j'eus partagé.
Futur antérieur...	Habré part-ido,	j'aurai partagé.

INDICATIF.

PRÉSENT.
S. Part-o, je partage.
Part-e-s, tu partages.
Part-e, il partage.
P. Part-i-mos, n. partageons.
Part-í-s, v. partagez.
Part-e-n, ils partagent.

IMPARFAIT.
Part-ía, je partageais.
Part-ía-s, tu partageais.
Part-ía, il partageait.
Part-ía-mos, n. partagions.
Part-ía-is, v. partagiez.
Part-ía-n, ils partageaient.

PRÉTÉRIT DÉFINI.
Part-í,
Part-íste,
Part-ió,
Part-ímos,
Part-ísteis,
Part-iéron,

FUTUR.
Part-iré, je partagerai.
Part-irá-s, tu partageras.
Part-irá, il partagera.
Part-iré-mos, n. partagerons.
Part-iré-is, v. partagerez.
Part-irá-n, ils partageront.

SUBJONCTIF.

PRÉSENT.
Que part-a, que je partage.
Que part-a-s, que tu partages.
Que part-a, qu'il partage.
Que part-a-mos, que nous partagions.
Que part-á-is, que vous partagiez.
Que part-a-n, qu'ils partagent.

IMPARFAIT.
Si... Part-iéra,
Ojalá... Part-iéra-s,
Part-iéra,
Part-iéra-mos,
Part-iéra-is,
Part-iéra-n,

Aun cuando...
si... } je partageais, etc.
. plût à Dieu que... } je partageasse, etc.

FUTUR-SUBJONCTIF ou dubitatif.
Part-iére,
Part-iére-s,
Part-iére,
Part-iére-mos,
Part-iére-is,
Part-iére-n,
quand même. } je partagerais, etc.

TEMPS COMPOSÉS DU SUBJONCTIF.

Prétérit...	Que haya part-ido,	que j'aie partagé.
Plusque-parfait...	Hubiéra, hubiése part-ido,	j'aurais partagé.
Futur antérieur...	Hubiére part-ido,	j'aurai partagé.
	Habria part-ido,	j'aurais partagé.

IMPÉRATIF.

S. 2e p. Part-e, fr. partage.
P. 2e p. Part-i-d, vosotros, partagez.
Part-a, él, qu'il partage.
Part-a-n ellos, qu'ils partagent.
Part-a-mos, partageons.

IRRÉGULARITÉS ORTHOGRAPHIQUES DES VERBES RÉGULIERS.

La régularité des verbes doit se conserver dans la prononciation; et c'est pour ne pas dénaturer la prononciation, qu'il faut quelquefois modifier l'orthographe. D'après ce principe:

Les verbes en C-AR, changent C en QU dans le radical, devant la terminaison E. Ex.: TOC-AR, TOQU-É.

Ceux en G-AR ajoutent U au radical devant la terminaison E. Ex.: PAG-AR, PAGU-É.

Les verbes en GU-AR (guzar), prennent le tréma sur l'U du radical, devant la terminaison E. Ex.: ApaciGU-AR, ApaciGÜ-É.

Les verbes en C-ER, C-IR, remplacent, dans le radical, le C par le Z devant l'O et l'A. Ex.: Venḉ-ér, venŹ-o, venŹ-a, resarḉ-ir, resarŹ-o, resarŹ-a.

Distinguir (où l'U est muet), change du radical en C devant l'O et l'A. Ex.: DistinGU-ir: distinC-o, distinC-a.

Les verbes en G-ER prennent J au radical, au lieu de G, devant l'O et l'A du temporal, afin de conserver le son gutural que le G ne prend que devant E, I, et que le J ne perd jamais. Ex.: EscoG-er; escoJ-o, escoJ-a.

Les verbes en E-ER changent I en Y dans le temporatif, devant O. K. Ex.: CrE-er; crEY-go-, crEY-géro-n.

¹ Dans cette conjugaison, le temporatif et le personnatif de la 2e personne du pluriel de l'indicatif se contractent en la terminaison is ajoutée au radical : Luci-is, pour part-i-is.

RÉSUMÉ SUR LA DÉRIVATION DES TEMPS,
D'APRÈS LES TROIS TABLEAUX DES CONJUGAISONS RÉGULIÈRES.

Cette dérivation ne porte, ni sur le radical, qui appartient à tous les autres temps et modes, ni sur le temporatif, qui diffère dans les modes mis en rapport; mais bien sur l'accentuation, qui se place, tantôt sur le radical, tantôt sur le temporatif.

EXEMPLES:

LE PRÉSENT DU SUBJONCTIF,
et les formes qu'il transmet à l'impératif,
DÉRIVENT
DU PRÉSENT DE L'INDICATIF.

PRÉS. INDICATIF.	PRÉS. SUBJONCTIF.	IMPÉRATIF.
Am-o...........	Am-e...........	Am-e él[1].
Sm-o...........	Am-e-...........	Am-e él[1].
Am-ô-mos.......	Am-(-mos.......	Am-ô-mos.

N. B. Dans les verbes irréguliers, outre cette analogie, il y a celle de la forme altérée du radical, comme nous le verrons.

Cette dérivation se trouve, pour le premier imparfait et le futur, dans *la forme* et *l'accentuation du temporatif*; et pour le deuxième imparfait, dans sa *seule accentuation*.

EXEMPLES:

LES DEUX IMPARFAITS
ET LE FUTUR DU SUBJONCTIF,
DÉRIVENT
DU PRÉTÉRIT DE L'INDICATIF.

PRÉT. INDICATIF.	1er IMPARF. SUBJ[1].	FUTUR-SUBJONCTIF.
Am-áro-n.......	Am-áro-.......	Am-áre-
Tem-iéro-n.....	Tem-iéro-.......	Tem-iére-
Part-iéro-n....	Part-iéro-.......	Part-iére-
	2e IMPARFAIT.	
Am-áro-n.......	Am-áso-	
Tem-iéro-n.....	Tem-iése-.	

Cette dérivation est fondée sur la *forme* et *l'accentuation du temporatif*.

EXEMPLES:

LE CONDITIONNEL
DÉRIVE
DU FUTUR DE L'INDICATIF.

FUTUR INDICATIF.	CONDITIONNEL.
Am-aré-......	Am-aría-
Tem-eré-.....	Tem-ería-
Part-iré-....	Part-iría-

Il est remarquable qu'indépendamment des analogies que présentent les formes élémentaires des individus variaux, ce qu'il y a de plus décisif dans le système de la dérivation, c'est l'accent : il conspire toujours à la dérivation, et c'est souvent sur lui seul qu'elle repose.

[1] La 3e pers. sing. de l'imparfait est identique à la 3e pers. sing. du présent de l'indicatif.

| El ám-o-, | ám-a- ti. | El tem-e-, | tem-e- ti. | El part-e-, | párt-e ti. |

La 2e pers. plur. de l'impératif dérive de l'infinitif :

| Am-ár, | ám-a-d. | Tem-ér, | tem-e-d. | Part-ír, | part-í-d. |

DES VERBES TRANSITIFS, APPELÉS VERBES RÉFLÉCHIS ET V. RÉCIPROQUES.

Les verbes connus sous l'ancienne dénomination de verbes réfléchis et verbes réciproques, ne sont autre chose que des verbes transitifs dont le complément est toujours un pronom personnel ou substantif relatif de la même personne que le sujet. Ils se conjuguent en espagnol avec *Haber* dans leurs temps composés, et dans tous leurs temps avec deux substantifs relatifs de la même personne, l'un employé comme sujet, l'autre comme complément direct : le premier est ordinairement supprimé. *Voy.* le tableau qui suit.

Nous ne présentons plus les mots dans leur état de décomposition : il faut que l'élève s'habitue à décomposer lui-même, conformément aux tableaux qui précèdent.

INFINITIF. PRÉSENT.	INDICATIF. PRÉSENT.	SUBJONCTIF. PRÉSENT.	IMPÉRATIF.
Lisonjearse...... se flatter.	(*yo*) *Me lisonjéo*, je me flatte.	(*yo*) *Me lisonjée*, que je me flatte.	*lisonjé-o-*,
Lisonjeándose.... en flattant.	S. (*tú*) *Te lisonjéas*, tu te flattes.	S. (*tú*) *Te lisonjées*, que tu te flattes.	*lisonjé-a-s*,
Passé. { *Haberse lisonjéado*... s'être flatté.	(*él*) *Se lisonjéa*, il se flatte.	(*él*) *Se lisonjée*, qu'il se flatte.	*lisonjé-o-*, etc.
{ *Habiéndose lisonjéado*, s'étant flatté.	(*nos.*) *Nos lisonjéamos*, nous nous flattons.	(*nos.*) *Nos lisonjéemos*, que nous nous flattions.	S. 2ᵉ p. *Lisonjéate*, flatte-toi.
Futur. { *Haber de lisonjéarse*... devoir se flatter.	P. { (*vos.*) *Os lisonjéais*, vous vous flattez.	P. { (*vos.*) *Os lisonjéeis*, que vous vous flattiez.	P. 2ᵉ p. *Lisonjéa OS*, flattez-vous.
{ *Habiéndo de lisonjéarse*, devant se flatter.	(*ellos*) *Se lisonjéan*, ils se flattent.	(*ellos*) *Se lisonjéen*, qu'ils se flattent.	*Lisonjé-o-*, *lisonjé-a-s*, etc.

À l'imparfait de l'INDICATIF, ou dirai .... (*yo*) *Me lisonjéaba*, je me flattais ....

Les temps composés n'offrent pas plus de difficultés que les temps simples.
(*tú*) *Te lisonjéabas*, tu te flattais.
(*yo*) *Me he*, me hube, me habré lisonjéado, etc. Je me suis, je m'étais, je me fus, je me serai flatté, etc.
(*tú*) *Te has*, te hubiste, te habrás lisonjéado, etc. Tu t'es, tu t'étais, tu te fus, tu te seras flatté, etc.

VERBES INTRANSITIFS, OU NEUTRES.

Les verbes *intransitifs*, ou neutres, ne diffèrent en rien, sous le rapport lexigraphique, des verbes *transitifs*. Ils se conjuguent de même avec le verbe *Haber* et l'adjectif passif, qui demeure invariable. Il faut être bien en garde contre l'habitude des gallicismes, qui substituent le verbe *être* au verbe *avoir*.

	arriver ;	habér llegádo, être arrivé, etc.
Ex. :	{ *He llegádo*,	je suis arrivé ; *has llegádo*, tu es arrivé, etc.
	{ *Había llegádo*, j'étais arrivé ; *habías llegádo*, tu étais arrivé, etc.

RÉSUMÉ :

1° Quand il s'agit des temps composés d'un verbe *transitif*, employé dans le sens *réfléchi* ou *réciproque* ; } l'espagnol s'éloigne de l'analogie française, et se conjugue toujours avec le verbe *Haber*.
2° Quand le verbe est *intransitif*, ...

Ex. :	{ 1° (*yo*) *Me habia lisonjéado*	je m'étais flatté.
	{ 2° (*él*) *Había llegádo*	il était arrivé.

---

[1] (*Nos.*) pour *Nosotros-as* ;   [2] (*Vos.*) pour *Vosotros-as*.

[1] Pour *lisonjéad US*.   [2] Pour *lisonjéamos NOS*.   [3] Pour *lisonjéad NOS*.

DES PARTICIPES, OU DES ADJECTIFS ACTIFS ET PASSIFS.

DES ADJECTIFS ACTIFS.

Nous avons vu, dans les tableaux conjugatifs, qu'aux temps composés des verbes conjugués avec *Haber*, le participe passé ne varie jamais en espagnol. (*Le he visto, las he visto.*) Le participe présent, ou mieux, l'*adjectif actif*, n'arrive non plus aucun cas de variabilité. Ex. : *Él canta DURMIÈNDO*, il chante en dormant. *ELLOS cántan DURMIÈNDO*, ils chantent en dormant. Ceci s'explique tout naturellement. Dans cette phrase : (*Ellos*) *cántan durmièndo*, ils chantent en dormant, il est évident que l'adjectif actif *durmièndo*, au masculin singulier, ne peut se rapporter au relatif et au verbe pluriel *ellos cántan*; il se rapporte à un substantif sous-entendu, qui ne peut être que l'infinitif du verbe *dormir*, pris substantivement : *Ellos cántan (en el DORMIR)-DURMIÈNDO*, ils chantent en (le dormir)-*dormant*, se faisant. Si nous disons : *En cantando te adormecen*, ils l'endorment en chantant, nous restons dans l'analogie du cas précédent, sauf la préposition *En* qui n'est plus sous-entendue : *En (el CANTAR)-CANTANDO te adormecen*. L'adjectif actif est donc invariable, par la raison qu'il se rapporte toujours à un substantif invariable, qui est l'infinitif même d'où il dérive.

L'adjectif actif *régulier* se forme en ajoutant la terminaison *ANDO* au radical de la première conjugaison, et la terminaison *IENDO* au radical de la deuxième et de la troisième conjugaison. Ex. : *Am-ANDO; tem-IENDO; part-IENDO*. Il y a, à cet égard, quelques exceptions, que nous ferons connaître aux tableaux des verbes irréguliers.

La langue espagnole a une autre espèce d'adjectifs actifs, en *ANTE* pour la première conjugaison (*AM-ANTE*, aimant), et en *IENTE* pour la deuxième et la troisième conjugaison (*LE-YENTE*, lisant; *O-YENTE*, écoutant); mais ceux-ci sont rarement employés, ne sont en usage que dans certains verbes, et n'ont jamais de complément direct. Nous voulons dire qu'ils n'ont jamais de complément *direct*, car ils peuvent être suivis d'un complément *indirect*. Ex. : *Amante DE las letras, DE la paz*; amant des lettres, de la paix. Ils sont alors employés comme substantifs. C'est ainsi que les Latins disaient : *Amans virtutis, l'amant de la vertu, celui qui a l'habitude constante de cet amour. Amans virtutem avait un autre sens; il signifiait *aimant la vertu, qui aime actuellement la vertu*[1].

---

[1] Dans les auteurs anciens, l'adjectif actif en *Ante, iente*, conserve souvent la force transitive du verbe d'où il dérive, et reçoit un complément direct. Ex. : *La segunda batalla que hizo Aníbal fué PASANTE LOS MONTES PIRINÉOS*: ce fut en passant les Pyrénées qu'Annibal livra la seconde bataille. (*Crónica general*, part. I, c. 20.)

ADJECTIFS PASSIFS, AUTREMENT APPELÉS PARTICIPES PASSIFS OU PASSÉS.

Les adjectifs passifs de la première conjugaison sont terminés en *ado* (*amado*, aimé), et ceux de la deuxième et de la troisième en *ido* (*temido*, craint; — *partido*, partagé); mais dans chacune des trois conjugaisons, il y a des verbes dont les adjectifs passifs se forment irrégulièrement. En voici la liste: l'irrégularité de ces verbes passe à leurs composés.

INFINITIFS.	ADJECTIFS PASSIFS IRRÉGUL.	INFINITIFS.	ADJECTIFS RÉGULIERS. Avec *Haber*¹, Ser, Estar.	ADJECTIFS IRRÉGUL. Avec *Haber*¹, Ser, Estar.
Abrir,	Abierto, ouvert.	se surcharger l'estomac.	Abitado.. Abito.	Eartinguir, éteindre... Eartinguido	Eartinto. H.
Cubrir,	Cubierto, couvert.	Abaslto, ahitons.. Bendecir, bénir...	Compelido.. Compelto.	fixer..... Fijado.... Fijo.	
Decir,	Dicho, dit...	Cubierto, couvert.	Complido.. Complto.	rassasier.. Hartado.. Harto.	
Disolver,	Disuelto, dissous.	Compeler, forcer...	Concluido.. Concluso.	renfermer.. Incluido.. Incluso.	
Escribir,	Escrito, écrit...	Concluir, conclure..	Confundido.. Confuso.	encourir... Incurrido.. Incurso.	
Hacer,	Hecho, fait...	Confundir, confondre..	Convencido.. Convicto.	insérer.... Insertado.. Inserto.	
		Convencer, convaincre.	Convertido.. Converso.	transposer.. Invertido.. Inverso.	
Morir,	Muerto, mort...	Convertir, convertir..	Despertado.. Despierto.	enter.... Ingerido.. Ingerto.	
Poner,	Puesto, mis...	Despertar, s'éveiller.	Elegido.... Electo.	joindre.... Juntado... Junto.	
Resolver,	Resuelto, résolu.	Elegir, choisir...	Enjugado... Enjuto.	annuller... Maldecido.. Maldicto.	
Saber,	Sueltо, décidé.	Engajar, essayer...	Excluido... Excluso.	manifester.. Manifestado.. Manifiesto.	
Ver,	Visto, vu...	Excluir, exclure...	Expelido... Expulso.	flétrir.... Marchitado.. Marchito.	
Volver,	Vuelto, revenu.	Expeler, chasser...	Expreso... Expreso.	omettre.... Omitido... Omiso.	

REMARQUES. Dans les listes ci-dessus nous avons omis la plupart des verbes composés. En effet, quelle nécessité de rappeler, par ex., à la citation de *Poner*, *puesto*, celle de *la composer*, *compuesto*?

ADJECTIFS PASSIFS AVEC LA SIGNIFICATION ACTIVE.

Les verbes de la première colonne (*abrir*, etc.) n'ont qu'un sens adjectif, qui est l'irrégulier, et qui figure dans la colonne verte.

Il y a des adjectifs passifs en espagnol, qui ont une signification active : nous donnons ici la liste des plus saillants.

Le français présente aussi quelquefois, comme on peut le voir dans la colonne du milieu, le sens actif sous la forme passive.

FORME PASSIVE ESPAGNOLE.	FORME PASSIVE FRANÇAISE.	SENS ACTIF.
Acostumbrado..	accoutumé.	qui a coutume.
Atrevido, osado..	osé.	hardi, audacieux.
Bien comido...		qui a bien soupé.
Bien ó mal hablado..		poli ou malhonnête.
Cansado..		fatigué, ennuyeux.
Comedido, medio..		prudent, circonspect.
Disimulado..	dissimulé.	trompeur.
Entendido..		intelligent.
Leído...	lu.	instruit.
Porfiado...	obstiné.	opiniâtre, tenace.
Precavido..		prudent, présomptueux.
Recatado..		qui sent, sensible.
Sentido, etc.	avisé.	

La forme passive avec le sens actif se retrouve dans la langue latine. Ainsi Virgile a dit : *Frigus penetrabile*, un froid pénétrable, pour un froid pénétrant ; et l'heure, en parlant de l'Océan, *qui séparat les terres*, lui donne l'épithète de *dissociabilis*, etc.

¹ Aux temps composés de la conjugaison active.

¹ La lettre H représente l'infinitif *haber*, et remplit la même indication que cet infinitif placé en tête des adjectifs réguliers.

VERBES UNIPERSONNELS, DITS IMPERSONNELS.

Les verbes unipersonnels ne s'emploient qu'à l'infinitif, et à la 3e personne du singulier dans les divers temps des autres modes.

EXEMPLES.

	EXEMPLES.	EXEMPLES.
Nevar, neiger.	*Nieva,* il neige.	*Nevará,* il neigera.
Haber nevado, avoir neigé.	*Ha nevado,* il a neigé.	*Había nevado,* il avait neigé, etc.

Voici la liste de quelques-uns de ces verbes unipersonnels:

	EXEMPLES.	EXEMPLES.	
Amanecer, commencer à faire jour.	*Amanece,* il commence à faire jour.	*Amanecía,* il commençait à faire jour.	*Amaneció,* il commença à faire jour.
Anochecer, commencer à faire nuit.	*Anochece,* il commence à faire nuit.	*Anochecía,*	*Anocheció,* il commença à faire nuit.
*Helar*¹, geler.	*Hiela* ¹, il gèle.	*Helaba,* il gelait.	*Heló,* il gela.
Llover, pleuvoir.	*Llueve,* il pleut.	*Llovía,* il pleuvait.	*Llovió,* il plut.
Tronar, tonner.	*Truena,* il tonne.	*Tronaba,* il tonnait.	*Tronó,* il tonna.

Il y a quelques verbes, ordinairement intransitifs, qui, dans certaines acceptions, prennent une allure uni-personnelle.

EXEMPLES.		EXEMPLES.
Hace mal tiempo, il fait mauvais temps.		Mal tiempo *hace,* le mauvais temps se *fait,* a lieu, existe.
Acontece una desgracia, il arrive un malheur.		Una desgracia *acontece,* un malheur *arrive.*
Importa trabajar, il importe de travailler.	Rétablissez la construction directe, et vous aurez	Trabajar *importa,* le travailler *importe, convient,* est *utile.*
Conviene leer, il convient de lire.		Leer *conviene,* le lire *convient.*
Es menester vivir, il faut vivre.		Vivir es *menester,* vivre *est besoin.*

¹ *Helar* (de *hielo*), *llover* (de *lluvia*), *tronar* (de *trueno*), sont des formes qui s'éloignent de la conjugaison régulière, et dont les types appartiennent aux tableaux que nous allons présenter des anomalies des verbes.

VERBES IRRÉGULIERS.

PREMIÈRE CONJUGAISON EN AR.

ACERTAR, réussir (prend devant l'E de son radical, les faits d'EY, dans les temps et modes ci-contre).

INDICATIF PRÉSENT.		SUBJONCTIF PRÉSENT.	IMPÉRATIF.
S.	Acierto, je réussis!	que je réussisse.	
	Aciertas, tu réussis.	que tu réussisses.	S. 2e p. Acierta (tú), réussis.
	Acierta, il réussit.	qu'il réussisse.	
P.	» »	»	
	» »	»	
	Aciertan, ils réussissent.	qu'ils réussissent.	Acierten ellos, qu'ils réussissent.

ALMORZAR, déjeuner (change son O radical devant UE, dans les mêmes temps, modes, nombres et personnes qu'Acertar).

INDICATIF PRÉSENT.		SUBJONCTIF PRÉSENT.	IMPÉRATIF.
S.	Almuerzo, je déjeune.	que je déjeune.	S. 2e p. Almuerza tú, déjeune.
	Almuerzas, tu déjeunes.	que tu déjeunes.	P. 2e p.
	Almuerza, il déjeune.	qu'il déjeune.	
P.	» »	»	
	» »	»	Almuerza él, qu'il déjeune.
	Almuerzan, ils déjeunent.	qu'ils déjeunent.	Almuercen ellos, qu'ils déjeunent.

ANDAR, aller.

INDICATIF PRÉSENT DÉFINI.		SUBJONCTIF IMPARFAIT.	FUTUR DOUTATIF.
S.	Anduve, j'allai.	anduviera,	anduviere,
	Anduviste, tu allas.	anduvieras,	anduvieres,
	Anduvo, il alla.	anduviera,	anduviere,
P.	Anduvimos, n. allâmes.	anduviéramos,	anduviéremos,
	Anduvisteis, v. allâtes.	anduvierais,	anduviéreis,
	Anduvieron, ils allèrent.	anduvieran,	anduvieren,

Jirais, j'allais, etc. — Jiré, j'irai, etc. — Jirais, j'irais, etc.

DAR, donner.

INDICATIF PRÉSENT.		PRÉTÉRIT DÉFINI.	IMPARFAIT DE SUBJONCTIF.	FUTUR DOUTATIF.
S.	Di,	je donnai.	Diera, »	Diere,
	Diste,	tu donnas.	Dieras,	Dieres,
	Dió,	il donna.	Diera,	Diere,
P.	Dimos,	n. donnâmes.	Diéramos,	Diéremos,
	Disteis,	v. donnâtes.	Dierais,	Diereis,
	Dieron,	ils donnèrent.	Dieran,	Dieren,

je donnerais, je donnerais. — je donnerai, je donnerai, etc.

N. B. A la 1re personne du singulier du présent de l'indicatif, *dar* fait *doy*; de l'indicatif il dit *dé*. Je donne, ce qui n'importe che pas le subjonctif de faire *a* que *dé*, que je donne, etc. »

Tantôt les irrégularités des verbes portent : tantôt sur la *forme du radical*, qui cesse d'être invariable, tantôt sur les *formes du temporatif*.

Les irrégularités des verbes portent : tantôt sur la *forme du radical*, qui cesse d'être invariable, tantôt sur les *formes du temporatif*.

Tantôt sur l'accentuation du radical et du temporatif, indépendamment des changements de forme. *De Acérte*, *Acèrt-o*, au lieu de *Acért-o*. *De Dar* : *Dí-ste*, — *Dhi-*, — *Dhi-date*, — *Di-date*, — *D-ó*, *Aníl-i-c*, — *Anúl-*, — *Anñ-*, *Andn-*, — *Anñl-c*, — *Anúl-c*, *Andu-ó*.

Nous devons donc abandonner ici un système de décomposition qui ne s'applique exactement qu'aux verbes réguliers. Il sera cependant utile d'en déterrer et d'en reconnaître les traces au milieu des anomalies dont nous allons présenter les tableaux.

OBSERVATIONS SUR LE TABLEAU.

Nous ne présentons dans les divers modes, à qui nous conserverons leurs couleurs habituelles, que les temps qui s'éloignent des modèles réguliers. Ainsi, dans le verbe *Acertar*, nous ne donnons que le présent de l'indicatif, celui du subjonctif qui en dérive, et l'impératif, et dans les temps qui offrent des anomalies, nous supprimons, tant au singulier qu'au pluriel, toutes les formes régulières, que nous remplaçons par des guillemets. La nécessité de chercher ces formes dans sa mémoire fortifie l'élève dans ce qu'il a déjà appris.

Le verbe *Jugar*, jouer, est irrégulier aux mêmes temps, modes et personnes qu'*Almorzar*: il prend un É après son U radical. Ex. : *Juég-o*, je joue; *jueg-as*, tu joues, etc. (*Jueg-uemos*, nous jouons, etc.)

Au subjonctif il a l'irrégularité, ce verbe prend un U de plus après le G radical, d'après ce que nous avons déjà dit au sujet des irrégularités orthographiques. Ex. : *Que juegu-e*, que je joue; que tu joues, etc. — *Que juegu-emos*, etc.; que juegu-en, etc.

NOTE
sur l'impératif des verbes *Acertar* et *Almorzar*.

Il n'y a proprement que deux personnes à l'impératif; celles où l'on parle directement à l'on *pretalif*: celles où l'on parle directement *à la 2e* personne ou aux personnes à qui l'on commande, c'est-à-dire, la 2e personne du singulier, et la 2e personne du pluriel. De ces deux personnes, l'une est irrégulière (celle du singulier), puisqu'elle se forme exactement sur la 3e personne du singulier du présent de l'indicatif; l'autre est régulière, car elle se forme sur la 1re personne du présent du subjonctif (en changeant * it en e*). : celle-ci est supprimée (*Acertâd–Almorzâd*).

Quant aux autres personnes du singulier ou du pluriel de l'impératif, elles ne sont autres que celles du subjonctif.

LISTE DES VERBES QUI PRENNENT UN I DEVANT LE RADICAL, ET QUI SE CONJUGUENT COMME ACERTAR[1].

Acrecentar,	augmenter[2].
Adestrar,	rendre adroit.
Alentar,	encourager.
Apacentar,	mener paître.
Apretar,	serrer.
Atronar,	régaler.
Arrendar,	prendre à ferme.
Asentar,	asseoir.
Aserrar,	scier.
Asetar,	viser.
Atentar,	attenter à.
Atestar,	remplir.
Atravesar,	traverser.
Acentuar,	s'enfuir.
Calentar,	chauffer.
Cegar,	aveugler.
Cerrar,	fermer.
Cimentar,	cimenter.
Concertar,	concerter.
Confesar,	avouer.
Comenzar,	commencer.
Decentar,	entamer.
Dentar,	denter.
Derrengar,	éreinter.
Desterrar,	se tromper.
Desmembrar,	démembrer.
Despernar,	couper les jambes.
Despertar,	éveiller.
Desplegar,	déployer.
Desterrar,	exiler.
Emendar,	corriger.
Ensangrentar,	ensanglanter.
Encentar,	entamer.
Errar (yerra)[3],	errer (pécher)[3].
Escarmentar,	réprimander.
Estregar,	frotter.
Fregar,	frotter.
Gobernar,	gouverner.
Helar,	geler.
Herrar,	ferrer.
Incensar,	encenser.
Infernar,	damner.
Invernar,	hiverner.
Manifestar,	manifester.
Mentar,	nommer.
Merendar,	goûter (manger entre le diner et le souper).
Negar,	nier.
Nevar,	neiger.
Plegar,	plier.
Quebrar,	rompre?
Recomendar,	recommander.
Regar,	arroser.
Remendar,	raccommoder?
Renovar,	renouveler?
Reventar,	crever.
Segar,	faucher.
Sembrar,	semer.
Sentar,	s'asseoir.
Sentarse,	s'asseoir.
Serrar,	scier.
Sosegar,	apaiser.
Soterrar,	enfouir.
Temblar,	trembler.
Tentar,	tenter.
Trasegar,	transvaser.
Tropezar,	broncher.

Acordar,	convenir, s'accorder.
Acostarse,	se coucher.
Agorar,	augurer (agüéro)[1].
Amolar,	aiguiser.
Aporcar,	enchausser (les plantes).
Aportar,	aborder, arriver.
Apostar,	parier.
Aprobar,	approuver.
Asolar,	ravager.
Asolar,	saboter.
Avergonzar,	faire honte (avergüénzo).
Colar,	couler, filtrer.
Comprobar,	prouver.
Concordar,	accorder.
Consolar,	consoler.
Contar,	compter.
Costar,	coûter.
Degollar,	décapiter (dégüéllo).
Denostar,	injurier.
Descollar,	surpasser en hauteur.
Desflocar,	effiler.
Desollar,	écorcher.
Desosar,	désosser.
Destrocar,	défaire un troc.
Emporcar,	salir.
Encontrar,	rencontrer.
Encorar,	garnir de cordes.

LISTE DES VERBES QUI CHANGENT L'O RADICAL EN UE, ET QUI SE CONJUGUENT COMME ALMORZAR.

Engrosar,	grossir.
Forzar,	forcer.
Holgar,	se reposer.
Hollar,	fouler aux pieds.
Mostrar,	montrer.
Poblar,	peupler.
Probar,	prouver.
Recordar,	rappeler.
Recostarse,	se coucher sur un côté.
Regoldar,	roter (regüéldo).
Renovar,	renouveler.
Resollar,	souffler.
Rodar,	rouler.
Rogar,	prier.
Soldar,	souder.
Soltar,	délier.
Sonar,	sonner.
Sonarse,	se moucher.
Soñar,	rêver.
Tostar,	rôtir.
Trasvolar,	filtrer.
Trocar,	troquer.
Tronar,	tonner.
Volar,	voler.
Volcar,	bouleverser.

[1] Les astérisques indiquent les verbes qui ont des composés soumis à la même irrégularité.

[2] Dans acrecentar, le radical est accrecent. Ce radical a dans ses syllabes où se trouve la voyelle E; savoir, cet e, cent. Or, l'I que prennent devant l'E les verbes irréguliers conjugués comme acertar, doit précéder invariablement l'E de la dernière syllabe du radical. Ainsi:
de acrecent-ar, acrecienté.
de acrecent-as, acrecientas.
de acrecent-amos, acrecientamos,
de accmn-ar, etc., etc.

Cette remarque sur la multiplicité de l'E s'applique à l'O, qui se change en UE dans les verbes conjugués sur almorzar.

[3] Nous plaçons à côté de l'infinitif la 3ᵉ personne du présent de l'indicatif, lorsque l'irrégularité présente quelque accident particulier. Ainsi le verbe errar, au lieu de ierra, ierras, ierra, etc., fait yerra, yerras.

[1] Le mot agüéro, 3ᵉ personne du présent de l'indicatif, indique que le verbe agorar, au lieu de agóro, agóras, agóra (ou l'U serait muet), fait agüéro, agüéras, agüéra, etc. Le tréma est employé pour que l'U se fasse sentir. Appliquez cette observation à d'autres verbes de la même catégorie: Avergonzar (avergüénza), etc., etc.

[2] Trascordarse de alguna cosa, perdre le souvenir d'une chose, l'oublier.

LEXIGRAPHIE.

VERBES IRRÉGULIERS.

DEUXIÈME CONJUGAISON EN ER.

INFINITIF	INDICATIF PRÉSENT						IMPARFAIT		FUTUR		SUBJONCTIF PRÉSENT						IMPARFAITS	FUTUR-SUBJONCTIF ou DUBITATIF	IMPÉRATIF-SUBJONCTIF	ADJECTIFS ACTIFS IRRÉGULIERS.	IMPÉRATIF	OBSERVATIONS.
	Sing.			Plur.			(toujours régulier, excepté dans SER). PRÉTÉRIT DÉFINIS. Sing. Plur.		FUTUR. Sing. Plur.		Sing.			Plur.					Sing. Plur.		Sing. Plur.	
	1re	2e	3e	1re	2e	3e					1re	2e	3e	1re	2e	3e					2e p. 2e p.	

INFINITIF

CAER, tomber........ CAIGO,
TRAER, apporter...... TRAIGO,
CABER, contenir...... QUEPO,
HACER, faire......... HAGO,
PONER, pouvoir...... PUEDO,
PONER, mettre....... PONGO,
QUERER, vouloir..... QUIERO,
SABER, savoir....... SÉ,
VALER, valoir....... VALGO,

INDICATIF PRÉSENT

(Les conjugaisons et formes comme indiqué.)

IMPARFAIT

CAER........ TRAJE,
TRAER....... TRAJE,
CABER....... CUPE,
HACER....... HICE,
PONER....... PUDE,
PONER....... PUSE,
QUERER..... QUISE,
SABER....... SUPE,
VALER....... valú.

FUTUR

CAER........ CAR-
TRAER....... TRA-
CABER....... CA-
HACER....... HA-
PONER....... PON-
PONER....... POND-
QUERER..... QUER-
SABER....... SAB-
VALER....... VALD-

SUBJONCTIF PRÉSENT

CAIGA........
TRAIGA.......
QUEPA........
HAGA.........
PUEDA........
PONGA........
QUIERA.......
SEPA.........
VALGA........

IMPÉRATIF-SUBJONCTIF

CAIGA.
TRAIGA.
QUEPA.
HAGA.
PONGA.
QUIERA.
SEPA.
VALGA.

FUTUR-SUBJONCTIF ou DUBITATIF

CAYERE.
TRAYERE.

PUDIERE.

ADJECTIFS ACTIFS IRRÉGULIERS.

CAYENDO.
TRAYENDO.

PUDIENDO.

IMPÉRATIF

HAZ, fais.
PON, mets.
QUIERE.

OBSERVATIONS.

Toutes les irrégularités de la 2e conjugaison sont réunies, à peu de chose près, dans ce tableau, que nous croyons digne de fixer l'attention. Le plan en est conforme à celui de la conjugaison d'un seul verbe, et cependant il renferme neuf verbes conjugués sans la moindre omission essentielle.

Nous avons eu besoin de réunir les trois formes des personnes reproduites en rapport avec les trois nuances fondamentales du présent, du passé et du futur de l'indicatif, qui forment les trois sources de toutes les irrégularités. Par ce moyen, un peut se servir commodément du tableau, soit que l'on conjugue les neuf verbes en masse, soit qu'on veuille les étudier en détail.

Nous avons supprimé la version française, comme inutile et incommode.

Les signes indiquent la présence des formes qui restent dans le système de la conjugaison régulière.

1 *Hacer* change H en F dans tous les temps et modes de son composé *satisfacer*, *satisfaire*.
2 Nous supprimons le subfonctif relatif au pluriel *còiga* (d'*ì*); — còigan (d'*eux*).
3 *Haz*, si autrefois *hace*. Le composé *satisfacer* fait : *Satisfaz* et *satisface*.
4 Les verbes qui ont des composés leur transmettent leurs irrégularités; ainsi, *déponer* se conjugue comme *poner*. Ceci dit pour tous et une fois pour toutes. S'il y a des exceptions, nous les ferons connaître.

APPENDICE AU TABLEAU DES VERBES IRRÉGULIERS

DE LA DEUXIÈME CONJUGAISON EN ER.

ASCENDER. } Ascendo, es, e, etc., présent indicatif.
} Ascenda, as, a, etc., présent du subjonctif, etc.

Le verbe Ascender, et ceux qui l'accompagnent ci-après, prennent un I devant leur E radical dans les mêmes temps, modes, nombres et personnes que le verbe acertar (irrégulier de la première conjugaison). Voyez le tableau page 42.

Ascender,	monter; et son composé tras-cender, monter au-delà.
Atender,	s'appliquer.
Desatender,	ne pas faire attention.
Cerner,	bluter.
Defender,	défendre.
Descender,	descendre.
Condescender,	condescendre.
Encender,	allumer.
Entender,	entendre.
Desentenderse,	feindre d'ignorer, de ne pas en-tendre.
Estender,	étendre.
Heder,	puer.
Hender,	fendre.
Perder,	perdre.
Reverter,	déborder.
Tender,	tendre.
Contender,	disputer.
Verter,	verser.

ABSOLVER. } Absuelvo, es, e, etc., présent de l'indicatif.
} Absuelva, as, a, etc., présent du subjonctif, etc.

Absolver et les verbes qui l'accompagnent correspondent exactement aux irréguliers de la première conjugaison, qui se conjuguent sur almorzar, c'est-à-dire qu'ils changent leur O radical en UE, aux mêmes temps, modes, nombres et personnes (voyez le tableau page 42).

Cocer,	cuire[1].	Descocoleer, dévorder.	Mover, mouvoir.
Escocer,	cuire[2].	Devolver, renvoyer.	Remover, remuer.
Recocer,	recuire.	Revolver, retourner.	Oler, sentir[3].
Disolver,	dissoudre.	Llover, pleuvoir.	Soler, avoir coutume[3].
Resolver,	résoudre.	Moler, moudre.	Torcer, tordre[4].
Soler,	sentir de la douleur;	Demoler, démolir.	Retorcer, retordre, rétor-
Cardder,	compatir.	Poder, morder, mordre.	quer.
		Condoler, compatir.	Volver, tourner.
		Envolver, envelopper.	Remorder, remordre.

Les verbes en ACER, ECER, OCER (nacer, naître, enriltecer, artilir; conocer, connaître, etc.), prennent un Z avant leur C radical, devant l'O et l'A : Ex. : ConóZCo-o, conóZCa-a, etc.

Il y a dans les verbes irréguliers de la deuxième conjugaison, quelques verbes défectueux, tels que placer, plaire, avoir coutume; yacer, être couché. On ne les emploie guère que dans les cas suivants : Me place, me plaisir, me plego; il me plaît, il me plaisait, il me plaisira, pluguiéra, pluguiésse à Dieu; plaise à Dieu; pluguiéra, pluguiésse à Dieu; plût à Dieu; si me pluguiére, s'il me plaît.

Soler est usité dans les six personnes du présent et de l'imparfait de l'indicatif : Suélo, etc.; Solía, etc. Le verbe yacer ne s'emploie que pour dire : Aquí yace, aqui yacéa; ici gît, ici gisait.

Le subjonctif yaga, yazga, se trouve dans des auteurs anciens.

---

1 Cocer et ses composés, suivant ce que nous avons enseigné sur les irrégularités orthographiques, remplacent, dans le radical, le C par le Z, devant l'O et l'A. Ex. : CuéZ-o, cuéZ-a, etc. Ces verbes ne sont...

2 Causer une douleur âpre et aiguë.

3 L'irrégularité de ce verbe est précédée de l'H. Ex. : Huélo, helés, huéle, etc.

4 Torcer, retorcer, de même que cocer et ses composés, prennent, dans le radical, le Z à la place du C, devant l'O et l'A : TuérZ-o, tuérZ-a; retuérZ-o; retórZ-o, etc.

LEXIGRAPHIE.

VERBES IRRÉGULIERS.
TROISIÈME CONJUGAISON EN IR.

INFINITIF.						
SENTIR.						
DORMIR.						
PEDIR.						
OIR.						
IR.						
VENIR.						
DECIR.						
BENDECIR.						
SALIR.						

INDICATIF PRÉSENT.

	Sing.			Plur.		
	1re	2e	3e	1re	2e	3e
SENTIR.	siento,	siéntes,	siénte.	sentimos,	sentis,	siénten.
DORMIR.	duermo,	duérmes,	duérme.	dormimos,	dormis,	duérmen.
PEDIR.	pido,	pides,	pide.	pedimos,	pedis,	piden.
OIR.	oigo,	oyes,	oye.	oimos,	ois,	oyen.
IR.	voy,	vas,	va.	vamos,	vais,	van.
VENIR.	véngo,	viénes,	viéne.	venimos,	venis,	viénen.
DECIR.	digo,	dices,	dice.	decimos,	decis,	dicen.
BENDECIR.	bendigo,	bendices,	bendice.	bendecimos,	bendecis,	bendicen.
SALIR.	salgo,	sales,	sale.	salimos,	salis,	salen.

IMPARFAIT
(toujours régulier, excepté dans le verbe IR.)

PRÉTÉRIT DÉFINI.

	Sing.			Plur.		
	1re	2e	3e	1re	2e	3e
SENTIR.	senti,	sentiste,	sintió.	sentimos,	sentisteis,	sintiéron.
DORMIR.	dormi,	dormiste,	durmió.	dormimos,	dormisteis,	durmiéron.
PEDIR.	pedi,	pediste,	pidió.	pedimos,	pedisteis,	pidiéron.
OIR.	oí,	oiste,	oyó.	oimos,	oisteis,	oyéron.
IR.	fui,	fuiste,	fué.	fuimos,	fuisteis,	fuéron.
VENIR.	vine,	viniste,	vino.	vinimos,	vinisteis,	viniéron.
DECIR.	dije,	dijiste,	dijo.	dijimos,	dijisteis,	dijéron.
BENDECIR.	bendije,	bendijiste,	bendijo.	bendijimos,	bendijisteis,	bendijéron.
SALIR.	sali,	saliste,	salió.	salimos,	salisteis,	saliéron.

FUTUR.

	Sing.			Plur.		
	1re	2e	3e	1re	2e	3e
VENIR.	vendré,	vendrás,	vendrá.	vendrémos,	vendréis,	vendrán.
DECIR.	diré,	dirás,	dirá.	dirémos,	diréis,	dirán.
SALIR.	saldré,	saldrás,	saldrá.	saldrémos,	saldréis,	saldrán.

CONDITIONNEL.

	Sing.			Plur.		
	1re	2e	3e	1re	2e	3e
	ré,	rás,	ría.	ríamos,	ríais,	rían.

SUBJONCTIF PRÉSENT.

	Sing.			Plur.		
	1re	2e	3e	1re	2e	3e
SENTIR.	siénta,	siéntas,	siénta.	sintámos,	sintáis,	siéntan.
DORMIR.	duérma,	duérmas,	duérma.	durmámos,	durmáis,	duérman.
PEDIR.	pida,	pidas,	pida.	pidámos,	pidáis,	pidan.
OIR.	oiga,	oigas,	oiga.	oigámos,	oigáis,	oigan.
IR.	vaya,	vayas,	vaya.	vayámos,	vayáis,	vayan.
VENIR.	vénga,	véngas,	vénga.	vengámos,	vengáis,	véngan.
DECIR.	diga,	digas,	diga.	digámos,	digáis,	digan.
BENDECIR.	bendiga,	bendigas,	bendiga.	bendigámos,	bendigáis,	bendigan.
SALIR.	salga,	salgas,	salga.	salgámos,	salgáis,	salgan.

IMPARFAITS.

	Sing.		
SENTIR.	sintiéra.		
DORMIR.	durmiéra.		
PEDIR.	pidiéra.		
OIR.	oyéra.		
IR.	fuéra.		
VENIR.	viniéra.		
DECIR.	dijéra.		
BENDECIR.	bendijéra.		
SALIR.	saliéra.		

FUTUR-SUBJONCTIF.

IMPÉRATIF-SUBJONCTIF.

	Sing.		
SENTIR.	sintiére.		
DORMIR.	durmiére.		
PEDIR.	pidiére.		
OIR.	oyére.		
IR.	fuére.		
VENIR.	viniére.		
DECIR.	dijére.		
BENDECIR.	bendijére.		
SALIR.	saliére.		

IMPÉRATIF.

	Sing.	Plur.
	2e	2e

ADJECTIFS ACTIFS.

OBSERVATIONS.

On peut encore ici conjuguer chaque verbe réflechi, sans s'occuper de le chiffonner...

On peut aussi conjuguer tous ces verbes en...

[Notes:]

1 Conjuguez *Morir* sur *Dormir*. *Morir* se conjugue, aux temps composés, soit avec le verbe *Haber*, soit avec *Ser* ou *Estar*. Ex.: *Él se ha muerto*, elle se *ha muerto*; ellas son, *están*...

2 *Maldecir* se conjugue exactement sur *Bendecir*.

3 *Contrahacir* et *Deshacir* font de même *contrahecho*, *deshice* &c., à cette près, ils suivent *decir* dans toute sa conjugaison.

4 *IR*, fait à l'imparfait, *iba*, *ibas*, *iba*, *ibamos*, *ibais*, *iban*.

5 *Venir*, *venidre*, régulièrement; ou bien, *Viénes*, forme irrégulière et plus usitée.

6 Au futur et au conditionnel, comme *salir*, *fallar* est régulier, *dormir*, etc.

Diré, *diría*, etc.

SUPPLÉMENT AU TABLEAU DES VERBES IRRÉGULIERS
DE LA TROISIÈME CONJUGAISON EN IR.

LISTE DES VERBES qui se conjuguent sur *Sentir*, c'est-à-dire, qui, dans leurs irrégularités, prennent un *I* avant l'*E* radical, et quelquefois changent cet *E* en *I*.

Adherir	(adhérer);	*adhiere,* *adhirió.*
Adquirir	(acquérir);	*adquiere,* *adquirió.*
Advertir		*advierte,* *advirtió.*
Arrepentirse	(se repentir);	*arrepiéntese,* *arrepintióse.*
Asentir	(consentir);	*asiente,* *asintió.*
Conferir	(conférer);	*confiere,* *confirió.*
Consentir	(consentir);	*consiente,* *consintió.*
Controvertir	(débattre);	*controvierte,* *controvirtió.*
Convertir	(convertir);	*convierte,* *convirtió.*
Deferir	(déférer);	*defiere,* *defirió.*
Diferir	(différer);	*difiere,* *difirió.*
Digerir	(digérer);	*digiere,* *digirió.*
Divertir	(divertir);	*divierte,* *divirtió.*
Herir	(blesser);	*hiere,* *hirió.*
Hervir	(bouillir);	*hierve,* *hirvió.*
Inferir	(inférer);	*infiere,* *infirió.*
Ingerir	(ingérer);	*ingiere,* *ingirió.*
Invertir	(invertir);	*invierte,* *invirtió.*
Mentir	(mentir);	*miente* (et ses composés).
Pervertir	(pervertir);	*pervierte,* *pervirtió.*
Preferir	(préférer);	*prefiere,* *prefirió.*
Proferir	(proférer);	*profiere,* *profirió.*
Referir	(référer);	*refiere,* *refirió.*
Requerir	(requérir);	*requiere,* *requirió.*

LISTE DES VERBES qui se conjuguent sur *Pedir*, c'est-à-dire, qui changent *E* radical en *I*, dans leurs irrégularités.

Ceñir	(ceindre);	*ciñe,* *ciñó.*
Colegir	(recueillir);	*colige,* *coligió.*
Competir	(se civiliser);	*compite,* *compitió.*
Concebir	(concevoir);	*concibe,* *concibió.*
Contreñir	(contraindre);	*contriñe,* *contriñó.*
Corregir	(corriger);	*corrige,* *corrigió.*
Derretir	(fondre);	*derrite,* *derritió.*
Despedir	(congédier);	*despide,* *despidió.*
Elegir	(choisir);	*elige,* *eligió.*
Embestir	(attaquer);	*embiste,* *embistió.*
Engreir	(se parer);	*engríe,* *engrió.*
Estreñir	(étreindre);	*estriñe,* *estriñó.*
Expedir	(expédier);	*expide,* *expidió.*
Freir	(frire);	*fríe,* *frió.*
Gemir	(gémir);	*gime,* *gimió.*
Impedir	(empêcher);	*impide,* *impidió.*
Medir	(mesurer);	*mide,* *midió.*
Regir	(régir);	*rige,* *rigió.*
Reir	(rire);	*ríe,* *rió.* (De même pour *sonreír,* sourire.)
Rendir	(rendre);	*rinde,* *rindió.*
Repetir	(répéter);	*repite,* *repitió.*
Seguir	(suivre);	*sigue,* *siguió.*
Servir	(servir);	*sirve,* *sirvió.*
Teñir	(teindre);	*tiñe,* *tiñó.*
Vestir	(habiller);	*viste,* *vistió.*

Les verbes terminés en UCIR (comme *lucir*) prennent Z devant le C radical, quand le temporatif est en O et en A. Ex.: *Luc-ir*, *luZc-o*, *luZc-a*, etc.

Les verbes terminés en DUCIR (*conducir, deducir*), outre l'irrégularité ci-dessus, font au prétérit : *conduje, condujiste, condujo, ...* , d'où *condujera-jese-jere.*

Les verbes en UIR ajoutent Y au temporatif devant O, E, A. Ex.: *Atribu-ir, atribu-yo, atribu-yes, atribu-ye*, etc.

Asir (saisir) est très-peu usité, et ne s'emploie guères qu'au prétérit défini et aux adjectifs actif et passif. Ex.: *Aside de los cabecones, y le arrojó al suelo*; il le prit au collet et le terrassa; — *Podrir* (pourrir), n'est usité que dans les cas suivants : *Podrid*, pourrissez; *podriría*, il pourrirait; *podr-ido-a*, pourri-e. La pauvreté de ce verbe provient de ce qu'on lui a substitué son synonyme *pudrir*.

1. La première colonne de cette liste désigne l'infinitif; la deuxième colonne, la 3ᵉ personne du singulier du présent de l'indicatif, et la troisième colonne, la même personne du prétérit défini.
2. Et ses composés, comme *Reexadir, ûter la echauir,* Il en est de même de tous les verbes de cette liste qui ont des composés.
3. Les verbes terminés en Gir prennent J au radical, au lieu de G, devant O, A, de même que les verbes réguliers en Ger. Ex.: (*Coteg-ir, coteJ-o, coteJ-a*, etc.
4. Se *rió, rièren*, ou forme l'imparfait du subjonctif *rièren*, etc. Cependant on trouve *rieren*, même dans les auteurs modernes, et nommément dans MARTINEZ DE LA ROSA.
5. Ce verbe et ses composés perdent l'U du radical devant l'A et l'O. *Sig-o, sig-a*, etc., au lieu de *sigu-o, sigu-a*, où l'U se ferait sentir, tandis qu'il est muet dans *seguir, sigue, siguió*, etc.

« La syntaxe, a dit un grammairien, est l'art de mettre en harmonie les formes des mots avec les différents rapports qu'on veut que les mots expriment. » Après avoir élaboré ces formes élémentaires, nous allons donc lier, les lier, les combiner ensemble pour l'expression régulière de la pensée humaine.

SUBSTANTIF ABSOLU.

Le substantif absolu peut être pris dans divers sens.

SENS INDÉFINI.

Si nous disons : « L'Espagne produit du vin, » le mot vin est pris dans un sens indéfini, c'est-à-dire, dans un sens qui se borne à faire connaître d'une manière générale ce que produit l'Espagne. Le substantif employé dans ce sens présente une idée métaphysique, une espèce de personnification de l'objet énoncé, et joue à peu près le rôle d'un nom propre ; c'est d'après ce principe qu'on dit en espagnol : La España produce VINO.

Si nous disons : « L'Espagne produit de bon vin, » nous joignons une idée de bonté à l'idée générale de vin, et nous exprimons une idée générale de bon vin. Ceci n'est qu'une nouvelle abstraction, moins étendue que la précédente; c'est l'idée abstraite, non plus de tout ce qui est vin, mais seulement de ce qui est bon vin : La España produce BUEN VINO.

Les mots VINO, BUEN VINO, pris dans ce sens métaphysique, n'admettent point de pluriel, parce que l'idée abstraite d'une chose quelconque renferme l'idée générale de tout ce qui constitue cette chose, et replie conséquemment toute idée, toute forme de pluralité. On peut bien dire : « L'Espagne produit d'excellents vins (la España produce MUY BUENOS VINOS); » mais, dans ce cas, l'idée générale d'excellent vin est divisée en ses différentes espèces, et le point de vue n'est plus le même. Chaque excellent vin forme un individu, et nous entrons dans un nouvel ordre d'idées.

Nous appellerons le mot VINO un substantif divisible, parce qu'une quantité, une partie quelconque détachée de ce qui est vin, est toujours du vin, est toujours vin.

Ce sera différent si nous disons : « L'Espagne produit des oranges. » Les oranges se comptent par individus, c'est-à-dire, par unités individuelles, en ce sens qu'une partie détachée d'une orange n'est pas une orange. On conçoit dès lors que le sens général de ce qui se compose d'individus, ne peut pas être une simple individualité; et qu'ici l'idée du pluriel est la seule possible, contrairement à l'exemple relatif au vin[1]. On dira donc en espagnol : La España produce NARANJAS. Par analogie, on dira dans le même sens : La España produce MUY BUENOS VINOS, l'excellent vin d'Espagne est divisé en ses diverses espèces, représentées par autant d'individualités.

[1] On peut dire : L'Espagne produit l'orange, qui est un fruit délicieux ; mais ceci rentre dans le sens défini, comme nous le prouverons en son lieu.

D'après les principes que nous venons d'établir, et en en faisant des applications logiques, nous tracerons le résumé suivant :

EXEMPLES DU SENS INDÉFINI.

SUBSTANTIFS DIVISIBLES, OU CONSIDÉRÉS COMME TELS; TOUJOURS AU SINGULIER.	SUBSTANTIFS INDIVIDUS, OU CONSIDÉRÉS COMME TELS; TOUJOURS AU PLURIEL.
La España produce lino y trigo, l'Espagne produit du lin et du blé.	La España produce naranjas [1] y aceitunas, l'Espagne produit des oranges et des olives.
Gasta paño de Segovia, il s'habille de drap de Ségovie.	La España fabrica excelentes paños, l'Espagne fabrique d'excellents draps.
Compré lienzo de la Galicia, j'achetai du linge de la Galice.	Compré medias y zapatos, j'achetai des bas et des souliers.
Tengo conciencia y honor, j'ai de la conscience et de l'honneur.	No tiene sino que palabras, il n'a que des paroles.
Dame queso y salchichon, donne-moi du fromage et du saucisson.	Toma lo que te agrada, rosquillas, etc., prends ce qui te convient, des biscuits, des gimbelettes, etc.
Muchacho, dale dinero, garçon, donne-lui de l'argent.	

SENS PARTITIF INDÉFINI.

Dans les exemples qui précèdent, nous en avons fait figurer quelques-uns qu'il est bon de rappeler ici :

1º *Dame queso y salchichon;* donne-moi du fromage et du saucisson.

2º *Muchacho, dale dinero;* garçon, donne-lui de l'argent.

3º *Toma lo que te agrada,* biscochos, rosquillas, etc., prends ce qui te convient, des biscuits, des gimbelettes, etc. } Substantifs divisibles

Dans ces exemples, la pensée de celui qui parle porte principalement sur la nature des objets qu'il demande ou qu'il offre. Dans le premier cas, il s'agit de spécifier que les choses qui sont friandises offertes au choix d'une personne : ce sont biscuits, gimbelettes, etc. Voilà le sens indéfini, dont il faut bien saisir la nuance. } Substantifs individus

Mais si en disant : *Donne-moi du fromage,* nous voulons dire : Donne-moi un morceau de fromage, une petite partie de ce qu'on appelle généralement fromage, ce sera là le sens partitif indéfini, et nous dirons en espagnol : *Dame un poco DE queso.*

À l'égard des objets qui se comptent par individus, nous dirons au singulier : *Dame UNA rosquilla,* donne-moi une gimbelette; et au pluriel : *Dame ALGUNAS rosquillas,* donne-moi quelques gimbelettes, des gimbelettes.

EXEMPLES DU SENS PARTITIF INDÉFINI.

SUBSTANTIFS DIVISIBLES.	SUBSTANTIFS INDIVIDUS.
Dame un poco DE[2] sal, donne-moi un peu de sel, quelque peu de sel	Sing. Dame UNA avellana, donne-moi une noisette, un individu noisette.
Trae un poco DE arroz, apporte un peu de riz	Plur. Cóje ALGUNAS peras, prends quelques poires.

[1] Dans le sens indéfini des choses qui se comptent par individus, le pluriel actuel le particutit de, en espagnol, dans quelques cas exceptionnels. Ex. : *Dar de palos, de mojicones, de bofetadas;* donner des coups de bâton, des gourmades, des soufflets. Dans ces cas, il y a ellipse : *Dar (una tanda) de palos,* etc.; donner (une volée) de coups de bâton, etc.; et les mots *palos, mojicones,* etc., sont purement déterminatifs du substantif sous-entendu *tanda,* qui est le véritable complément du verbe *dar.*

[2] La préposition *DE* est ici caractéristique du sens *partitif,* car elle renferme une idée d'extraction. Le sel étant quelque chose de divisible, un poco DE sal, signifie une petite quantité extraite, détachée de ce qui est sel. — Pour les substantifs individus, la préposition *DE* ne saurait s'employer; parce que una avellana, algunas peras, forment un ou plusieurs individus considérés en eux-mêmes, en dehors de tout rapport avec d'autres noisettes, d'autres poires, ou un tout, en dehors de toute idée d'extraction.

SENS DÉFINI.

Un substantif est pris dans un sens *défini*, lorsqu'il est restreint à l'idée d'un *objet particulier*, idée déterminée par une circonstance exprimée ou sous-entendue.

Ex. :
{
LA *carta que he recibido de Londres*,   la lettre que j'ai reçue de Londres........   Quand les objets sont *déterminés* ou *définis*, on y joint

EL *caballo es Andaluz*,   le cheval est Andalous, c'est-à-dire, ce cheval, le cheval dont nous parlions   } l'adjectif démonstratif *EL, LA; LOS, LAS*, ou tout

TU *sombrero y ESTE mio son de una misma fábrica*, ton chapeau et le mien sont de la même fabrique...........   } autre, tel que *TU, ESTE,* etc.
}

Souvent on emploie l'adjectif démonstratif, autrement dit article défini, pour exprimer un sens en apparence indéfini. Soit cette phrase, exprimant une idée générale : « *La pigeon roucoule.* » *Le pigeon* ne représente pas ici un *individu* de l'espèce des pigeons, un être désigné, défini; mais il représente une *partie définie* de l'espèce des oiseaux. Ce n'est pas un pigeon particulier, c'est un oiseau d'une espèce particulière, *LE (OISEAU) pigeon.* C'est dans le même sens qu'on dit : *Le lion est le roi des animaux,* c'est-à-dire, *LE (ANIMAL) lion est le roi des ANIMAUX.*

Les mots *pigeon, lion,* à la vérité, ne sont pas définis; mais ce sont eux *qui définissent* les mots sous-entendus *oiseau, animal.* Il s'agit donc ici réellement, quoiqu'on exprime une idée générale, d'un nom d'espèce *définissant* un nom de genre *sous-entendu* : c'est donc le sens défini, et l'article est à sa place. Un raisonnement, analogue doit faire concevoir pourquoi l'article défini figure devant une foule de substantifs exprimant des généralités; tels que *la nation, l'amour, la vie, la mort,* etc. *La naturaleza, el amor, la vida, la muerte,* etc. Ces substantifs déterminent le sens d'autres substantifs physiques ou métaphysiques, qui sont sous-entendus, et qui expriment une généralité plus étendue que celle du mot employé.

Du reste, plusieurs de ces noms exprimant des généralités se débarrassent de l'article défini en espagnol : c'est une imitation du latin.

Ex. :
{
¿No he podido yo contrarestar la órden de NATURALEZA .   je n'ai pu changer l'ordre de la nature.

Otros dijeron que AMOR era un no sé que,   d'autres ont dit que l'amour est un je ne sais quoi.

No hay dolor que MUERTE no lo consuma,   il n'y a point de douleur que la mort ne termine.

Dar VIDA á un deslichado,   } rendre *la* vie à un malheureux, c'est donner *la* mort à un homme heureux.

Es dar á un dichoso MUERTE (LALMIRON),   }
}

Revenons au sens *défini* d'un objet particulier. En détachant *une partie* de tout objet, ou de tous objets pris dans ce sens, on a ce que nous appelons le *sens partitif défini.*

EXEMPLES DU SENS PARTITIF DÉFINI.

SUBSTANTIFS DIVISIBLES.		SUBSTANTIFS INDIVIDUS.	
Corte Y 1, DE ese paño, ...	coupez de ce drap	*Llévate [2] DE los vevos que has cogido,*	porte-lui des raisins que tu as cueillis.
Envíame DE tu tabaco,	envoie-moi de ton tabac...........	*Fuma DE mis cigarros,*	fume de mes cigarres.
Dame DEL jamon que tienes en tu despensa,	donne-moi du jambon que tu as dans ta dépense.	*Alcanza DE estas peras,*	cueille de ces poires.

---

[1] Dans ces locutions, il y a ellipse de *un poco, una parte,* ou de toute autre expression analogue. *Corte Y.* (*Un poco, una parte,* etc.) *DE ese paño.*

[2] Pour les substantifs individuels, il y a aussi ellipse : *Llévate* (*algunas uvas*) *DE las uvas que has cogido.* La préposition *DE* figure ici, parce qu'il y a une idée d'extraction. Les raisins dont il s'agit sont considérés dans leur rapport avec *ceux qu'on a cueillis,* font partie et doivent être extraits du nombre de ceux qui ont été cueillis; en un mot, ils sont pris dans un sens *défini.*

DE DIVERS MOTS EMPLOYÉS SUBSTANTIVEMENT.

—

On emploie comme substantifs en espagnol :

1° L'*infinitif* d'un verbe, qui exprime d'une manière abstraite un état, une action quelconque : *¿ No oyes EL RELINCHAR de los caballos? EL TOCAR de los clarines?* N'entends-tu pas le hennir des chevaux, le sonner des clairons? L'infinitif espagnol s'emploie comme substantif, même lorsqu'il est suivi d'un complément direct. — *Me gusta mucho EL LEER libros de caballerías;* j'aime beaucoup le lire, à lire des livres de chevalerie.

2° L'*adverbe*, et même la *conjonction*, comme lorsqu'on dit : *EL SÍ, EL NO,* le oui, le non. — *Ignorar EL COMO, EL PORQUÉ;* ignorer le comment, le pourquoi.

3° L'*adjectif*, Nous disons en français : le vrai, le bon; en espagnol : *LO verdadero, LO bueno,* en employant le genre neutre. Cette locution s'étend à l'adjectif passif qui dérive d'un verbe : *LO sucedido,* ce qui est arrivé, la chose qui est arrivée.

LO, inflexion de *ELLO,* signifie la chose, cette chose; *LO QUE,* la chose qui ou que, ce qui, et que. *LO bueno* est pour *LO (QUE es) bueno,* ce qui est bon. L'on dit : *LO QUE ha pasado, LO QUE ha sucedido,* ce qui s'est passé, ce qui est arrivé; et l'on dit également, dans le même sens : *LO pasado, LO sucedido.* Cette dernière locution n'est évidemment qu'une ellipse de la première; ou, si l'on veut, la première est une analyse de la deuxième. Cette analyse est simple et naturelle; on en retrouve les éléments dans des exemples qu'elle seule peut expliquer. Tels sont les suivants :

> (Yo) *veo LO miserables QUE estáis;* je vois combien ils sont misérables.
> (Yo) *sé LO agradecida QUE es tu madre;* je sais combien ta mère est reconnaissante.

Comment concevoir l'article *LO,* du genre neutre, et toujours au singulier, s'unissant tantôt à un adjectif pluriel (*LO miserables*), tantôt à un adjectif féminin (*LO agradecida*)? Cette bizarrerie disparaît au moyen d'une simple transposition de mots, qui met dans tout son jour l'exactitude et la justesse de notre analyse.

> (Yo) *veo LO QUE estáis miserables;* je vois ce qu'ils sont en tant que misérables.
> (Yo) *sé LO QUE tu madre es agradecida;* je sais ce que ta mère est, en qualité de personne reconnaissante.

Pourquoi les grammairiens, qui ont parlé du genre neutre appliqué aux adjectifs, n'ont-ils pas parlé de ce même genre appliqué aux adverbes? Pourquoi n'ont-ils rien dit de locutions telles que la suivante? *Empezámos à bailar; Dios sabe LO bien QUE lo hicimos;* nous commençâmes à danser; Dieu sait comme nous en acquittâmes bien. Cette exemple se résout comme ceux que nous avons déjà analysés : *Dios sabe LO QUE LO hicimos;* et cette dernière construction se retrouve elle-même dans des locutions telles que la suivante, empruntée au *Don Quichotte : Si él supiera LO QUE yo LOS deseaba;* s'il avait su combien, à quel point je les désirais.

DES CAS OU POSITIONS DU SUBSTANTIF ABSOLU.

Dans une proposition, le substantif peut être sujet ou complément du verbe : « Le guerrier aime la gloire. — La gloire enflamme le guerrier. » Dans la première de ces deux propositions, le guerrier est sujet, la gloire est complément du verbe; dans la deuxième, c'est l'inverse. Dans l'un et l'autre cas, le complément est direct, c'est-à-dire, qu'il détermine l'action du verbe d'une manière immédiate, et sans l'intermédiaire d'aucune préposition.

Si nous disons : « Le guerrier aspire à la gloire, travaille pour la gloire, s'enivre de gloire, etc., » le complément du verbe est indirect, à cause des prépositions à, pour, de, qui, dans d'autres cas, pourraient être remplacées par une foule d'autres. Mais le substantif absolu n'est pas seulement complément d'un verbe; il peut l'être encore d'un autre substantif, ainsi que d'un adjectif. Ex. : l'amour de la gloire est utile à la patrie. Comme dans ces derniers cas, le substantif, en espagnol, est toujours précédé d'une préposition, nous pouvons poser le principe suivant :

Il n'y a que TROIS CAS principaux, trois positions capitales pour le substantif absolu, savoir :

1° Il peut être sujet du verbe....... { Ex. : 1° *EL CORREO ha venido,* le courrier est venu.

2° Il peut être complément direct du verbe. { 2° *Ganar LA VIDA honradamente,* gagner la vie honnêtement [1].

{ Et dans ces deux cas, il est débarrassé de toute préposition antécédente.....

3° Comme complément indirect, il peut l'être :

d'un verbe............
d'un autre substantif....... } précédé d'une préposition, telle que *DE, A',* { Et dans ces deux cas, variés à l'infini, il est toujours
d'un adjectif........... *EN, POR, CON,* etc.....

Ex. : 3° *Eso pertenece A L' ministro (A' el ministro),* cela appartient au ministre.
El amor..... DE la gloria, l'amour de la gloire,
Es útil...... A' la patria, est utile à la patrie, etc.

On conçoit, sans que nous le disions, que les noms individuels ou noms propres ne prennent point la particule adjective qu'on appelle article (*Pedro,* Pierre : *DE Pedro, A' Pedro,* etc.); mais aux noms propres les usages des peuples civilisés et les lois de la hiérarchie sociale ont ajouté ou substitué des dénominations que nous devons faire connaître. Voici un tableau indicatif des différentes formules consacrées par la politesse ou l'étiquette castillane.

QUAND ON ADRESSE LA PAROLE AUX PERSONNES.	DONS LE CAS CI-CONTRE.
1. { *Señor, señor mío, caballero, beso á V. la mano* ? .... [2] { *Señora, Señorita, á los pies de V.......* [3]	1. { *El señor cura lo dijo...........* Monsieur le curé l'a dit. { *La señora, la señorita lo mandó,* la Dame, la Demoiselle; Madame; Mademoiselle l'a ordonné.
2. { *Señor capitan, como estamos de pago?...* M. le capitaine, comment vont les paiements? [4]	2. { *El señor duque, sut señor el duque le pagó.* M. le duc le paya [5]. { *La señora condesa, sní señora la condessa.....* Madame la comtesse, etc.
3. *Señor Saavedra, porqué os vendió V.?...* M. Saavedra, pourquoi vous êtes-vous vendu ?	3. *El señor Saavedra,* M. Saavedra; *la señora de Santillana, mistress Valdès;* Madame de Santillana, Madame Valdès, etc.
4. *Señor don Francisco........* { *Vamos á los toros?* { *Allons-nous voir les taureaux?* *Señora doña María......*	4. { *El señor don Francisco de Moncada,* le seigneur don Francisco de Moncada. { *La señora doña María de Moncada,* la señora doña María de Moncada, etc.

DE DIVERSES QUALIFICATIONS.

[1] Le complément direct d'un verbe transitif, lorsqu'il représente un être doué de raison, est précédé de la préposition *A': Amar á Dios,* aimer Dieu. Nous parlerons ailleurs de cette exception.
[2] Formule de politesse à l'égard des caballeros.
[3] Formule de politesse à l'égard du beau sexe.
[4] Ces formules n'ont pas d'équivalents en français.
[5] Son Excellence Monseigneur, se traduit par : *El Excelentísimo señor.* Il y a d'autres qualifications dont nous donnerons le détail à la fin de l'ouvrage.
[6] Le *don* et le *doña* s'emploient devant les noms de baptême, et jamais devant les noms de famille. Ils sont affectés aux personnes de race noble, ou à ceux que le roi anoblit en les autorisant à exercer certaines professions, comme celles d'avocat, de médecin.

SUBSTANTIF RELATIF.

Dans la lexigraphie, nous avons donné toutes les formes des substantifs relatifs. Nous les reproduisons d'après un nouveau système dans ce tableau et le suivant, pour en développer l'emploi syntaxique dans les différents CAS.

Nous avons vu qu'il n'y a que trois cas ou positions pour le substantif absolu, et qu'il ne peut être que :

1° Sujet du verbe ;

2° Complément direct du verbe, sans préposition ;

3° Complément indirect avec préposition, soit d'un verbe, d'un substantif, ou d'un adjectif.

Le substantif relatif a un cas de plus, c'est celui du complément indirect d'un verbe sans préposition. Ainsi à la 3e personne, par exemple, le relatif féminin ella devient le complément indirect d'un verbe sous la simple forme de le : Le aseguró, il lui assura, à elle. Venons à l'objet du tableau suivant.

Ce tableau est divisé en cinq séries verticales, et en quatre séries horizontales : celles-ci représentent les divers relatifs dans une même position. Les nombres singulier, pluriel, sont marqués S., P., et ces indications s'appliquent aux divers relatifs, se succédant les uns aux autres dans la direction horizontale.

En prenant le tableau dans le sens vertical, chaque série présente un même relatif modifié par les diverses positions $\begin{cases} yo, \\ sur, \\ me, \\ nos, etc. \end{cases}$ Le genre est marqué au haut de la série. m., signifie masculin;

f., féminin; m. f., masculin et féminin. Le genre, une fois indiqué, s'entend de tous les relatifs pris dans chaque série verticale, à l'exception de nosotros-as, vosotros-as, dont la première terminaison est masculine, et la deuxième féminine.

Il est à remarquer que les trois dernières séries prises de haut en bas sont conservées à la 3e personne : la raison en est toute simple. Cette personne a deux séries pour ses deux genres distincts, masculin et féminin (él, ella); et de plus, elle a une forme particulière comme relatif réfléchi : Si, se.

REMARQUE IMPORTANTE SUR LES DEUX PREMIÈRES PERSONNES (YO, TÚ).

Dans l'emploi de yo, tú; mí, ti, 1re et 2e personne du singulier des deux premiers cas, il faut bien faire attention de ne pas se laisser induire en erreur par la forme des relatifs français, qui s'écartent de l'analogie espagnole. Soit cette phrase : « Il est aussi savant que toi. » En espagnol, on dira : Es tan docto como tú (et non ti). En effet, l'espagnol n'emploie mí, ti, que comme compléments d'une préposition, et dans ce cas-ci, le relatif est réellement employé comme sujet d'un verbe. — Es tan docto como TÚ (ERES docto), comme tu (es savant). Le pluriel de ces deux 1res personnes, et chaque genre ainsi que nombre de la 3e personne ayant une forme identique comme sujets du verbe et comme compléments d'une préposition, la difficulté logique est levée par l'uniformité matérielle de la diction.

USTED, USTEDES.

Lorsqu'on ne parle qu'à une seule personne, on ne dit pas ordinairement vous ou espagnol. On se sert de usted, qui est la contraction de vuestra merced (votre grâce, votre seigneurie), et qui a son pluriel ustedes (vuestras mercedes). Ces mots s'écrivent vm. ou vmd. pour le singulier, vms. ou vmds. pour le pluriel a. Ex. : tiene vmd unq qué gené : monsieur, vous avez un bien mauvais caractère. — Señorés, vms tienen razon : messieurs, vous avez raison. Cette locution se réduit, comme on voit, à substituer la 3e personne du verbe à la 2e, en prenant usted, ustedes pour nominatifs.

---

1 Autre exemple. Hízolo antes que TÚ, il le fit avant moi ; c'est-à-dire, hízolo antes que TÚ (lo HICIESES), il le fit avant que tú (le fisses).

2 On dit : Entre tú y yo, entre toi et moi, ici tú, yo, après una préposition, sont une exception que l'Académie explique au moyen d'une ellipse : Entre (va doa) TÚ y yo. Du reste, cette exception ne disrait pas la règle. « La desigualdad que había entre MÍ y D. Fernando, » l'inégalité qu'il y avait entre moi et D. Fernand.

3 On se sert même plus simplement de V. pour le singulier, et V. V. pour le pluriel.

CAS OU POSITIONS DU SUBSTANTIF RELATIF.

CAS.	1re PERSONNE. m.f. YO, JE.	2e PERSONNE. m.f. TÚ, TE.	3e PERSONNE. m. ÉL, IL.	3e PERSONNE. f. ELLA, ELLE.	RELATIF RÉFLÉCHI DE LA 3e PERSONNE.
1. Sujet du verbe.... S. {	*YO hablo*	*TÚ vienes*	*ÉL duerme*	*ELLA canta*	Le relatif réfléchi *Sí, SE,* de tout genre et de tout nombre, signifiant *soi, se,* ne peut s'employer qu'en qualité de complément. Le sujet du verbe, dans cette 3e personne, c'est *ÉL, ELLA,* etc., ou un substantif absolu.
p. {	*NOSOTROS-AS tememos.* Nous lisons..	*VOSOTROS-AS temeis.* Vous dansez...	*ELLOS beben.* Ils boivent...	*ELLAS hablan.* Elles parlent	
2. Complément d'une préposition.... S. {	*Dice de MÍ*	*De TI á mí*	*Vengo por ÉL.* Je viens pour lui.	*Juego con ELLA.* Je joue avec elle.	*Ei, ella cuida de Sí.*
p. {	*Huye de NOSOTROS-AS.* Il s'écarte de nous..	*Trabaja por VOSOTROS-AS.* Sale por *ELLOS*	*Está con ELLOS.* Il est avec elles..	*Ils, elles parlent de soi; d'eux, d'elles.*	*Ei, ellos hablan de Sí.*
3. Complément direct d'un verbe... S. {	*ME quiere*	*TE adora*	{ *LE* / *LO* } *ve.* Il le voit	*LA busca.* Il la cherche........	*Ei, ella SE mató.*
p. {	*Il s'écarte de nous..*	*Il t'adore..*	*Los engaña.* Il les trompe......	*LAS corteja.* Il les courtise.	*Ils, elles SE compromettent.*
S. {	*Il m'aime..*	*Il t'adore....*	*Il le voit...*	*Il la cherche...*	
p. {	*NOS teme.* Il nous craint...	*OS protege.* Il vous protège..	*Los engaña.* Il les trompe......	*Il est avec elles...*	*Ils, elles SE compromettent.*
4. Complément indirect d'un verbe.... S. {	*ME dice*	*TE escribe*	*LE anuncia; á lui.* Il lui annonce, à lui..	*LE aseguró; á elle.* Il lui assura, à elle...	*Ei, ella SE dió la muerte.*
S. {	*Il me dit...*	*Il t'écrit....*	*LES suede; á eux.* Il leur succède, à eux..	*LES dió; á elles.*	*Ellos, ellas SE diéron une pro- vinde.*
P. {	*NOS cuenta*	*OS niega*	*LES suede; á eux.*	*LES dió; á elles.* Il leur donna, à elles...	*Ellos, ellas SE diéron une pro- vinde.*
P. {	*Il nous raconte..*	*Il vous refuse...*	*Il leur succède, à eux...*	*Il leur donna, à elles...*	*Ils, elles se donnèrent du bon temps.*

1 Pour donner plus d'énergie au discours, on fait souvent, en espagnol, un double emploi du relatif, ou pronom personnel. Cette redondance consiste à faire marcher ensemble le relatif complément direct ou indirect du verbe, et le relatif complément d'une préposition. Ex.: *Me han escrito á mí,* on m'a écrit; *yo á tí te quiero,* je ne t'aime pas; *le critican á él,* on le critique; *á mí, crée-moi,* crois-moi, etc.

2 On trouve souvent dans les meilleurs auteurs: *Le,* pour *lo,* à la forme du complément direct pour celle du complément indirect. Cette substitution a lieu ordinairement pour la clarté du discours. Ex.: *á Ella (Zorrilla) serví,* et *courtise, comme á LE remplacera Le elipse lo que decias.* Elle regarde le esprit comme pour le prier de *lui dire (á ele) ce qu'on disait.* (Don Quichotte). *La déjan,* pour *la dejan.* On trouve aussi *les, las,* compléments directs, pour *las,* compléments indirects.

N. B. Il faut doubler ce tableau, } lanôla dans la direction *horizontale,* c'est-à-dire, } les divers *relatifs* dans un *même cas,* } lanôla dans la direction *verticale,* c'est-à-dire, } les divers *cas* appliqués à un *même relatif.*

POSITIONS OU CAS DU SUBSTANTIF RELATIF AVEC L'ADJECTIF MISMO-A.

MÉCANISME DU TABLEAU.

Nous croyons devoir ajouter un nouveau tableau à celui que nous venons de donner sur les cas du substantif relatif. Mais ici le relatif sera accompagné de l'adjectif *mismo*, même, ce qui donnera occasion à quelques observations utiles.

Le mécanisme de ce second tableau est conforme à celui du premier. Afin de simplifier, nous n'avons mis qu'un genre dans chaque exemple, tantôt le masculin, tantôt le féminin (*yo mismo, tú mismo*, etc.)

Nous nous sommes attachés surtout à donner des exemples variés de cette redondance déjà signalée, qui consiste à réunir dans une même proposition le relatif complément direct ou indirect du verbe avec le *relatif complément d'une préposition*. Ex. : *ME quiere À MI* mismo, il m'aime moi-même ; *ME hablò À MI* mismo, il me parla à moi-même. Voyez les deux cas des compléments directs et indirects d'un verbe. Les relatifs *ME, TE, NOS, OS*, etc., se combinent avec leurs éléments analytiques, *À MI* mismo *À TI* mismo, etc., eoa du complément d'une préposition. Le contraste du 3e ou 4e cas réuni avec le 2e dans une même proposition espagnole, est marqué par la couleur bleue de la 2e série horizontale, jointe à la couleur rouge ou verte du 3e ou 4e cas.

OBSERVATIONS.

Cas du complément d'une préposition. A la première et à la 2e personne du singulier, ainsi qu'avec le relatif réfléchi de la 3e personne, au lieu de *con mi, con ti, con si*, on dit : *Conmigo, contigo, consigo*, avec moi, avec toi, avec soi ; et avec l'adjectif *MISMO : Conmigo MISMO, contigo MISMA*, etc., avec moi-même, avec toi-même. *CONMIGO, CONTIGO, CONSIGO*, s'écrivent de manière à ne former qu'un seul mot, et s'emploient invariablement pour les deux genres.

Complément direct d'un verbe. Au lieu de *ME quiere À MI* mismo, etc., on peut dire avec inversion : *À MI mismo ME quiere, À TI mismo TE quiere*, etc. A la deuxième personne du pluriel, lorsqu'il s'agit d'un singulier, *VOSOTROS—AS* peut être remplacé par *VOS* suivi du singulier : *OS acusan À VOS mismo, À VOS mismo, on vous accuse vous-même. Ceci sera développé plus tard.

Relatif réfléchi. Nous disons en français : Il s'aime ; et, pour plus d'énergie, il s'aime lui-même, c'est-à-dire, il aime soi, lui-même, ce qui est un pur gallicisme : les Espagnols, à l'exemple des Latins, disent : Il aime soi ; *SE quiere À SI* mismo; elles accusent soi, soi-mêmes ; *SE acusan À SI* mismas. Remarquez bien que le relatif réfléchi *SI, SE*, n'est variable que pour les cas, et que l'adjectif *MISMO* suit seul les variations de genre et de nombre.

USTED mismo, mismo. — *USTEDES* mismos, mismas.

On dit , suivant le genre et le nombre des personnes à qui l'on s'adresse : *Un mismo—a*, *vma mismo—a*; vous-même, vous-même. Tel est l'usage, et est usage, pour ce qui regarde l'emploi du masculin *MISMO, MISMOS*, est un véritable espagnolisme adopté au mépris du sens étymologique. La personne à qui l'on s'adresse, quel que soit son genre ou son sexe, est toujours Votre Grâce, *Votre Seigneurie, VUESTRA MERCED*, et exigerait la concordance féminine de tout adjectif qui s'y rapporte.

POSITIONS OU CAS DU SUBSTANTIF RELATIF

AVEC L'ADJECTIF MISMO-A.

CAS. —	1re PERSONNE.	2e PERSONNE.	3e PERSONNE.	RELATIF RÉFLÉCHI SÍ, SE.
1. Sujet du verbe — S.	YO mismo...... Moi-même.	TÚ mismo...... Toi-même.	ÉL mismo...... Lui-même. ELLA misma...... Elle-même.	ÉL, ELLA; ELLOS, ELLAS, ou un substantif absolu.
P.	NOSOTROS mismos...... Nous-mêmes.	VOSOTRAS mismas...... Vous-mêmes.	ELLOS mismos...... Eux-mêmes. ELLAS mismas...... Elles-mêmes.	
2. Complément d'une préposition — S.	De MÍ mismo...... De moi-même. A MÍ mismo...... A moi-même.	De TÍ misma...... De toi-même. A TÍ misma...... A toi-même.	Contra ÉL mismo...... Contre lui-même. Con ELLA misma...... Avec elle-même.	Para SÍ mismo,...... Pour soi-même, pour lui-même. Tras SÍ mismo,...... Après soi-même,
P.	En NOSOTROS mismos...... En nous-mêmes.	Sin VOSOTRAS mismas...... Sans vous-mêmes.	Entre ELLOS mismos...... Par eux-mêmes. Por ELLAS mismas...... Après elles-mêmes.	Entre SÍ mismas...... Entre elles-mêmes.
3. Complément direct d'un verbe — S.	ME quiere á MÍ mismo...... Il m'aime moi-même.	TE vende á TÍ misma...... Il te trahit toi-même.	LE vende á ÉL mismo...... Il le trahit lui-même. La enfada á ELLA misma...... Il la fâche elle-même.	SE adula á SÍ mismo...... Il se prône lui-même.
P.	NOS engañan á NOSO- TROS mismos...... Ils nous trompent nous-mê- nes.	Os acusan á VOSOTRAS mismas...... Ils vous accusent vous-mêmes.	LOS siguen á ELLOS mismos...... Ils les suivent eux-mêmes. LAS vuelven á ELLAS mismas......	SE ofenden á SÍ mismas...... Elles s'offensent elles-mêmes.
4. Complément indirect d'un verbe — S.	ME habló á MÍ mismo...... Il me parla à moi-même.	TE escribió á TÍ misma...... Il t'écrivit à toi-même.	LE dijo á ÉL mismo...... Il dit à lui-même. LE aseguró á ELLA misma...... Il lui assura à elle-même.	SE prometió á SÍ mismo...... Il se promit à lui-même.
P.	NOS contó á NOSOTROS mismos...... Il nous raconta à nous-mêmes.	Os negó á VOSOTRAS mismas...... Il vous refusa à vous-mêmes.	LES dió á ELLOS mismos...... Il leur donna à eux-mêmes. LES dió á ELLAS mismas...... Il leur donna à elles-mêmes.	SE atribuyeron á SÍ mismas...... Elles s'attribuèrent à elles-mêmes.

DU SUBSTANTIF RELATIF NEUTRE.

Les deux tableaux qui précèdent font connaître l'application des différentes formes du substantif relatif aux différents cas qui régissent ces formes. Il s'agit maintenant de connaître la manière de construire le relatif avec les divers modes du verbe dont il est le complément direct ou indirect; mais nous devons préalablement dire un mot d'un substantif relatif neutre, qui, sous une de ses formes, subit, comme complément direct ou indirect du verbe, les mêmes lois que les autres relatifs.

Ce substantif, ou plutôt, ces substantifs relatifs neutres que la *Lexigraphie* nous a déjà fait connaître, au chapitre des *adjectifs déterminatifs* ou *démonstratifs*, sont :

1º. *ESTO* (pour *esta cosa*), ... cette chose-ci, *ceci*, *ce*...

$$
\left\{
\begin{array}{l}
\textit{ESO} \quad (\text{pour } \textit{esa cosa}), \\
\textit{AQUELLO} \text{ (pour } \textit{aquella cosa}), \\
\textit{ELLO} \quad (\text{pour} \quad \textit{la cosa}).
\end{array}
\right\} \dots \text{cette chose-là, cela, ce,} \left\{
\begin{array}{l}
\text{ce sont là des adjectifs substantifiés, ne désignant, sous la forme neutre, qu'une chose vague et indéterminée.}
\end{array}
\right.
$$

2º. *LO*, qui n'est qu'une inflexion de *ELLO*; il signifie *la chose, cette chose*, et tient la place des quatre relatifs *ESTO, ESO, AQUELLO, ELLO*. Son équivalent français est *LE*. Ex. : *As*

LO quiero, ainsi je veux *la chose*; je LE veux ainsi.

Les relatifs *YO, TÚ, ÉL*, etc., ont quatre cas ou positions, ainsi que nous venons de le voir. Le relatif neutre ci-dessus en a tout autant, qui se réduisent à deux formes.

1º. Sujet du verbe : .... Ex. : $\left\{\begin{array}{l}\textit{esto}, \\ \textit{eso}, \\ \textit{aquello}, \\ \textit{ello}, \end{array}\right\}$ *nos agrada*; ceci, cela nous plaît.... ....

2º. Complément direct d'un verbe : *No entiendo DE-* $\left\{\begin{array}{l}\textit{esto}, \\ \textit{eso}, \\ \textit{aquello}, \\ \textit{ello}, \end{array}\right\}$ je n'entends pas ceci, cela; je ne le veux pas.... .... $\Big\}$ 1re forme.

3º. Complément d'une préposition. Ex. : *No entiendo DE LO entiendo*, je ne l'entends pas; je n'entends pas ceci, cela.... ....

4º. Complément indirect d'un verbe. Ex. : *Despues de haberLO reflexionado*, après avoir réfléchi à ceci, à cela; après y avoir réfléchi. $\Big\}$ 2e forme : *LO*.

Ainsi *LO*, ayant LE pour équivalent français, est dans les mêmes cas des relatifs de 3e personne, *LE, LO, LA*, — LE, LI, etc., compléments directs et indirects du verbe, et l'on doit lui appliquer ce que nous allons dire de ces derniers.

¹ *ESTO, ESO*, etc., sont sous-entendus, comme sujet du verbe *ÊTRE* : *ES una maravilla*, C'EST une merveille.

CONSTRUCTION D'UN *SEUL* SUBSTANTIF RELATIF AVEC LE VERBE

DONT IL EST LE COMPLÉMENT DIRECT OU INDIRECT.

La construction du substantif relatif, comme complément direct ou indirect du verbe, est sujette à plusieurs vicissitudes, qui font la matière des tableaux suivants. Nous allons donner successivement, sur chacun de ces tableaux, quelques éclaircissements propres à en faciliter l'usage.

INDICATIF ET SUBJONCTIF.

Le substantif relatif se place *avant le verbe* dont il est le complément, à tous les temps *de l'indicatif et du subjonctif*. Ces deux modes étant les plus importants de la conjugaison des verbes, font de cette première règle une règle générale, dont les autres ne sont en quelque sorte que des corollaires ou des exceptions.

Nous regarderons donc comme une exception à la règle générale, celle qui veut que le relatif se place *après le verbe*, quand ce verbe est *le premier mot d'une phrase ou d'une proposition* (voyez les tableaux à la page suivante).

SUBJONCTIF ET IMPÉRATIF.

Il n'y a proprement que la 3ᵉ personne du singulier et la 3ᵉ personne du pluriel qui constituent le mode impératif (*habla tú*, parle; *hablad vosotros*, parlez). En effet, la 3ᵉ personne du singulier, et la 1ʳᵉ et la 3ᵉ du pluriel de ce mode, ont, avec les mêmes personnes du subjonctif, une identité de forme qui correspond à l'analogie de sens. Cependant, lorsque le verbe a un substantif relatif pour complément, ces trois personnes, identiques dans leurs formes respectives, ne s'adaptent pas de la même manière à ce substantif relatif ou pronom personnel. Avec le *subjonctif*, le relatif précède le verbe; avec l'*impératif*, il le suit : Ex. :

			SUBJONCTIF.		IMPÉRATIF.
SINGULIER.....	3ᵉ personne.....	SE tісonjoa,	qu'il se flatte.........		tісonjéeSE, qu'il se flatte.
PLURIEL.......	1ʳᵉ personne.....	NOS tісonjéemos,	que nous nous flattions...		tісonjéemoNOS, flattons-nous.
	3ᵉ personne.....	SE tісonjéen,	qu'ils se flattent.........		tісonjéenSE, qu'ils se flattent.

L'*impératif* est toujours suivi du relatif; mais comme ce mode ne s'emploie jamais avec la négation, il est remplacé, dans le sens négatif, par le mode subjonctif, dont il suit la règle (*voyez* les tableaux à la page suivante).

CONSTRUCTION D'UN *SEUL SUBSTANTIF RELATIF* AVEC LE VERBE

DONT IL EST LE COMPLÉMENT DIRECT OU INDIRECT.

RÈGLE.

Le substantif relatif se place *avant* le verbe dont il est le complément, à *tous les temps* de l'indicatif et du subjonctif.

INDICATIF.

Présent...... Yo TE veo desde aquí, je te vois d'ici.
Imparfait..... Ese hombre SE llamaba Perez, cet homme s'appelait Perez.

Mi tío ME dijo que vinieras, mon oncle me dit de te faire venir.

Prétérit défini.
{ Cuando LE vi saltar[1], quand je le vis sauter.
{ Así que LO supe, me casté, ...
{ Mi hermana SE casó ayer, ma sœur se maria hier.
{ Todos NOS levantámos pronto, nous nous levâmes tous de bonne heure.

Futur......... Mi amigo ME hablará mañana, mon ami me parlera demain.

SUBJONCTIF.

Présent...... Yo dudo que SE vaya, je doute qu'il s'en aille.
Imparfait..... Ojalá ME temiese! plût à Dieu qu'il me craignit!
Conditionnel.. Prometió que OS serviría, il promit qu'il vous servirait.

SUBJONCTIF AVEC NÉGATION, TENANT LIEU D'IMPÉRATIF.

Singulier. 2ᵉ personne.   No ME atormentes, muchacho,   enfant, ne me tourmente pas...
Pluriel... 2ᵉ personne.   No LES habléis, de eso,   ne leur parlez pas de cela...
Singulier. 3ᵉ personne.   No SE lisonjee V., señor mío,   monsieur, ne vous flattez pas...

Pluriel...
{ 1ʳᵉ personne. No NOS cansemos[2], chicos, ne nous fatiguons pas, mes enfants.
{ 3ᵉ personne. No SE incomoden vms., ne vous dérangez pas...

RÈGLE.

Le relatif se place *après* le verbe dont il est le complément, *même aux temps* de l'indicatif et du subjonctif, quand ce verbe est le premier mot d'une phrase ou d'une proposition.

INDICATIF.

Présent...... VéoTE,   Je te vois.
Imparfait..... LlamábaSE Perez,   il s'appelait Perez.

DíjoME un día,   Il me dit un jour, etc.
VíLE saltar,   Je le vis sauter.

Prétérit défini.
{ SúpeLO,   Je le sus.
{ CasóSE,   elle se maria.
{ LevantámonoNOS todos[2],   nous nous levâmes tous.

Futur......... HabláráME,   il me parlera.

N. B. Le relatif placé après le verbe, s'unit avec lui pour ne former qu'un seul mot.

SUBJONCTIF.

Présent...... VáyaSE,   qu'il s'en aille.
Imparfait..... TemiéranLE,   ils le craindraient.
Conditionnel.. ServiríanTE,   ils te serviraient.

RÈGLE. — Le relatif se place *après* le verbe dont il est le complément, à tous les nombres et personnes de l'IMPÉRATIF.

DaME agua,   aide-moi.
HabladLES,   parlez-leur; — amarOS (pour amadOS), aimez-vous.
LisonjéeSE,   qu'il se flatte.
AmémoNOS,   aimons-nous.
DetengánSE,   qu'ils s'arrêtent.

---

[1] Dans cet exemple, il y a deux verbes : *Vi, Saltar*; un indicatif, et un infinitif. Le relatif LE est complément de l'indicatif *vi*, et l'infinitif *saltar* est employé adjectivement. LE vi á él SALTANDO, je le vis saltant.

[2] Pour *levantámos NOS todos.*

CONSTRUCTION D'UN *SEUL* SUBSTANTIF RELATIF AVEC LE VERBE

DONT IL EST LE COMPLÉMENT DIRECT OU INDIRECT.

RÈGLE.		EXCEPTIONS.
Le relatif se place après l'infinitif du verbe dont il est le complément direct ou indirect ; et, dans les temps composés, après l'infinitif du verbe auxiliaire *Haber* [1].	Quand un infinitif a pour antécédent un autre verbe dont il est le complément direct ou indirect, le relatif, quoique complément de cet infinitif, peut se construire avec le verbe antécédent, conformément au mode où se trouve cet antécédent.	
No puedo ver*LE*,	je ne puis le voir........	*No LE puedo VER,* / *Que no SE deje VER,*	Je ne puis le voir........ / qu'il ne se laisse pas voir........	L'infinitif *ver* est complément direct des verbes *puedo, dejo* ; et le relatif, construit avec ces verbes antécédents, doit les précéder, à cause de leurs modes indicatif et subjonctif.
Puedo dar*TE* nobleza,	je puis te donner la noblesse......	*TE puedo DAR nobleza,*	je puis te donner la noblesse........	L'infinitif *dar* est complément direct de l'indicatif *puedo*, et le relatif *TE* précède cet indicatif.
Voy á pasear*ME*, / Despues de haber*SE* paseado,	Je vais me promener............ / après s'être promené.	*ME voy á PASEAR,*	Je vais me promener........	L'infinitif *pasear* est complément indirect de l'indicatif *voy*, qui est précédé du relatif *ME*.
Vendo á buscar*LE*,	allant le chercher	*Vendo LE á BUSCAR,*	allant le chercher [2]........	L'infinitif *ver* est complément indirect de *volveré, volveré-mos* ; mais dans le 1er cas, le verbe antécédent est suivi du relatif à cause de son mode indicatif ; dans le 2e cas, précédé, à cause de son mode indicatif.
Para volver á ver*TE*.	pour revenir á te voir, pour te revoir....	*Para volver*TE á VER,* / *NOS volveremos á VER,*	pour te revoir........ / nous nous reverrons........	
Para hacer*LE* venir,	pour le faire venant, venir [3]............	*Para hacer LE dar venia patos,* pour lui faire donner vingt coups de bâton............		L'infinitif *dar* est complément direct de l'antécédent *hacer* ; et le relatif *LE, á lui*, complément indirect de *dar*, se place après l'antécédent à cause de son mode infinitif. On ne devrait pas, dans le même sens : *Para, hacer dar*LE, etc. Cette locution, sans répugner aux principes, est rejetée par l'usage, qui n'admet pas volontiers deux infinitifs consécutifs.

[1] Il ne faut pas perdre de vue que le relatif dont il s'agit dans ces tableaux est celui qui, sans être précédé d'aucune préposition, peut figurer comme complément direct ou indirect d'un verbe : il appartient au troisième et au quatrième cas.

[2] Dans cet exemple, le relatif *LE* est complément direct, non du verbe *venir*, qui est intransitif, mais bien du verbe *hacer*, et c'est à ce dernier infinitif qu'il faut le joindre. L'infinitif *venir* est employé adjectivement : *Para hacer*LE á *EL VINIENDO*, ici il ne saurait y avoir deux sortes de constructions.

[3] Nous verrons au tableau suivant que le relatif se place après l'adjectif actif dont il est le complément. Dans cet exemple, le relatif *LE* est complément direct de l'infinitif *buscar*; mais cet infinitif étant lui-même complément indirect de *gerundio*, la construction du relatif peut se faire avec cet antécédent, conformément au mode où se trouve cet antécédent.

14

CONSTRUCTION D'UN *SEUL* SUBSTANTIF RELATIF AVEC LE VERBE

DONT IL EST LE COMPLÉMENT DIRECT OU INDIRECT.

RÈGLE.

Le relatif se place après l'ADJECTIF ACTIF (appelé gérondif) dont il est le complément ; et, dans les temps composés, après l'adjectif actif du verbe auxiliaire *haber*.

EXCEPTIONS.

Quand l'ADJECTIF ACTIF est joint aux verbes *estar*, *ir*, *andar*, employés comme auxiliaires, le relatif peut se construire avec le verbe auxiliaire, conformément au mode où se trouve cet auxiliaire.

		EXCEPTIONS.	
Ex. : *Siempre estoy escribiéndoLE*,	je suis toujours lui écrivant, je lui écris sans cesse.	*LE estaba yo ESCRIBIENDO*,	j'étais lui écrivant ; je lui écrivais.
Esa muchacha va poniéndoSE pálida,	cette petite fille devient pâle[1]	*SE iba PONIENDO pálida*,	elle allait se faisant pâle ; elle devenait pâle.
Fué echándoLOS poco à poco,	je les jetai peu à peu.	*LOS fué ECHANDO poco à poco*,	je les jetai peu à peu.
Iban paseándoSE,	ils se promenaient.	*SE va PASEANDO*,	il se promène.
Bastaba habiéndoSE visto una vez,	il suffisait de s'être vu une fois	*Supo trME BUSCANDO*,	il sut me chercher.
Andan buscándoME,	ils me cherchent.	*LOS tré BUSCANDO*,	je les cherchai.
La encontré Yendo buscándoLOS,	je la rencontrai en les cherchant.		

DÉVELOPPEMENTS.

RÈGLE.

Le relatif se place après l'adjectif actif dont il est le complément, et s'unit avec lui de manière à ne former qu'un seul mot.

EXCEPTIONS.

RÈGLE.

Quand l'adjectif actif est joint aux verbes *ESTAR*, *IR*, *ANDAR*, employés comme auxiliaires, le relatif peut se construire avec le verbe auxiliaire. *Estaba yo escribiéndo*, et les exemples suivants, sont comme des verbes composés, où l'auxiliaire, se conjuguant tout seul, doit subir la loi du mode où il se trouve : *LE estaba, SE iba, LOS fué, SE va, trME*, etc. D'après ce principe, on voit que lorsque l'auxiliaire se trouve à l'infinitif, il est suivi du relatif : *Supo trME buscando*.

Il faut se garder de confondre le sens de *ir buscando* (aller cherchant, chercher), avec celui de *ir à buscar* (aller chercher) ; l'autre signifie *être cherchant, chercher* (IR, ESTAR BUSCANDO).

Dans la série des exceptions, « *LOS tré BUSCANDO* » correspond à l'exemple « *Yendo buscándoLOS.* » Dans ce dernier exemple, le verbe auxiliaire IR est lui-même adjectif actif, et le cas d'exception n'a plus lieu quand il y a deux adjectifs actifs. Il faut donc dire : *Yendo buscándoLOS*, et jamais *LOS yendo buscando*, en les cherchant.

N. B. L'adjectif passif est quelquefois suivi du relatif par l'ellipse du verbe auxiliaire HABER. Ex. : « *Despues de haberse puesto bien en la silla, y PREVENIDOSE con toser, i. e. y HABIÉNDOSE PREVENIDO con toser.* » Après s'être bien placé sur la selle, et après s'être disposé en toussant, etc.

[1] Avec un adjectif actif et un infinitif, ayant chacun un relatif pour complément, les deux relatifs réunis se placent après l'adjectif actif. Ainsi, au lieu de : *TransfundoSE à toserLE*, se mettant à le lire, on dira : *TransfundoSELE à leer*. (D. Q.)

CONSTRUCTION COMBINÉE DE *DEUX* SUBSTANTIFS RELATIFS,

DONT L'UN EST COMPLÉMENT DIRECT, ET L'AUTRE COMPLÉMENT INDIRECT DU VERBE.

Supposons que nous ayons cette pensée à rendre : « Il a reçu une lettre pour moi, et il me la enverra, il me l'enverra. » Nous la traduisons en espagnol par : *Ha recibido una carta para mí, y ME LA enviará*. On dira donc, suivant les divers cas analogues, *ME LA enviará*, *TE LA enviará*, il me l'enverra, il te l'enverra ; *NOS LA enviará*, il nous l'enverra, il vous l'enverra. Tout cela est conforme aux principes déjà établis. Mais si nous voulons dire : Il la lui enverra, il faudra traduire par *SE LA enviará*. La règle exigerait *LE LA enviará* ; mais dans les cas semblables, où le relatif de la 3e personne devient complément indirect, il faudra joindre l'un à l'autre deux relatifs presque identiques : ce serait, *LE LE, LE LO, LE LA ; LES LO, LES LA ; LES LOS, LES LAS*... En substituant *SE* à *LE* et à *LES*, on peut douter, pour éviter ces malheureuses consonnances, qu'on a substitué *SE* à *LE* et à *LES*. La logique n'a pas toujours présidé à la formation des langues, et l'influence euphonique s'y fait sentir dans le choix d'une foule de locutions.

Après cette observation préliminaire, nous allons donner, dans deux petits tableaux, le relatif de la 3e personne, employé comme complément direct du verbe; (*LE, LO, LA; LOS, LAS*), et combiné avec le mot invariable *SE*, représentant *LE, LES*, compléments indirects de cette même 3e personne.

Ces tableaux sont basés sur un principe que nous connaissons déjà : c'est qu'à l'indicatif et au subjonctif, les relatifs précèdent le verbe ; et que ces mêmes relatifs marchent après le verbe, avec l'infinitif, l'adjectif actif, l'impératif, et au début d'une phrase ou d'une proposition.

INDICATIF ou SUBJONCTIF.
(les relatifs avant le verbe.)

SE LO enviaré......... Je le lui, le leur enverrai.	*SE LA* enviaré. Je la lui, la leur enverrai.
SE LOS daré......... Je les lui, les leur donnerai.	*SE LAS* diera. Je les lui, les leur donnerais.

INFINITIF, ADJECTIF ACTIF, IMPÉRATIF, ETC.
(les relatifs après le verbe.)

Para DÁRSELO......... Pour le lui, le leur donner.	*Para DÁRSELA*. Pour la lui, la leur donner
DÁNDOSELOS......... Les lui, les leur donnant.	*DÁNDOSELAS*. Les lui, les leur donnant,
DÁSELO......... Donne-le lui, le leur...	*DÁSELA*. Donne-la lui, la leur.
DIÓSELOS......... Il les lui, les leur donna.	*DIÓSELAS*. Il les lui, les leur donna.

OBSERVATIONS
SUR LES DEUX TABLEAUX CORRESPONDANTS.

Voyez d'abord à *gauche* les quatre premiers exemples, et remarquez que les deux relatifs marchent toujours de compagnie, et dans un ordre invariable ; mais le relatif *SE* (pour *LE, LES*) figure dans la couleur jaune, qui est celle du complément indirect, et les relatifs *LO, LA ; LOS, LAS*, sont placés dans la couleur rouge, affectée au complément direct. Ceci s'applique à tout le reste du tableau.

À *droite* se trouvent des exemples correspondants, dont la tournure est usitée en espagnol, et qui présentent la redondance du complément indirect. Cette redondance (*à él, à ella*, etc.) n'étant que la décomposition du relatif *SE*, adopte sa couleur et le précède immédiatement ; on bien elle se rejette après le verbe : *Se lo diré à él, se lo diré à ella*.

Dans la deuxième partie du tableau à *gauche*, les relatifs, toujours inséparables et dans le même ordre, viennent après le verbe par les motifs qui figurent en tête, et qu'il ne faut pas perdre de vue.

Ici encore le tableau correspondant de la droite nous offre le redondance du complément indirect : les relatifs analytiques (*à él, à ella*, etc.) sont tous et toujours rejetés à la fin de la proposition, et suivent immédiatement les deux relatifs combinés. — *Para dárselo à él, à ella; ruégaselo à una.*

REDONDANCE DU COMPLÉMENT INDIRECT.

SE LO diré à él......... Je le lui dirai.	*SE LO* diréis à un. On le lui dira à votre seigneurie, on vous le dira.
À ellos, à ellas SE LA diré, Je le leur dirai.	
À él, à ella SE LA diré, Je la lui dirai.	
À él, à ella SE LOS daré......... Je les lui donnerai.	
À él, à ella SE LAS diera......... Je les lui donnerais.	*SE LO* juro à un. Je le lui jure à votre seigneurie, je vous le jure.
À ellos, à ellas SE LAS diera. Je les leur donnerais.	

REDONDANCE DU COMPLÉMENT INDIRECT.

Para DÁRSELO: à él, à ella......... Pour le lui donner.	*RuégoSELO* à un. Je te le demande en grâce à votre seigneurie, je vous en prie.
DÁNDOSELAS à ellas, à ellas. Les leur donnant.	
DÁSELO à él, à ella......... Donne-le lui...	*SuplícoSELO* à un. Je vous en supplie.
DIÓSELAS à ellas, à ellas. Il les leur donna.	

---

[1] *Darémoslo, darésela*, etc., s'écrivent de manière à présenter l'apparence d'un seul mot. Cette forme peut se varier. Au lieu, par exemple, de *voy à derírselo* (je vais le lui dire), on peut prendre la tournure suivante : *Voyselo à decir*, je vais le lui dire; *voyselo à decir à ma*, je vais vous le dire.

[2] Avant le verbe, les deux relatifs forment deux mots : *Se lo diré*; après le verbe, ils s'unissent et présentent l'apparence d'un seul mot : *DIRÉSELO*.

CONSTRUCTION COMBINÉE DE *DEUX* SUBSTANTIFS RELATIFS.

DONT L'UN EST COMPLÉMENT DIRECT, ET L'AUTRE COMPLÉMENT INDIRECT DU VERBE.

Dans ce qui précède, le relatif *SE* n'a qu'une signification exceptionnelle et d'emprunt. Nous allons le présenter ici, combiné avec d'autres relatifs, dans son sens propre et naturel, c'est-à-dire signifiant *SE, SOI,* complément direct du verbe; *SE, À SOI,* complément indirect du verbe. En un mot, *SE* va redevenir un véritable relatif réfléchi de la 3e personne.

SE, ME:

> *SE ME presentárais à la hora de comer,* ils se présentèrent à moi, à l'heure du dîner[1].
> *SE ME alegraba el corazón al verlas,* le cœur se réjouissait à moi; mon cœur se réjouissait de les voir.
> *SE LE tiritó la gota, entrando en el baño,* la goutte s'irrita à lui; sa goutte s'irrita lorsqu'il entra dans le bain.
> *SE LE parecía hasta en el modo de hablar,* il se montre pareil à lui, il lui ressemblait jusque dans la manière de parler.
> *SE TE mostraba propicia tan doblée...,* il se montrait propice à toi; il t'était favorable de bonne foi.
> *SE ME ofreció con la mayor cordialidad,* il s'offrit à moi; il m'offrit ses services avec la plus grande cordialité.

SE, SE, SOI: complément direct du verbe:

> *SE LO prometo todo del ministerio,* il le promet tout à soi; il se promet tout du ministre.
> *SE LO embolsó sin contar con nadie,* il se le mit dans la bourse; il l'emboursa sans compter avec personne.
> *SE LO bebió en un decir jesus,* il se le but; il le but en un instant, ou un clin-d'œil.
> *SE LE envió antes de ponerse à caballo,* il se le mangea; il le mangea avant de monter à cheval.
> *SE LA puso, para lucirlo en el Prado,* il s'en affubla, pour briller au Prado.
> *SE LA trujo con admirable candor,* il se l'avala; il la goba avec une admirable candeur.

SE, SE, À SOI: complément indirect du verbe......

Dans les diverses combinaisons de deux relatifs employés simultanément, il est remarquable que celui de la 3e personne (*LE, LO, LA; LOS, LAS*) se met toujours le dernier, et que le relatif réfléchi *SE* se place toujours le premier (voyez les deux cas présentés ci-dessus en tableaux). *SE* a beau changer de position idéologique, il n'en reste pas moins à la même place, c'est-à-dire à la première; et la couleur, qui indique le changement de cas, change seule de place.—Quand les deux relatifs sont ceux de la 1re et de la 2e personne (*ME, TE; NOS, OS*), on met d'abord le complément direct, et puis le complément indirect. Ex.: *¿ Quién eres tú que TE ME vendes por discreto?* Qui es-tu, toi qui te donnes à moi pour un habile homme?

[1] « Ils se me présentèrent. » Cette tournure, qui a beaucoup de grâce, est très-familière à la langue espagnole. C'est ainsi qu'on dit: *El amor que ME tienes,* l'amour que tu m'as, c'est-à-dire, l'amour que tu as pour moi. — *TE tengo amor,* j'ai de l'amour pour toi. — *Eso no sientaME decente,* cela n'étant pas décent pour moi. — *La amistad que LE profesáis,* l'amitié que je professais pour toi, etc.

[2] Cette tournure s'applique à d'autres relatifs employés explétivement! [me] *le comería* (D. Q.), je le mangerais.

RELATIF RÉFLÉCHI SE, PRIS DANS LE SENS PASSIF.

Nous disons en français : Cette maison doit SE vendre, ce mot SE trouve dans tel auteur, SE prononce de telle manière, etc. Or, une maison ne se vend pas elle-même, un mot ne se trouve pas, ne se prononce pas lui-même. La forme du verbe réfléchi n'est ici qu'un idiotisme, ou si l'on veut, une expression figurée, qui doit s'entendre dans le sens passif. Cette tournure est très-usitée en espagnol.

Ex. :
Hablando de comprarSE la casa, la maison devait s'acheter, c'est-à-dire, être acheté.
Perdita digna de llorarSE, perte digne de se pleurer, c'est-à-dire, d'être pleurée.
Esas obras merecen imprimirSE, ces ouvrages méritent de s'imprimer, c'est-à-dire, d'être imprimés, etc.

Nous allons donner un bon nombre d'exemples, qui rentrent dans l'analogie des précédents, et nous y joindrons quelques détails analytiques que réclament l'importance et la variété de son emploi.

FORME DU VERBE RÉFLÉCHI.	ANALYSE.	SENS PASSIF.	LOCUTION FRANÇAISE.	OBSERVATION.
Eso.... SE me dará....	Cela se donnera à moi....	c'est-à-dire, sera donné....	On me le donnera.	Nous avons prodigué les exemples sur l'emploi du relatif réfléchi SE, pris dans le sens passif, parce qu'ils présentent des locutions qui prennent essentiellement au génie de la langue espagnole. Après s'être bien pénétré du sens littéral de chacune des phrases que nous donnons, après s'être habitué à en faire l'analyse par laquelle on arrive au sens passif, et de là à la locution française, il faut se familiariser avec le rapprochement immédiat de la locution française : « Eso se me dará », on me le donnera, etc.; car s'il importe d'éclairer son intelligence au moyen de l'analyse, il est tout aussi nécessaire d'acquérir les résultats pratiques de cette analyse.
Lo que.... SE me pedía....	Ce qui se demandait à moi....	id.... était demandé....	On me le demandait.	
Eso.... SE nos sirvió una sopa....	Une soupe se servit à nous....	id.... On nous servit une soupe.		
Esto.... SE les perdonó....	Cela se pardonne à eux....	id.... fut pardonné....	On le leur pardonna.	
La obra que.... SE me encargaba....	L'ouvrage qui se chargeait à moi....	id.... était chargé....	L'ouvrage dont on me chargeait.	
Por esto.... SE me concedió....		id.... fut permise....	On me permit une récompense.	
promesa... SE me prometió á mí....	Une récompense se promit à moi....	id.... Ou me promit une récompense.		
À mí no.... SE me engañe¹....	Le trompeur ne se fait pas à moi....	id.... n'est pas fait....	On ne me trompe pas.	
Si.... SE me permitirá hablar....	Si le parler se permettait à moi....	id.... S'il parler était permis.	S'il m'était permis, si l'on me permettait de parler	
À mí no.... SE me hace esperar....	L'attendre se fait à moi....	id.... fut fait....	On me fait attendre.	
SE os.... andaba buscando²....	L'aller et se faisait vous cherchant....	Ou fut.... Ou vous cherchait.	On vous cherchait.	
Cuando.... SE lo admitió³....	L'admettre se fit à nous....	fut.... fut admis....	On l'admit.	
Por él.... SE nos advirtió³....	Par lui se sur la nouvelle....	fut.... Or nous admit.	Par lui on nous apprit la nouvelle.	
SE.... me credo⁴....	Quand je s'aidera....	fut.... fut achevé....	Quand je n'en eus plus.	
SE.... supo la noticia....	Par lui se sur la nouvelle....	est.... Ce fut de lui qu'on apprit la nouvelle.		
SE.... habló⁵....	Le parler se fait....	est fait.... On parle....	On parle.	
SE.... dice....	Le dire se fait....	est fait.... On dit....	On dit.	
SE.... negará....	L'assurer se fait....	est fait.... On assure.	On niera.	
SE.... asegura....	L'assurer se fait....	est fait.... On assure.	On assure.	
SE.... cree⁶....	Le croire se fait....	est fait.... On croit, e.	On croit.	

¹ La traduction vraiment littérale de cette phrase est celle-ci : (El engañar, le tromper) ne se fait pas à moi, ne s'effectue pas à moi, n'est pas effectué.
² (El andar) se andaba buscándose.
³ On advertíssemos... Analyse : (El advertir) se nos advirtió.
⁴ Sous-entendu : El dinero, l'argent, « ou tout autre objet.
⁵ (El hablar) se habla. De même pour les exemples suivants : (El decir) se dire, (el asegurar) se asegura, (el creer) se cree, etc.
⁶ Nous terminerons par un exemple du relatif réfléchi, pris dans le sens passif, et combiné avec deux autres sens relatifs : á este niño enséñesemele su obligacion, y si es necesario, castígueseSEMELE; littéralement
o qu'on me l'ait apprenne à cet enfant son devoir, et, s'il est nécessaire, qu'on me le châtie, qu'on me le punisse, littéralement : se le lui ; mrr, à lui.

SYNTAXE.

ME, TE, SE, etc., RELATIFS COMPLÉMENTAIRES, EMPLOYÉS EXPLÉTIVEMENT.

1re PERSONNE.

Digan lo que digan, yo quiero marchar*ME*, — qu'on dise ce qu'on voudra, je veux partir.

Miéntras rezaban, yo *ME* dormi, — pendant qu'on priait Dieu, je M'endormis.

Si el médico no acude, yo *ME* muero, — si le médecin ne vient pas à mon secours, je ME meurs[1].

Como quiera que sea, yo *ME* rio de él, — quoi qu'il en soit, je ME ris de lui.

Ha hecho tantas que no sé que *ME* piense, — il a fait tant de folies, que je ne sais que penser.

Cuando llegó la noticia, yo *ME* habia desayunado, — quand la nouvelle arriva, j'avais déjeuné.

Con todo eso, mucho *ME* temo que se pierda, — avec tout cela, je crains bien qu'il ne se perde.

2e PERSONNE.

Quiérese este consejo; pero tú, ve*TE* al diablo!... — que celui-ci reste avec moi; mais toi, va-T-en au diable.

Tú, ven*TE* conmigo, — toi, viens avec moi.

3e PERSONNE.

Cuando yo llegué, él *SE* salió, — quand j'arrivai, il sortit, il S'en alla[2]?

Le he de decir lo que *SE* me vinière á la boca, — j'ai à lui dire ce qui me viendra à la bouche.

Cuando le riñen, *SE* calla, — lorsqu'on le gronde, il SE tait.

No *SE* esté V. en la calle, que llueve, — il pleut, ne restez pas dans la rue.

Miéntras tomé yo chocolate, él *SE* comió una gallina, — dans le temps que je pris mon chocolat, lui mangea une poule.

OBSERVATIONS SUR LE TABLEAU.

ME, TE, SE, etc., sont les formes des substantifs relatifs de la 1re, 2e et 3e personne, comme compléments d'un verbe.

Aucun de ces relatifs ne peut donc être considéré comme l'expression redondante du sujet du verbe yo, tú, él, etc.

Ils ne sauraient non plus être considérés, ni comme compléments directs, puisqu'ils figureraient souvent avec un verbe intransitif (yo me MUERO); ni comme compléments indirects, lesquels se trouvent souvent exprimés dans la proposition : Vete AL DIABLO..... Yo me rio DE ÉL, etc.

Il nous paraît que dans ces locutions, si communes dans la langue espagnole, le fond de la pensée réside dans une ellipse, qui n'a eu lieu primitivement avec l'indicatif du verbe. Cette ellipse expliquerait tout naturellement la position complémentaire des relatifs me, te, se, etc.

EXEMPLES :

Se-(mettre) à marcher,
Se-(mettre) à aller, en aller.. Se ( ) en aller, s'en aller ;
Se-(mettre) à dormir, en dormir. Se ( ) en dormir, s'endormir ;
Se-(mettre) à fuir, en fuir... Se ( ) en fuir, s'enfuir, etc.

[1] Quelques exemples épars établissent ici des traces d'analogie entre le français et l'espagnol ; mais cette analogie ne se reproduit pas dans tous les temps et modes d'un même verbe. Ainsi on dit bien : Je me meurs, comme on dit : Me muero ; mais on ne dirait pas : Meurs-toi de honte, comme on dit en espagnol : Muérete de vergüenza !

[2] Ces verbes et d'autres s'emploient avec ou sans suismatif relatif. Ex. :

Los dos SE andaban passeando por su prado, — tous les deux allaient se promenant dans un pré; D. Q.

Siempre andan por las forestas, — ils vont toujours à travers les forêts.

Aquel dia tardaba en venir, — ce jour-là, il tardait à venir ; — SE tardaba en responder, il tardait à répondre,

Yo, te si tu Italia, — va, va à ton Italie ; — va-t-en, etc., etc.

DU SUBSTANTIF ABSOLU ET DU SUBSTANTIF RELATIF.

(Voyez le tableau ci-après.)

OBSERVATIONS PRÉLIMINAIRES.

Après avoir traité séparément du substantif absolu et du substantif relatif, nous allons rapprocher ces deux parties du discours, et établir entre elles un parallèle instructif sur ce qui regarde la 3ᵉ personne, exprimée en français par le mot pronominal *EN*.

Nous disons en français, dans le sens *indéfini* : { Je bois de vin, et j'*EN* boirai toute la vie.
{ Je bois de l'eau, et j'*EN* boirai toute la vie. } *EN* pour de cela.

L'Espagnol, pour rendre cette même pensée, dira : *Yo bebo VINO, AGUA, y LO beberé. LA beberé toda la vida;* c'est-à-dire, je bois vin, *eau*, et je le boirai. Les deux langues sont également conséquentes dans cette diversité de procédés. Le français doit dire : j'*EN* boirai, je boirai de cela, puisqu'il a déjà dit : Je bois du vin. L'Espagnol, après avoir dit, je bois *VIN*, arrive à ce corollaire tout simple : *LO beberé, je le boirai.* La relatif se trouve exactement dans la même position que le substantif absolu; il le rappelle par le genre, par le nombre et par le cas, qui est celui du complément direct.

En suivant ce même ordre d'idées, l'Espagnol dira, dans le sens *partitif*, soit indéfini, soit défini :

Dame UN POCO DE VINO,   donne-moi un peu de vin.   *Te LO daré,*   je te le donnerai, *le peu de vin, le vin que tu me demandes.*
Dame DE TU VINO (c'est-à-dire, *UN POCO DE TU VINO*), donne-moi de ton vin...... *Te LO enviaré, je te l'enverrai, le peu de mon vin, le vin que tu me demandes.*

OBSERVATIONS SUR LE TABLEAU SUIVANT.

Le tableau dressé à la page qui suit, met en rapport le substantif absolu et le substantif relatif. On trouvera, dans la première colonne verticale à gauche, sous le titre de *substantif absolu*, quelques exemples qui résument ce que nous avons déjà dit sur les divers sens de ce substantif.

A droite, figurent parallèlement les exemples correspondants du substantif relatif, employé comme complément direct d'un verbe.

Pour ce qui regarde le relatif, *complément d'une préposition*, la division qui lui est consacrée dans le tableau, présente, dans la partie latérale de gauche *(substantif absolu)*, quelques phrases qui ont pour but d'amener des exemples de ce relatif au deuxième cas.

Enfin la troisième division offre quelques exemples du complément elliptique, c'est-à-dire, du cas où le *relatif* est supprimé et se trouve remplacé elliptiquement par le substantif absolu lui-même.

SUBSTANTIF ABSOLU.	SUBSTANTIF RELATIF. DE LA TROISIÈME PERSONNE, EXPRIMÉ EN FRANÇAIS PAR EN.	SUBSTANTIFS RELATIFS. NEUTRES.

SENS INDÉFINI.

COMPLÉMENT DIRECT D'UN VERBE.

(Yo) bebo VINO, ... je bois du vin....	Y.... LO haberé toda la vida, ci j'EN boirai toute la vie,	Les substantifs relatifs neutres de la 3e personne, sont :
(Yo) llevo POMADA, ... je porte de la pommade....	Y.... LA llevaré siempre, et j'EN porterai toujours	1o. ESTO, ESO, AQUELLO, ELLO, ceci, cela. — sujet du verbe et complément d'une préposition.
(Yo) comeré COL, ... je mangerai du chou....	Y.... LO hay¹, s'il y EN a.	
(Yo) tengo CONCIENCIA, ... j'ai de la conscience....	Si.... LO tienes, tu n'EN as pas.	2o. LO, ceci, cela, le; — complément direct ou indirect du verbe.
(Yo) compraré NARANJAS, ... j'achèterai des oranges....	No.... LA tienes, si j'y EN avais.	
— Dame VESTIDOS, ... donne-moi des vêtements....	Si.... LAS hubiera, j'EN ai besoin.	Ces relatifs neutres ont un emploi analogue à celui du substantif relatif ÉL,
Traje GUANTES y PAÑUELOS. ... j'ai apporté des gants et des mouchoirs.	Su.... LOS he menester², ils sont bons, mais il y EN a	ELLA. — LE, LO, LA, etc., et s'expriment quelquefois en français par EN, Y.
— Busco AMIGOS, ... il cherche des amis....	Pero no.... LOS hay mejores, de meilleurs. Pero no.... LOS halla, mais il n'EN trouve pas.	

SENS PARTITIF INDÉFINI.

Dame UN-POCO DE ESCAROLA, donne-moi un peu de chicorée....	Te.... LA daré, je t'EN donnerai.	
Guárdame ALGUNAS CIRUELAS. gardé-moi quelques prunes....	Te.... LAS guardaré, je t'EN garderai.	

SENS PARTITIF DÉFINI.

Tráeme DE TU TABACO, apporte-moi de ton tabac....	Te.... LO traeré, je t'EN apporterai.	**COMPLÉMENT D'UN VERBE.**
Envíame DE ESTAS FLORES¹. envoie-moi de ces fleurs....	Te.... LAS enviaré⁴, je t'EN enverrai.	Lo dudo, je l'EN doute.

COMPLÉMENT D'UNE PRÉPOSITION.

Es un ENGAÑADOR, c'est un trompeur;	No se fie V. de ÉL, ne vous fiez pas à lui; ne vous y fiez pas	No LO entiendo, je n'y entends rien.
¿Que dice yo de este CABALLERO? Que dites-vous de ce Monsieur?	No hable V. de ÉL, ne m'EN parlez pas².	No puedo consen-tir(l)o, je ne puis consentir à cela; j'Y consentir.
¿Como habla V. esta SEÑORA? Comment trouvez-vous cette dame?	No me acuerdo de ELLA, je ne m'EN occupe pas.	Después de haber LO reflexionado, après avoir réfléchi à cela; après y avoir réfléchi.
¿Sabe V. que ocurrió ayer? Savez-vous ce qui est arrivé hier?....	No hablemos de ESO, n'EN parlons pas.	

COMPLÉMENT ELLIPTIQUE.

¿Cuántos LIBROS tiene V.? Combien de livres avez-vous?....	(Tengo) cuatro...... (LIBROS), j'EN ai quatre.	**COMPLÉMENT D'UN VERBE.** **COMPLÉMENT D'UNE PRÉPOSITION.**
¿Quiere V. este CUCHILLO? Voulez-vous ce couteau?....	No, (quiero) otro..... (CUCHILLO), non, j'EN veux un autre.	Pensará en EL... Je le pense; j'Y penserai.
Le he pagado una CUENTA, le lui ai payé un compte....	Y le debo todavía otra (CUENTA), et je lui EN dois encore un autre.	Pase en ELLO...
		Tengo en ELLO...

¹ 'C'est-à-dire (algunas flores) de estas flores.

² HAY à la 3e personne du singulier, est pris impersonnellement; il en est de même des exemples qui suivent : Si lo HUBIERA, s'il y en avait, los HAY mejores, il y en a de meilleurs.

³ LOS HE menester, je fais mal besoin. Ici, le verbe HABER est pris dans le sens de TENER, posséder; le terme de son action, c'est le relatif LOS, et le substantif absolu MENESTER, par apposition.
On dit aussi : HE MENESTER DE un sombrero, j'ai besoin d'un chapeau, MENESTER est, dans ce cas, complément direct de HE, dans le sens de TENGO.

⁴ Ou bien : Te enviaré ALGUNAS, ALGUNAS DE ELLAS.

⁵ Qu'il s'agisse de choses ou de personnes, la tournure est toujours la même, a Te encargo que uses de este dinero mejor que je n'EN si usé; que je n'ai usé de toi, de cet argent.

ADJECTIF.

La syntaxe de l'adjectif consiste à le faire accorder en genre et en nombre avec son substantif. Ex. : *EL hombre BUENO*, l'homme bon. Les adjectifs *EL* et *BUENO* sont au masculin et au singulier, parce que ce genre et ce nombre sont ceux du substantif *hombre*. Si l'adjectif qualificatif a des cas, ce sont toujours ceux de son substantif ; et le cas n'influant en rien sur l'emploi des formes de l'adjectif qualificatif, nous n'avons nullement à nous en occuper ici.

Mais l'adjectif qualificatif a des degrés de signification, qui établissent pour lui des rapports de supériorité, d'infériorité et d'égalité. Ces rapports sont du ressort de la syntaxe, et nous allons en donner le tableau explicatif.

ADJECTIF.

COMPARATIF.

En parlant d'un homme, je dirai :

Es *MAS joven QUE yo*, ... il est plus jeune que moi [1] ....

Es *MAS ducho QUE parece*, ... il est plus adroit qu'il (ne) paraît .... } Rapport de supériorité.

Es *MAS docto DE LO QUE parece*, ... il est plus savant qu'il ne paraît ....

Es *MENOS gordo QUE usted*, ... il est moins gras que vous ....

Es *MENOS tonto QUE parece*, ... il est moins sot qu'il (ne) paraît .... } Rapport d'infériorité.

Es *MENOS docto DE LO QUE parece*, il est moins savant qu'il (ne) paraît ....

Es *TAN vivo COMO su padre*, ... il est aussi vif que son père .... } Rapport d'égalité.

Es *TAN aplicado COMO ingenioso*, ... il est aussi laborieux que spirituel ....

SUPERLATIF RELATIF.

Le superlatif relatif ne fait qu'ajouter au comparatif l'adjectif *EL, LA*, etc., suivant le genre ou le nombre.

ADJECTIF.

Le superlatif relatif exclut toute idée d'égalité.

Mi hermano es EL MAS terco, ... non frère est le plus entêté [2].

Mi hermano es EL hombre MAS hábil. non frère est l'homme le plus habile.

Mi primo es EL MENOS malo, ... non cousin est le moins méchant.

Mi primo es EL hombre MENOS capaz ; non cousin est l'homme le moins capable.

REMARQUES.

1° Cette locution : *Es mas docto de LO QUE parece*, rappelle ce que nous avons dit sur l'adjectif employé substantivement ; car ici le mot *docto* est évidemment sous-entendu : *Es mas docto de lo (docto) QUE parece*, c'est-à-dire, *de lo QUE parece (docto)*. Au pluriel on dirait : *Son mas doctos de LO (doctos) QUE parecen, de LO QUE parecen (doctos)*.

2° *Plus, moins*, répétés ou mis en opposition dans deux membres différents d'une même phrase, se rendent ainsi :

Cuanto MAS RARA es una cosa, tanto MAS CARA es ; plus une chose est rare, plus elle est chère.

Cuanto MAS gasta, tanto MENOS se entretiene ; plus il dépense, moins il s'amuse.

REMARQUE.

Nous disons en français : Mon frère est le plus habile ; non frère est l'homme le plus habile. Dans ce second exemple, nous employons deux fois l'adjectif *le*, ce qui n'a pas lieu en espagnol ; et en cela, la langue castillane est plus laconique que la française. Il y a identité parfaite entre les deux exemples. Dans le premier (*es EL MAS terco*), on sous-entend nécessairement le mot *hombre*, qui se trouve exprimé dans le second.

EXEMPLES.

Mi hermano es EL ( ) MAS terco ; non frère est le plus entêté.

Mi hermano es EL HOMBRE MAS hábil ; non frère est l'homme le plus habile [3].

---

1 Les Espagnols disent : Il est plus jeune que je (yo) ; c'est-à-dire, il est plus jeune que je (suis jeune).

2 Cette forme s'applique au genre neutre : *LO MAS espeso del bosque*, le plus épais du bois.

3 Nous avons vu dans la typographie commune d'exprimer le superlatif absolu de l'adjectif par *MUY docto, ó doctISIMO*, il est très-savant, il est excessivement savant.

DEGRÉS DE SIGNIFICATION DU SUBSTANTIF, DU VERBE ET DE L'ADVERBE.

Il est des choses que le rapprochement rend plus accessibles à l'intelligence. Cette considération nous engage à traiter immédiatement des comparatifs et des superlatifs par rapport au verbe et à l'adverbe, sur lesquels nous allons anticiper, et par rapport au substantif, pour lequel nous sommes en retard.

DES DEGRÉS DE SIGNIFICATION PAR RAPPORT AU SUBSTANTIF.

S'il y a des degrés dans la *qualité* des choses et des personnes. Il y en a aussi dans leur *quantité*; c'est-à-dire que l'idée des degrés de signification est applicable au substantif, aussi bien qu'à l'adjectif.

COMPARATIF.

Tiene *MAS destreza que ciencia,*   Il a plus d'adresse que de science....

Me dió *MAS dinero DEL QUE me daría,*[1]   Il a une donné plus d'argent qu'il (ne) n'en aurait donné....   } Rapport de SUPÉRIORITÉ.

Tiene *MENOS ciencia QUE maña,*   il a moins de savoir que de savoir-faire....

Tiene *MENOS valor QUE usted,*   il a moins de courage que vous....   } Rapport d'INFÉRIORITÉ.

Tiene *TANTO influjo COMO usted,*   Il a autant d'influence que vous....

Tiene *TANTA prudencia COMO valor,*   il a autant de prudence que de courage.[2]   } Rapport d'ÉGALITÉ.

SUPERLATIF RELATIF.

Es el hombre que tiene *MAS,* *MENOS,* } *franqueza,* c'est l'homme qui a le plus, le moins de franchise....

SUPERLATIF ABSOLU.

... *Mi hermano tiene MUCHO trabajo,*   mon frère a beaucoup de chagrin....

DES DEGRÉS DE SIGNIFICATION PAR RAPPORT AU VERBE.

Il y a aussi des degrés dans la force et l'énergie d'un sentiment, ainsi que dans la vigueur d'une action; c'est-à-dire que l'idée des degrés de signification est applicable au verbe.

COMPARATIF.

Te estimo MAS QUE á tu jefe,   je t'estime plus que ton chef.

La acaricio MAS DE LO QUE él se merecía,   je le caresse plus qu'il (ne) méritait.   } Rapport de SUPÉRIORITÉ.

Te aprecio MENOS QUE á un trapero,   je te prise moins qu'un chiffonnier.

La pagaba MENOS DE LO QUE se merecía,   je le payais moins qu'il ne méritait.   } Rapport d'INFÉRIORITÉ.

La quiero { *TANTO COMO le respeto,* { *TANTO CUANTO* }   je l'aime autant que je le respecte.   } Rapport d'ÉGALITÉ.

SUPERLATIF RELATIF.

MAS, *MENOS,* } c'est celui qui vaut le plus, le moins.

Es el hombre que vale *MAS,* *MENOS;* c'est l'homme qui vaut le plus, le moins.[3]

SUPERLATIF ABSOLU.

La quiero *MUCHO,*   je l'aime beaucoup.

DES DEGRÉS DE SIGNIFICATION PAR RAPPORT A L'ADVERBE.

Qu'il exprime le lieu, le temps, la quantité, etc., ou soit que l'adverbe est susceptible de plus ou de moins, c'est-à-dire, qu'il a des degrés de signification.

COMPARATIF.........

Obramos MAS prudentemente QUE ellos, nous agissons plus prudemment qu'eux....   SUPÉRIORITÉ.

Irablan MENOS juiciosamente QUE usted, ils parlent moins sensément que vous....   INFÉRIORITÉ.

{ *Canta TAN bien COMO tu,* { *Canta TAN bien COMO una...,* il chante aussi bien que vous....   ÉGALITÉ.

SUPERLATIF RELATIF.........

Es el hombre que obra LO MAS, LO MENOS[4] *prudentemente,* c'est l'homme qui agit le plus, le moins prudemment.

SUPERLATIF ABSOLU.

Se porta prudent ISIMAMENTE, ou bien, *MUY prudentemente,* il agit très-prudemment.

---

1 *Mas dinero DEL (dinero) QUE,* etc. Quelquefois *plus* peut se rendre par *plus grand, plus grande,* avec plus d'attention, avec plus d'attention, une plus grande attention. — *Plus de, moins de,* sous l'idée de comparaison, se traduisent par *MAS DE, MENOS DE.* Ex.: il a plus de dix ans, *tiene MAS DE diez años, MENOS DE diez años.*—Une carte de plus ou de moins, — *una carta DE MAS ó DE MENOS.*

2 *MAS, MENOS,* sont invariables. *TANTO, TANTA,* etc., joints à un substantif, reçoivent les modifications de genre et de nombre.

3 *Es el (hombre) que vale mas,* etc., l'ellipse de *HOMBRE* rend cet exemple identique avec celui qui suit.

4 *Le plus, le moins,* placés devant un verbe, se rendent aussi par *LO MAS, LO MENOS.* — *LO MAS que puedo,* le plus que je peux; *LO MENOS que puedo,* ou *pudiere,* le moins que je pourrai.

5 Le superlatif absolu de l'adverbe se forme en changeant *EMENTE* ou *AMENTE* en *ISIMAMENTE.*

Dans la lexigraphie nous avons donné la description des divers adjectifs démonstratifs, chacun avec son sens propre et littéral. Nous allons voir maintenant comment ces adjectifs se combinent avec les substantifs absolus, et comment leur signification se modifie par l'ellipse du substantif auquel ils peuvent se rapporter.

ADJECTIFS DÉMONSTRATIFS.
EL, ESTE, ESE, ETC.

ADJECTIF JOINT A UN SUBSTANTIF.		ADJECTIF AVEC ELLIPSE DU SUBSTANTIF.		OBSERVATIONS.
EL, libro,	le livre.....	EL...........	( ) que, celui qui, celui que.	1° Les adjectifs el, la, esto, etc., sont employés avec des substantifs des genres masculin et féminin: El libro, la mesa, etc. Nous les faisons figurer sur la même ligne horizontale sans l'appui de leurs substantifs, dont la parenthèse indique la suppression. On dirait avec le substantif: El libro que, le livre qui...; sans le substantif, on dit: El ( ) que, celui qui. La traduction française est dans certains cas une analyse parfaite de cette locution. Elle remplace le substantif absolu par le relatif tel: Ce (tel) qui, ce (tel) là, etc.
LA, mesa,	la table.....	LA...........	( ) que, celle qui, celle que.	
ESTE, AQUESTE sombrero,	ce chapeau-ci...	ESTE, AQUESTE	( ) celui-ci.	
ESTA, AQUESTA mujer,	cette femme-ci...	ESTA, AQUESTA	( ) celle-ci.	
ESE, AQUEL militar,	ce militaire-là...	ESE, AQUEL	( ) celui-là.	Au pluriel on dirait: { Los libros, los ( ) que; les livres, ceux qui ou que. { Las mesas, las ( ) que; les tables, celles qui ou que. { Aquestos sombreros, aquestos ( ); ces livres-ci, ceux-ci, etc., etc.
ESA, AQUELLA moneda,	cette gousette-là...	ESA, AQUELLA	( ) celle-là.	

2° Avec l'adjectif EL, l'ellipse porte quelquefois sur la préposition DE: Hércules, EL ( ) DE los muchos trabajos; est Hercule aux nombreux travaux.... Hércules EL (héroe) DE los muchos trabajos.

3° De même que l'on dit EL ( ) que, on dit AQUEL ( ) que, AQUEL (hombre) que, quiconque. Aquel, aquella, etc., s'emploient quelquefois d'une manière qui n'a d'équivalent en français que dans une locution surannée. Ex.: Aquel su castillo, c'est-à-dire, aquel (castillo) su castillo; en castellano; c'est châteaux sa château, ce sien château.

4° On dit: Aquel otro, aquella otra; esotro—a, esa autre-là [1].

bajos. — LA ( ) DEL velr gracioso; la belle au teint gracieux. LA (bella) DEL velr gracioso.

UNO, ALGUNO, NINGUNO.

1 Esotro-a, pour ese otro, esa otra. — Estotro-a, pour este otro, esta otra.

EL, ESTE, ESE, ETC. (suite)

ADJECTIF JOINT A UN SUBSTANTIF.		ADJECTIF AVEC ELLIPSE DU SUBSTANTIF.		OBSERVATIONS.
(UNO), UN toro,	un taureau	UNO.........	( ) l'un.	1° UNO, ALGUNO, NINGUNO, devant un substantif masculin ou devant l'adjectif qui précède ce substantif, sont remplacés par UN, ALGUN, NINGUN, formes primitives: UN libro, UN buen libro; un livre, un bon livre.
UNA llave,	une clef	UNA.........	( ) l'une.	
(ALGUNO), ALGUN fraile,	quelque moine..	ALGUNO......	( ) quelqu'un.	Au pluriel on dirait: { UNOS eastaños, quelques marronniers; UNOS, les uns. { URAS castañas, quelques châtaignes; URAS, les unes. { ALGUNOS bsinos, quelques bains; ALGUNOS, quelques-uns, etc.
ALGUNA dificultad,	quelque difficulté..	ALGUNA......	( ) quelqu'une.	
(NINGUNO), NINGUN esbirro,	aucun sbire...	NINGUNO.....	( ) aucun.	
NINGUNA señora,	aucune dame..	NINGUNA.....	( ). aucune.	

2° Avec otro, on dit: { UNO y OTRO, UNA y OTRA; l'un et l'autre, l'une et l'autre. UNOS y OTROS, UNAS y OTRAS; les uns et les autres. { NI UNO ni OTRO, ni UNA ni OTRA; ni l'un ni l'autre, ni l'une ni l'autre. NI UNOS ni OTROS, etc.; ni les uns ni les autres.

On peut dire: El UNO y el OTRO; los UNOS y los OTROS, las UNAS y las OTRAS, etc.

3° NINGUNO, lorsque le substantif sous-entendu est hombre, se rend par nadie, personne; nadie a la même signification. Ex.: Ninguno, nadie lo ha visto, personne ne l'a vu. Nadie, ninguna, ni uno ni otro, placés devant un verbe, ne prennent point la négation; mais ils l'admettent lorsque le verbe les précède. Ex.: À NINGUNO de los elos DE HABLADO. — NO HE HABLADO à NINGUNO de ellos, je n'ai parlé à aucun d'eux.

ADJECTIFS DÉMONSTRATIFS.

MI, TU, SU. — MIO, TUYO, SUYO.

ADJECTIF JOINT A UN SUBSTANTIF.	ADJECTIF AVEC ELLIPSE DU SUBSTANTIF.
MI { *libro*, mon livre........	EL ( ) MIO, le mien.
{ *mesa*, ma table.........	LA ( ) MIA, la mienne.
TU { *libro*, ton livre.......	EL ( ) TUYO, le tien.
{ *mesa*, ta table.........	LA ( ) TUYA, la tienne.
SU { *libro*, son livre.......	EL ( ) SUYO, le sien.
{ *mesa*, sa table.........	LA ( ) SUYA, la sienne.

OBSERVATIONS.

1°. Au pluriel, on dirait : {
Mis libros, *mis mesas*; mes livres, mes tables; LOS MIOS, LAS MIAS; les miens, les miennes.
Tus libros, *tus mesas*; tes livres, tes tables; LOS TUYOS, LAS TUYAS; les tiens, les tiennes.
Sus libros, *sus mesas*; ses livres, ses tables; LOS SUYOS, LAS SUYAS; les siens, les siennes.

2°. On dit en français, en parlant d'une personne : « Je ne l'aime pas, mais j'aime ses enfants. » On ne dirait pas : J'EN aime les enfants ; tandis qu'on dit, en parlant des choses, d'un arbre, par exemple : J'EN aime le fruit. En espagnol, dans l'un et l'autre cas, l'expression est la même : on emploie toujours l'adjectif possessif su, sus (son, sa, ses, etc.). Ex. : *Esta casa es pequeña, pero sus cuartos son cómodos*; cette maison est petite, mais les appartements EN sont commodes. — Quelquefois on remplace l'adjectif su, sus, par EL, LA, LOS, LAS, TIS, TIS : *He comprado un libro, la encuadernación es muy rica* ; j'ai acheté un livre, la reliure EN est très-riche.

3°. On peut dire, suivant les cas, {
Mi padre, padre mio; *mn madre, madre mia* ;
Tu padre, padre tuyo; *tu madre, madre tuya* ; } et au pluriel, *mis padres, padres mios*, mes parents, etc.
Su padre, padre suyo; *su madre, madre suya* ;

MIO-a, TUYO-a, SUYO-a, et leurs pluriels, sans être accompagnés de *el, la, los, las*, accompagnent donc quelquefois le substantif, et alors ils en sont précédés : cela a lieu particulièrement dans les exclamations, et quand ou adresse la parole à quelqu'un. Ex. : *À fe mia*, par ma foi ; *por desgracia mia*, pour mon malheur ; *dios mio!* mon Dieu ! *madre mia!* ô ma mère !... *Ven, amigo mio*; viens, mon ami ; *lector mio*, cher lecteur, etc.

MIO-a, TUYO-a, SUYO-a, répondent quelquefois aux relatifs français, à moi, à toi, à lui, à elle; de moi, de toi, d'elle, expriment l'idée de possession.
Ex. : .... *Este libro es MIO*, ce livre est à moi, est mien........ *Este libro es (libro) MIO*.
.... *He recibido una carta SUYA*, j'ai reçu une lettre de lui, une lettre sienne....... *Esta quinta es (quinta) SUYA*.
No tendrás un instante por TUYO, tu n'auras pas un moment à toi, pour t'en........ *por (instante) TUYO*.

MIO-a, TUYO-a, SUYO-a, précédés de UNO-a, signifient *un de mes*, *un de tes*, *un de ses*.
Ex. : UN *libro* MIO, un de mes livres. — Ou bien : UNO de MIS *libros*.
UNA *mesa* MIA, une de mes tables. — Ou bien : UNA de MIS *mesas*.

Il en est de l'adjectif *tu, tus*; *tuyo, tuya*, etc., comme du relatif *vi*, que l'on n'emploie que dans une extrême familiarité. Ex. : *Tú libro*, ton livre. — *El libro de vm*; ou bien, *su libro de vm*, votre livre.

SYNTAXE.

ADJECTIFS DÉMONSTRATIFS.

NUESTRO, VUESTRO, SU; NOTRE, VOTRE, LEUR.

ADJECTIF JOINT A UN SUBSTANTIF.		ADJECTIF AVEC ELLIPSE DU SUBSTANTIF.	
NUESTRO *libro,*	notre livre........	EL (NUESTRO,	le nôtre.
NUESTRA *mesa,*	notre table........	LA (NUESTRA,	la nôtre.
VUESTRO *libro,*	votre livre........	EL (VUESTRO,	le vôtre.
VUESTRA *mesa,*	votre table........	LA (VUESTRA,	la vôtre.
SU { *libro,*	leur livre........	EL (SUYO,	le leur.
SU { *mesa,*	leur table........	LA (SUYA,	la leur.

MUCHO, POCO; BEAUCOUP, PEU.

ADJECTIF JOINT A UN SUBSTANTIF.		ADJECTIF AVEC ELLIPSE DU SUBSTANTIF.	
MUCHO *poder,*	beaucoup de pouvoir......	Tiene MUCHO ( ),	il EN a beaucoup.
MUCHA *ambición,*	beaucoup d'ambition......	Tiene MUCHA ( ),	il EN a beaucoup.
POCO *poder,*	peu de pouvoir.........	Tiene POCO ( ),	il EN a peu.
POCA *ambición,*	peu d'ambition........	Tiene POCA ( ),	il EN a peu.

OBSERVATIONS. — 1° Au pluriel des exemples ci-dessus, on dirait : *Nuestros libros, nuestras mesas;* nos livres, nos tables.— *Los ( ) vuestros,* les nôtres, etc.

2° *Vuestro-a, el vuestro, la vuestra,* etc., ne sont usités, de même que le relatif *vos,* que lorsqu'on s'adresse au ciel ou de la terre. (*Voyez* la syntaxe des nombres et personnes du verbe.) Dans tous les autres cas, on emploie en espagnol l'adjectif de la 3e personne : *Su, suyo-a; su de vm,* et *de vm,* etc. Ex. : *Su mesa, su mesa de vm, su mesa de vm;* votre table. Plu-riel : *Sus mesas,* etc., vos tables (en s'adressant au père et à la mère).— *Ha hallado un criado suyo entre los de V.,* j'ai trouvé un de ses valets parmi les vôtres.

3° De même que l'on dit : *Este libro es mío,* ce livre est à moi; on dira : *Este libro nuestro,* ce livre est à nous.— Si l'on dit : *Un libro mío,* un de mes livres; on dira : *Un libro nuestro, uno de nuestros libros,* un de nos livres, etc.

L'adjectif démonstratif QUE, invariable dans sa forme castillane, et se rapportant toujours à un substantif exprimé ou sous-entendu, s'emploie dans les trois cas ou positions du substantif absolu, c'est-à-dire, comme sujet du verbe, comme complément direct du verbe, et comme complément d'une préposition. Il s'adapte à tout genre, ainsi qu'à tout nombre, et s'applique aux noms de choses aussi bien qu'aux noms de personnes. *Voyez* les exemples qui suivent :

QUE, QUI, QUE; QUIEN, QUELLE; QUELS, QUELLE; LEQUEL, LAQUELLE; etc.

El niño QUE viene;	l'enfant qui vient,		QUE (niño) viene......	QUE, sujet du verbe.
El hombre QUE estudia mucho;	l'homme qui étudie beaucoup.....	id.	QUE (hombre) estudia, etc......	
¿ QUE hora es?	quelle heure est-il?.....	id.	QUE (hora) es?......	
El vicio QUE aborrezco;	le vice que j'abhorre......	id.	aborrezco QUE (vicio)......	QUE, complément direct du verbe.
Cosa QUE no creo;	chose que je ne crois pas......	id.	no creo QUE (cosa)......	
¿ DE QUE vino echaré à vm?	de quel vin vous offrirai-je?.....	id.	echaré à vm, DE QUE (vino)?......	QUE, complément d'une préposition.
El asunto DE QUE él trata;	l'affaire dont il s'entretient......	id.	él trata DE QUE (asunto)......	
He aqui el fin À QUE aspira;	voici le but auquel il tend......	id.	aspira À QUE (fin)......	
¿ EN QUE se ocupa vm?	à quoi vous occupez-vous?......	id.	un se ocupa EN QUE (cosa)?......	QUE, complément d'une préposition.
Sé el blanco À QUE tiras.	je sais le but auquel tu vises......	id.	tiras À QUE (blanco)[1]......	

---

[1] On peut dire plus élégamment : *Sé AL blanco QUE tiras.*

SYNTAXE.

ADJECTIFS DÉMONSTRATIFS.

QUIÉN, QUIÉNES: qui, que, lequel, etc.; celui, celle qui, etc., ne se disent que des personnes.

1°. *QUIÉN,* SUJET DU VERBE.

¿QUIÉN está ahí?   qui est là?
¿QUIÉN llama á la puerta?   qui frappe à la porte?
QUIÉN me sigue me persigue;   qui me suit me persécute. (CALDERON.)
Él fué QUIÉN le mató;   il fut lui qui le tua; ce fut lui qui le tua[1].

> 1°. *QUIÉN, QUIÉNES* s'emploient comme sujets du verbe, sans être accompagnés d'aucun substantif.

2°. *QUIÉN,* COMPLÉMENT DIRECT OU INDIRECT DU VERBE.

La persona Á   QUIÉN   *mas amamos,*   la personne que nous aimons le plus.
Es mi padre Á   QUIÉN   *vm habla,*   c'est mon père à qui vous parlez, c'est à mon père que vous parlez.
El amigo DE   QUIÉN   *vm se queja,*   l'ami dont vous vous plaignez.
Dime CON   QUIÉN   *andas, (yo) te diré* QUIÉN *eres;* dis-moi qui tu fréquentes, je te dirai qui tu es.
¿ DE   QUIÉN   *es este sombrero?*   à qui est ce chapeau?
¿QUIÉN   *es ese hombre?*   qui est cet homme? quel est cet homme?

> 2°. *QUIÉN, QUIÉNES,* n'étant suivis d'aucun substantif, s'emploient comme complements directs ou indirects du verbe; dans ces deux cas, ils sont précédés d'une préposition [2].

OBSERVATIONS. — On dit: QUIÉN *es ese hombre?* quel est cet homme? lorsque QUIÉN, sur l'objet sur lequel porte le doute ou l'interrogation est un nom de chose, QUIÉN est remplacé par CUÁL, comme nous le verrons tout à l'heure; CUÁL *es el número de aquel hombre?* Quel est le mérite de cet homme? QUIÉN, QUIÉNES, s'appliquent aux personnes et aux choses personnifiées, et QUIÉN peut s'employer au pluriel. Voici un exemple qui réunit ces deux cas: « *Dichosos edad y siglos dichosos aquellos á quien los antiguos pusieron nombre de dorados.»* (Don Quichotte.) — Age heureux, siècles fortunés, à qui, auxquels nos pères donnèrent le nom d'âge d'or.
Au lieu de: *ne* QUIÉN *es ese sombrero,* on pourrait dire: CUYO *es ese sombrero?*

CUÁL, CUÁLES: lequel, laquelle; lesquels, lesquelles.

Cet adjectif, des deux genres, s'emploie pour les choses et les personnes, avec ou sans l'adjectif-article *el, la; los, las.*

Ex.: *Seguimos al ama del canónigo,* NI CUÁL *sabia en un cuarto bajo;* nous suivîmes la gouvernante du chanoine, laquelle habitait un rez-de-chaussée.
No sé CUÁL *de los dos ha hablado mejor;* je ne sais lequel des deux a parlé le mieux.
Es una casa CUÁL *la podia desear;* c'est une maison telle que je pouvais la désirer. CUÁL pour TAL, CUÁL[3].
CUÁL*, furioso leon;* TAL, qu'un lion furieux. (TAL,) CUÁL.
Hecho LO CUÁL; LAQUELLE *chose étant faite,* ce qui étant fait, cela fait[4].

---

[1] On dirait de même: *YO SOY quien lo ha hecho;* c'est moi qui l'ai fait. — *TÚ ERES quien lo ha dicho;* c'est toi qui l'as dit.

[2] Excepté quand l'adjectif démonstratif quien est complément direct du verbe SER; comme dans l'exemple *Quién es ese hombre,* dont la construction directe est celle-ci: *Ese hombre ES QUIÉN?* C'est ainsi que la construction directe de l'exemple précédent serait: *Este sombrero ES DE QUIÉN?* Si, dans la proposition interrogative *QUIÉN es ese hombre, QUIÉN* était sujet du verbe, cela signifierait: Quel est l'homme qui est cet homme? au lieu de: Cet homme quel est-il, qui est-il?

[3] On lit: « *Es una casa* TAL *COMO la podia desear.* »

[4] Cuál s'emploie quelquefois pour le pluriel *cuáles.* Ainsi Cervantes dit, en parlant de couronnes: CUÁL *de tajo y* CUÁL *de cepress; les unes d'if et les autres de cyprès.*

ADJECTIFS DÉMONSTRATIFS.

CUAL INTERROGATIF.

Nous avons vu précédemment que lorsque l'objet sur lequel porte le doute ou l'interrogation est un nom de *personne*, l'adjectif dubitatif ou interrogatif qui s'y rapporte est QUIEN ; quand il s'agit d'un nom de *chose*, cet adjectif devient CUAL.

Ex. : ¿ CUAL es SU OPINION? ...... Quelle est son opinion?
¿ CUAL es SU MÉRITO? ...... Quel est son mérite?

CUYO-A, CUYOS-AS; DONT, DE QUI; DUQUEL, DE LAQUELLE; DESQUELS, etc.

On reconnait ici facilement le CUJUS, CUJA, CUJUM des Latins. CUJUM PECUS? De qui, à qui ce troupeau? En espagnol, comme en latin, ce mot s'accorde avec l'objet *possédé*, jamais avec l'objet *possesseur*.

EXEMPLES:

OBJET POSSESSEUR.			OBJET POSSÉDÉ.		
La encina......	f.	CUYO	TRONCO,	es fortísimo ;	le chêne de qui, dont le tronc est très-fort.
	m.				
Este poeta		CUYA	MODESTIA,	es admirable;	ce poète de qui, dont la modestie est admirable.
	f.				
La fiera...... de	m.	CUYO	PODER,	le había libertado;	la bête féroce du pouvoir de laquelle je l'avais délivré.
......	f.	CUYO	SOMBRERO,	le tome;	que celle de qui, à qui est ce chapeau, le prenne.
	Aquella m.	CUYO sea EL.			
......	m.	CUYO sea " (,)	le tome;		que celui à qui il appartient, le prenne, c.-à-d., le chapeau.
	Aquella f.				
...... ¿	f.	CUYA es ESTA CAPA?			de qui, à qui est ce manteau?

OBSERVATIONS.

Nous avons vu que, au lieu de CUYO *es este sombrero?* on peut dire : DE QUIEN *es este sombrero?*

On remarquera, dans les exemples ci—dessus, que lorsque le nom de l'objet possédé suit immédiatement CUYO-a, etc., l'adjectif EL, LA, se supprime devant ce nom : CUYO TRONCO; CUYA MODESTIA etc.; lorsque CUYO-a n'est pas immédiatement suivi du nom de l'objet possédé, l'adjectif-article s'emploie : *Aquella CUYO sea EL SOMBRERO*, etc.

Dans la construction directe d'une proposition, l'adjectif doit être placé après le nom de l'objet possédé. La construction directe et logique des prépositions ci—dessus doit donc placer l'adjectif CUYO-a après les substantifs auxquels il appartient : *La encina TRONCO CUYO; este poeta MODESTIA CUYA; la fiera DE PODER CUYO*, etc. Dans ce dernier exemple, la préposition DE porte sur le substantif PODER (*le había libertado DEL PODER de la fiera*). Que penser maintenant d'un grammairien espagnol qui nous dit gravement : CUYO-a admet la préposition DE. Ex. : *Pedro DE CUYOS talentos soy ADMIRADOR;* Pierre *dont* j'admire les talents? Il fallait traduire : *Des talents duquel je suis admirateur*, ce qui, dans la construction directe, revient à dire : Je suis admirateur *des talents duquel......* Admirador DE TALENTOS, et non, admirador DE CUYOS.

---

1 CUYO-a, s'emploie quelquefois pour CUAL ou QUE. Ex. : « ¿CUYO *poder se extenderia á tan grandes cosas?* Quel pouvoir particuliendrait-il de si grandes choses? »

SYNTAXE.

ADJECTIFS DÉMONSTRATIFS.

Nous allons terminer le chapitre des adjectifs démonstratifs, en nous bornant à quelques exemples sur les noms importants d'entre eux.

CUALQUIER, CUALQUIERA; quelconque ....
- Cualquier libro, — un livre quelconque; cualesquiera libros, des livres quelconques,
- Cualquiera cosa, — une chose quelconque; cualesquiera cosas, des choses quelconques,
- Cualquiera cosa que él diga, — quelque chose qu'il dise, quoi qu'il dise,

QUIENQUIER, QUIENQUIERA, } quiconque. Pl. { QUIENESQUIER, QUIENESQUIERA, } quelconques,
- Quienquiera que lo diga, — qui que ce soit qui le dise,
- Quienquiera que venga, — qui que ce soit qui vienne,
- Quienesquiera que sean, — quels qu'ils soient,

CADA, de tout genre, chaque ....
- Diez veces cada hora, — dix fois chaque heure, dix fois par heure,
- Cada hombre, — chaque homme.

TAL, de tout genre, tel. Pl. TALES, tels, etc. ....
- Tal vida, tal muerte, — telle vie, telle mort. ¿ Que tal está vm? comment vous portez-vous?

FULANO y MENGANO [1], un tel et un tel ....
FULANA y MENGANA, une telle et une telle ....
- Poquito orgullo tiene fulano, — un tel est très-orgueilleux.
- Fulano y mengano vinieron á visitarme, un tel et un tel sont venus me voir.

FULANO y ZUTANO, un tel et un tel ....
FULANA y ZUTANA, une telle et une telle ....
- Fulano y zutano me lo han dicho, — un tel et un tel me l'ont dit.

[1] Les diminutifs fulanito, menganito, renferment un sens ironique et quelquefois une idée de mépris. Dans l'exemple, poquito orgullo tiene fulano, remarquons le mot poquito, diminutif de poco, que nous traduisons dans un sens augmentatif. Cela a lieu par antiphrase, comme lorsque l'on dit: APURADILLO se vió, il se trouva très-embarrassé. Ces locutions ou sens inverse du sens naturel se retrouvent dans toutes les langues par l'effet d'une figure de rhétorique, qui n'exclut pas, dans d'autres cas, le sens diminutif des terminaisons ito, illo, etc.

Dans la typographie, où les objets sont l'objet dominant, nous n'avons parlé des adjectifs actifs ou passifs qu'en traitant des verbes, d'où ces adjectifs dérivent, et dont ils portent le cachet original sous le nom de participes présents et de participes passés. Nous devons rétablir ici l'ordre logique des matières, et faire succéder immédiatement aux autres espèces d'adjectifs ceux qui, comme les mots *chantant, frappant; chanté, frappé,* désignent les êtres en qualité d'êtres agissant ou éprouvant l'effet des actions.

ADJECTIF ACTIF.

Nous avons vu comment et pourquoi cet adjectif est invariable dans sa forme. Il ne nous reste qu'à donner quelques exemples pour faire connaître les divers emplois auxquels il a été consacré par l'usage:

Le he visto, la te visto legendo; je l'ai vu, je l'ai vue lisant. — *Los he visto, las he visto jugando à las cartas;* je les ai vus, je les ai vues jouant aux cartes.

AVEC OU SANS COMPLÉMENT.

APPLIQUÉ AUX DIVERS TEMPS.

Estoy escribiendo,	je suis écrivant, j'écris......	*Me voy passando,*	je vais me promenant, je me promène !	Temps présent.	Dans ces exemples, les adjectifs actifs *escribiendo,* etc.,
Estaba cantando,	je chantais......	*Me iba mirando,*	je me regardais......	Temps passé.	s'appliquent aux divers temps exprimés par les diffé-
Estaré comiendo,	je mangerai......	*Me iré appegando,*	je m'apprêterai......	Temps futur.	rentes formes des verbes *estar, ir,* etc.
Yendo passeandome,	en me promenant......	*Cojo unas flores,*	je cueille des fleurs......	Temps présent.	
Yendo mirándome,	en me regardant......	*Caí al suelo,*	je tombai par terre......	Temps passé.	Ici les adjectifs actifs composés *yendo-passeando,* etc.,
Yendo apoyándome,	en m'appuyant......	*Llegaré mas descansado,*	j'arriverai moins fatigué.	Temps futur.	s'appliquent également aux divers temps exprimés par les différentes formes des verbes *coger, caer, llegar.*
Siendo esto así,	cela étant ainsi......	*Vuelvo á su casa,*	je retourne chez lui......	Temps présent.	
Siendo eso cierto,	cela vient certain......	*Marché á Francia,*	je partis pour la France......	Temps passé.	L'adjectif actif *siendo* se rapporte aux divers temps des
Siendo lo que V. dice,	d'après ce que vous dites.....	*Vendré á comer,*	je viendrai dîner......	Temps futur.	verbes *volver, marchar, venir.*

EXPRIMANT LA MANIÈRE DE FAIRE UNE CHOSE.

Cantando cantando, à cheminait en chantant. — *Canta durmiendo,* il chante en dormant...... Sans la préposition *EN.*

EXPRIMANT LE MOYEN DE PARVENIR A UN BUT.

EN cantando lo adormece, à l'aidant en chantant ?...... Avec la préposition *EN.*

ESPAGNOLISMES AVEC LA PRÉPOSITION EN.

EN explicando esto, passérimos á otra cosa; quand nous aurons expliqué cela, nous passerons à autre chose.

EN diciendo esto, se salió de la junta; après avoir dit cela, il sortit de l'assemblée.

---

1 *Je vais me promenant,* se dit : *Me voy á pasear.* — Avec l'adjectif actif, le verbe *Estar* s'emploie plus particulièrement lorsqu'il y a absence de mouvement, ou mouvement à la même place : *Estoy legendo,* je lis; *estoy escribiendo,* j'écris. Le verbe *Ir* s'emploie lorsqu'il y a mouvement dans un même lieu, *me voy passeando,* je me promène. *Ir á,* suivi de l'infinitif, exprime le passage d'un lieu à un autre : *Me voy á pasear,* je vais me promener.

2 Quelquefois, dans ce cas, la préposition se supprime : *Estudiando se aprende,* on apprend en étudiant.

ADJECTIF PASSIF.

PRINCIPES RELATIFS A L'APPLICATION DES FORMES.

L'adjectif passif est tantôt *invariable*, tantôt *variable* dans sa forme.

ADJECTIF PASSIF INVARIABLE.

L'adjectif passif, sous la forme du masculin singulier, garde invariablement cette forme en espagnol, dans les temps composés des verbes actifs (transitifs ou intransitifs), construits avec le verbe *Haber*; parce que ces temps composés ne sont autre chose que des locutions elliptiques, dans lesquelles l'adjectif passif se rapporte toujours à l'infinitif d'un verbe, infinitif sous-entendu et pris sub-stantivement. Ainsi, en parlant de plusieurs êtres du sexe féminin, l'on dit : Las he *visto*, je les ai vues, ce qui a été analysé par (*el ter*)—las he *visto*.

ADJECTIF PASSIF VARIABLE.

Avec les verbes *Ser* et *Estar* (être), les adjectifs passifs s'accordent en genre et en nombre avec le sujet de la proposition auquel ils se rapportent, sujet exprimé ou sous-entendu, et représenté par un substantif variable, tantôt absent, tantôt relatif.

EXEMPLES.

MI PADRE	ES QUERIDO,	mon père est chéri.
MI MADRE	ES QUERIDA,	ma mère est chérie.
.... ÉL	ES AMADO,	il est aimé.
.... ELLA	ES AMADA,	elle est aimée.
.... »	ES ESTIMADO, il est estimé......	(sous-entendu él ou mi padre;
.... »	ES ESTIMADA, elle est estimée.	(sous-entendu ella ou mi madre).

Or, nous avons vu que parmi les adjectifs passifs, dérivés des verbes, il y en a qui ont une double forme : la première régulière (*Bendecido*, béni), du verbe *Bendecir*; la deuxième irrégulière (*Bendito*, béni). La forme régulière se construit avec le verbe *Haber*, ce qui la rend invariable; la forme irrégulière, combinée avec les verbes *Ser*, *Estar*, devient variable. (*Voyez* la lexigraphie des adjectifs passifs.)

ADJECTIFS PASSIFS RÉGULIERS CONSTRUITS AVEC *HABER*, INVARIABLES.

ADJECTIFS PASSIFS IRRÉGULIERS CONSTRUITS AVEC *SER*, *ESTAR*, VARIABLES.

LE *han* CONVENCIDO de su crimen,	ils l'ont convaincu de son crime......	Es *ha* ESTÁ CONVICTO,	J'avouai est convaincu.
LOS *han* CONVENCIDO de su crimen,	ils les ont convaincus de leur crime.	Todos ESTÁN CONVICTOS,	tous sont convaincus.
LE *han* DESPERTADO temprano,	ils l'ont éveillé de bonne heure......	Él ESTÁ DESPIERTO,	il est éveillé.
LA *han* DESPERTADO completamente,	ils l'ont éveillée à coups de sonnette.	ELLA ESTÁ DESPIERTA,	elle est éveillée.

PRINCIPES RELATIFS A L'APPLICATION DU SENS.

Nous avons vu qu'il y a des adjectifs à *forme passive* qui ont un sens *actif*, tels que *considérable*, qui a coutume, etc. (*Voyez* la lexigraphie des adjectifs passifs.) Il est même quelques-uns de ces adjectifs qui ne peuvent avoir que le sens actif; tels sont :

Bien comido,	qui a bien soupé.
Bien comido,	qui a bien dîné.
Bien hablado,	qui parle poliment, avec courtoisie.
Mal hablado,	qui parle impoliment, avec grossièreté.

Mais en général, outre leur sens actif, ces adjectifs ont une signification passive dans quelques acceptions. Le sens de la phrase ne peut laisser aucun doute à cet égard. Par exemple, si nous appliquons l'adjectif *leído* (lu) à un homme, et que nous disions : *Hombre leído*, c'est nécessairement le sens actif ; il s'agit d'un homme *lisant habituellement*, et par conséquent d'un homme instruit. Si nous appliquons ce même adjectif au substantif *libro*, cela ne peut s'entendre que dans le sens passif : *Libro leído*, un livre lu. Que nous disions : « *Pedro es cansado*, » l'adjectif *cansado*, complément du verbe *Ser* [1], qui indique l'essence constitutive des classes ou des personnes, ne peut s'entendre que d'un homme *fatigant*, *importun*. Dans : « *Pedro está cansado*, le verbe *Estar* indique au contraire un *état*, une *manière d'être*, en dehors des qualités essentielles de l'individu : Pierre est fatigué.

Ces exemples nous conduisent à une observation importante : c'est que le sens *actif* des adjectifs à *forme passive* s'entend d'un état habituel et purement caractéristique. L'adjectif *cansado*, dans son sens actif, signifie, non FATIGUANT ACTUELLEMENT, comme l'on dirait d'un homme qui peint, qu'il EST PEIGNANT (*está pintando*); mais FATIGANT (remarquez la différence d'orthographe), c'est-à-dire, un homme dont le propre est *de fatiguer* (*ser cansado*).

Ainsi : *Osado*,   signifie osant   Osé, audacieux.

Comedido,   id.   *se moderan*   Prudent, circonspect.

Disimulado, id.   *dissimulan*   ⎫ Dissimulé, trompeur.

Entendido,   id.   *entienden*   ⎬ Habituellement : Entendu, intelligent.

Parado,   id.   *s'arrêtent*   ⎭ Lent, tardif.

Partido,   id.   *partagean*, etc. ⎫ Libéral, généreux, etc.

_____

[1] Voir au chapitre suivant ce que nous disons sur l'emploi des verbes *Ser* et *Estar*.

PRINCIPES.

Philosophiquement parlant, nous ne reconnaissons, en espagnol, qu'un seul verbe être; c'est le verbe SER, exprimant véritablement l'être, l'essence, l'entité. ESTAR n'est autre chose que Ser-en—Estado, être existant dans tel ou tel état.

Quand nous disons : « Ese hombre ES bueno, » nous voulons dire que cet homme est essentiellement bon, qu'il est bon par sa constitution, son organisation naturelle. Quand nous disons, au contraire : « Ese hombre ESTÁ bueno, » nous entendons que cet homme se trouve dans un état bon (physiquement parlant), qu'il est placé dans cet état d'une manière accidentelle. Le verbe ESTAR renferme ici l'idée de localité, qui ne s'abandonne pas plus dans le sens figuré que dans le sens propre, idée qui implique une manière d'être accidentelle et temporaire[1].

Le verbe SER, c'est l'idée morale ou métaphysique, qui renferme intrinsèquement les diverses parties de la durée; car, sous le rapport des qualités essentielles, une personne ou une chose est aujourd'hui ce qu'elle était hier, et ce qu'elle sera demain; ou du moins, elle est considérée comme telle. Ainsi, par exemple : Si je suis d'un naturel colère, je l'étais par le passé, et je le serai à l'avenir; en un mot, je suis le colère personnifié.

Le verbe ESTAR, au contraire, n'exprime que le fait isolé de l'actualité, fait tantôt passé, tantôt présent, tantôt futur, sans qu'on puisse conduire d'une partie de la durée à l'autre. Ainsi, par exemple, de ce que j'étais hier en colère, il ne résulte pas que je doive être dans le même état aujourd'hui; et si je suis dans cet état aujourd'hui, il est possible que je n'y sois pas demain.

Le choix à faire entre le verbe SER et le verbe ESTAR dépend du principe que nous venons d'établir, et qui exige l'emploi de SER quand il s'agit de qualité essentielle, et celui de ESTAR quand il s'agit de position, de manière d'être accidentelle, temporaire ou transitoire, tant au propre qu'au figuré.

Notre tableau donne, pour l'application de ce principe, une série d'exemples choisis, qu'il importe de méditer.

[1] Il serait ridicule de chicaner sur l'exactitude d'un principe fondamental, parce que la forme sur laquelle il est basé peut quelquefois s'altérer dans l'application. Ainsi Estar bueno doit s'analyser par Ser-en-ESTADO BUENO, quoiqu'on dise, en parlant d'une femme, está BUENA.

VERBE.

EMPLOI DES VERBES SER ET ESTAR.

SER. (QUALITÉ ESSENTIELLE.)	ÊTRE.	ESTAR. (ÉTAT ACCIDENTEL.)
Este hombre ES pintor, poeta.........	Cet homme est peintre, poète.	Este hombre ESTÁ pintando, poetizando. Cet homme est peignant, poétisant.
Il est Espagnol........ ES Español...	Il est en Espagne.	ESTÁ en España.
Il est bien constitué... ES de buena constitucion.	Il se trouve en bonne santé.	ESTÁ en su juicio.
Il est judicieux........ ES juicioso.	Il est dans son bon sens.	ESTÁ en su juicio.
Il est colère........... ES colérico.	Il est en colère.	ESTÁ colérico.
Il est bon............. ES bueno.	Il se trouve bien portant.	ESTÁ bueno (de salud).
Il est méchant (mauvais au moral)... ES malo.	Il se trouve malade (mauvais au physique).	ESTÁ malo.
Le commerce est utile... ES útil.	Le commerce est, se trouve languissant.	El comercio ESTÁ lánguido.
Le fer est dur........ ES duro.	Le fer est, se trouve actuellement tendre.	El hierro ESTÁ tierno.
La casa ES fria.........	Le pain est, se trouve actuellement tendre.	El pan ESTÁ tierno.
La maison est froide.	Le dîner est refroidi, est froid.	
Mi amigo ES alegre......	Mon ami est d'un naturel gai.	Mi amigo ESTÁ contento.
Mon ami est dans la joie, le contentement.		
Mi hijo ES enamorado.	Mon fils est d'une complexion amoureuse.	Mi hijo ESTÁ enamorado.
Mon fils se trouve amoureux, est épris d'amour.		

DÉVELOPPEMENTS PRATIQUES.

QUALITÉ ESSENTIELLE... SER.

SUBSTANTIF.

COMPLÉMENT DIRECT DU VERBE ÊTRE.

Un substantif, représentant un être physique ou métaphysique, naturel ou social (être toujours considéré comme inaltérable dans son essence), ne peut être précédé que du verbe SER en espagnol, lorsqu'il est le complément direct ou immédiat du verbe être.
Ex. : SER pintor, poeta, etc.; et jamais : ESTAR pintor, poeta, etc.

ADJECTIF.

Le substantif, lorsqu'il est complément indirect du verbe être, peut être employé avec SER, s'il exprime une idée de qualité essentielle.
Ex. : SER DE buena constitucion, être bien constitué.

Quand l'adjectif est essentiellement qualificatif, et qu'il exprime ce qu'est le sujet du verbe, c'est-à-dire, quelle est sa qualité naturelle, inhérente, il s'emploie avec le verbe SER.
Ex. : Es Español, il est Espagnol;
Es juicioso, bueno, etc.; il est judicieux, bon, etc.

ÉTAT ACCIDENTEL... ESTAR.

SUBSTANTIF.

Lorsque le substantif est complément du verbe être, et qu'il renferme une idée de localité physique ou morale, idée qui implique une manière d'être accidentelle, il nécessite l'emploi du verbe ESTAR.
Ex. : ESTÁ EN España, il est, il se trouve en Espagne;
ESTÁ EN buena salud; il est, il se trouve en bonne santé.
ESTÁ EN su juicio; il est, il se trouve dans son bon sens.

ADJECTIF.

Le verbe être se rend envoyé par ESTAR, lorsque l'attribut de ce verbe est un adjectif qualificatif exprimant, non la qualité inhérente au sujet de la proposition, mais la qualité de l'état accidentel où se trouve ce sujet.
Ex. : ESTÁ colérico; il est en colère (ce qui signifie, il est dans un état passager de colère); ESTANDO colérico, etc.

SUITE DES VERBES *SER* ET *ESTAR*.

Il nous reste une dernière règle à établir, et c'est peut-être la plus importante.

Si le verbe ESTAR est employé avec un adjectif actif (ESTAR *pensando*), on emploie SER avec l'adjectif ayant la forme et le sens passif. La plupart des grammairiens espagnols se bornent à nous dire que le verbe SER, ajouté au *participe passé des verbes, forme la voix passive* : *Eᴌ Es amado, ella FUÉ amada* : il est aimé, elle fut aimée, etc. Mais cette voix passive, ce sens passif, en quoi consiste-t-il? La difficulté, toute la difficulté est là, et c'est ce dont on ne s'est nullement occupé.

Prenons un exemple:

ESTABA *vestida de humilde sarga*; elle était vêtue de simple serge. Ne voilà-t-il pas en français la forme passive? *elle était vêtue*; et cependant, cette forme passive est rendue par le verbe ESTAR. C'est qu'ici la forme française est trompeuse, et qu'elle n'a que les apparences de l'état passif, du sens passif.

Quand nous disons de quelqu'un : *Il est aimé*, cela signifie qu'il est présentement *le terme de l'action d'aimer*, qu'ON *l'aime présentement*. Quand nous disons d'une femme : *Elle est vêtue*, dans le sens de *elle se trouve vêtue*, évidemment nous exprimons, non pas une action actuelle, mais le résultat d'une action antérieure. Ici, l'action de vêtir n'a plus lieu, ni par conséquent l'état passif de la personne vêtue. Le véritable passif est celui qui peut se tourner par l'actif. *Je suis aimé*; ON *m'aime*.

Ce système s'appuie parfaitement sur le sens des verbes passifs grecs et latins. En grec, λέομαι doit se traduire, non par les termes équivoques *je suis délié*, mais par *on me délie*. En latin, *amor* signifie ou *m'aime*, etc. L'action est exprimée comme se faisant au moment où l'on parle, ou dont on parle.

Quand nous disons de quelqu'un : « *Hæc mulier* VESTITA *erat*, » dont le sens littéral est celui-ci: « *Cette femme était* AYANT ÉTÉ VÊTUE, » et c'est précisément dans ce sens, et conformément à cet exemple, que nous disons en espagnol : ESTABA VESTIDA. Avec le verbe ESTAR, l'adjectif passif n'est plus qu'un véritable adjectif passé, exprimant une action antérieure au temps marqué par ce verbe.

Venons à d'autres exemples :

Combatiré cuando ESTÉ *ou* ESTUVIERE *armado*; je combattrai quand je serai armé.

Amigo, SERÁS *armado caballero*; ami, tu seras armé chevalier.

Dans le premier cas, celui qui parle ne peut pas vouloir dire qu'il combattra quand ON l'armera; sa pensée est celle-ci : Je combattrai quand *je me serai, ou quand j'aurai été armé*; ou un moi, quand je ne trouverai dans *l'état* d'un homme armé......conséquemment, ESTAR.

Dans le second cas, il s'agit de *l'action d'armer* dans un temps futur : *Tu seras armé*, c'est-à-dire : ON *t'armera* chevalier; SERÁS *armado caballero*.

SUITE DES VERBES SER ET ESTAR.

TABLEAU PRATIQUE pour l'emploi de SER et ESTAR avec l'adjectif passif ou passé.

ADJECTIF PASSÉ.

		ESTAR.	ESTAR.
Elle est vêtue..............	c'est-à-dire elle a été vêtue.	ESTÁ vestida.	Exprime l'effet d'une action antérieurement accompli, l'état résultant de cette action antérieure.
Moyennant cela, } elle sera désenchantée...... Cela étant fait, }	elle SE TROUVERA } désenchantée.	Con eso, ESTARÁ desencantada[1].	
Quand je serai armé (je ne battrai)......	quand J'AURAI ÉTÉ armé......	Cuando ESTUVIERE armado,	
Il est blessé.......	Il A ÉTÉ blessé.......	ESTÁ herido.	
Nos vêtements étaient mouillés......	AVAIENT ÉTÉ mouillés......	Nuestros vestidos ESTABAN mojados.	
La conversation était interrompue......	AVAIT ÉTÉ interrompue.	ESTABA interrumpida la conversacion.	
Les ennemis sont mis, sont en déroute......	ONT ÉTÉ mis en déroute......	Los enemigos ESTÁN derrotados[2].	

ADJECTIF PASSIF.

		SER.	SER.
Vous êtes aimée..............	c'est-à-dire ON vous aime......	Vm. ES amada.	Exprime le fait lui-même, au temps précis où il s'accomplit, s'est accompli ou doit s'accomplir.
C'est par ce moyen qu'elle sera désenchantée...	qu'ON la désenchantera......	Este es el modo con que SERÁ desencantada.	
Je serai armé chevalier....	ON m'armera chevalier......	SERÉ armado caballero.	
Il fut tué.......	ON le tua......	FUÉ matado[3].	
Nos habits furent mouillés......	ON mouilla, la pluie mouilla nos habits......	Nuestros vestidos FUÉRON mojados.	
La conversation fut interrompue......	ON interrompit la conversation......	FUÉ interrumpida la conversacion.	
Ici les ennemis ont été mis en déroute....	ON a mis les ennemis en déroute....	Aquí los enemigos HAN SIDO derrotados[4].	
La vertu est persécutée........	On persécute la vertu......	La virtud ES perseguida[5].	

RÉSUMÉ GÉNÉRAL.

Qualité constitutive......	SER... { Colérico, être colère. { Pintor, être peintre...... }	Position effective et accidentelle...	ESTAR... { Colérico, être en colère. { Pintando, être peignant, peindre en action.
Faît de l'action soufferte....	SER... ES amado, elle est aimée, on l'aime.	Effet de l'action soufferte....	ESTAR... ESTÁ vestida, elle est vêtue; elle a été, elle se trouve vêtue.

[1] Ou bien : QUEDARÁ desencantada, elle se trouvera, elle se trouvera désenchantée.

[2] La déroute est consommée.

[3] Ou bien, l'actif lui-même : Le matáron.

[4] Il s'agit de l'action même qui les a mis en déroute.

[5] Sentence, axiome énonçant cette vérité, qu'en tout temps la vertu est persécutée. Cette persécution est donc comme un fait, une action permanente, et nécessite l'emploi du verbe SER.

DE L'EMPLOI DES TEMPS ET DES MODES.

Pour compléter ce qui concerne la partie syntaxique du verbe, nous allons traiter de l'emploi des temps et des modes, puis des compléments directs et indirects, et enfin des nombres et des personnes.

Dans tout ce qui a rapport aux modes des verbes, nous ferons usage des couleurs déjà employées dans les tableaux conjugatifs; c'est-à-dire, du rouge pour l'indicatif, du jaune pour le subjonctif, du vert pour l'infinitif, et du bleu pour l'impératif.

TEMPS PRÉSENT.

INDICATIF.

Quand on dit de quelqu'un : *Il chante,* cela peu signifier, non qu'il fait entendre actuellement sa voix, mais qu'il a de la voix ; non qu'il est *chantant,* mais qu'il est *chanteur.* Dans ce cas, on énonce l'existence d'une qualité, non l'accomplissement d'une action. Cependant ces deux sens ont entre eux une analogie qui autorise l'identité d'expression, car l'homme *chanteur* n'est qu'un être métaphysique représentant l'idée incessante du chant.

Cette distinction n'est pas ici sans objet. Les Espagnols ont deux locutions pour exprimer les deux points de vue que nous venons d'indiquer. Veulent-ils dire qu'un homme *chante,* c'est-à-dire, est *chanteur ?* Ils diront purement et simplement : *Canta.* Veulent-ils dire qu'un homme est *chanteur ?* Ils diront encore : *Canta,* ou bien, ESTÁ, ANDA, VA *cantando.* Cette dernière locution s'emploie aussi pour le passé et le futur. Elle indique un rapport de coïncidence avec le temps présent où l'on parle, ou bien avec le temps passé ou futur dont on parle. Venons à d'autres considérations.

Supposons que, au moment où une pluie battante se fait entendre, quelqu'un dise : « *Quoiqu'il pleuve,* je veux sortir. » Il est évident que cette phrase se réunit à celle-ci : *Il pleut,* et je veux sortir. Dans ce cas, l'usage, conforme à la raison, réclame en espagnol l'emploi du *présent de l'indicatif,* exprimant l'idée d'un véritable présent ; « *Aunque llueve, quiero salir,* » quoiqu'il pleut, je veux sortir. La locution française *quoiqu'il pleure,* n'est ici qu'un véritable gallicisme; et dans ce cas, comme dans bien d'autres, il faut que l'élève résiste à l'entraînement des formes trompeuses de sa propre langue. Il traduira donc :

« Un des meilleurs chevaliers errants qu'il *y ait* sur la terre, » par « *uno de los mejores caballeros andantes que* HAY *en la tierra,* » (et non que HAYA).
« Je soupçonne ton appétit, quoique *j'aie* bien dîné. » par « *recuerdo de buena gana, aunque me comido bien,* » (et non HAYA *comido bien*).

SUBJONCTIF.

Nous disons, en employant le présent du subjonctif en espagnol et en français :

Dado que VENGAS.......	Je doute que tu VIENNES.
Te digo que VENGAS......	Je te dis que tu VIENNES, de venir.
Temo que LLUEVA........	Je crains qu'il (ne) PLEUVE.
Aunque LLUEVA, *saldré*...	Encore qu'il PLEUVE, } je sortirai.
	quand il pleuvrait, }

Il est facile de s'apercevoir que, dans ces locutions, l'action complémentaire exprimée par le subjonctif, *dans tes deux tétones,* renferme l'idée d'un *futur douteux.* C'est sur ce principe qu'est fondé l'emploi de ce mode au présent, quand l'idée de futurition et de doute n'existe pas ; c'est-à-dire, quand il s'agit d'un véritable présent.

SUITE DU TEMPS PRÉSENT.

TEMPS PRÉSENT DU SUBJONCTIF ESPAGNOL,	SYNONYME DU....	FUTUR DU SUBJONCTIF ESPAGNOL.
Habla lo menos que PUEDAS......	Parle le moins que tu *pourras*.....	*Habla lo menos que PUDIERES.*
Toma el que mas te AGRADE......	Prends celui qui te *conviendra* le mieux......	*Toma el que mas te AGRADARE.*
Di cuanto QUIERAS.......	Dis tout ce que tu *voudras*.......	*Di cuanto QUISIERES.*
Ven, cuando TENGAS tiempo.......	Viens, quand tu *auras* le temps.......	*Ven, cuando TUVIERES tiempo.*
La primera vez que lo VEA......	La première fois que je le *verrai*.....	*La primera vez que lo VIERE.*

Passons à d'autres exemples.......

Voilà cinq verbes, d'abord au présent du subjonctif en espagnol, que nous traduisons en français par le *futur de l'indicatif*, c'est-à-dire, par un *futur pur et simple*. L'idée du *futur* entre bien dans l'essence du subjonctif espagnol; mais elle y est jointe à celle du doute, et il est remarquable que ce *futur débitatif*, que possède la langue espagnole, devient ici le synonyme de son présent du subjonctif.

Avec la conjonction *Si*, l'idée de futurition jointe à celle du doute, se rend en espagnol par le présent de l'indicatif aussi bien que par le futur du subjonctif. Ex.: *Si Pedro se CASA*, ou, *se CASARE*; si Pierre se marie.

Supposons maintenant que nous voulions nous informer du mariage de Pierre. Nous pourrons adresser à notre interlocuteur deux formules différentes : 1° « Dis-moi quand il se marie; » 2° « Dis-moi, quand se marie-t-il? » Dans le premier cas, qui est analogue aux précédents, il faudra employer le subjonctif : « *Dime cuando SE CASE*, ou, *SE CASARE*, » Mais dans le second cas, où l'interrogation est formelle, on se servira en espagnol de l'indicatif, soit au présent ou au futur. « *Dime ¿ cuando SE CASA?* ou, *SE CASARA ?* » Dis-moi, quand se marie-t-il? se mariera-t-il?

Nous allons résumer tout ceci dans le tableau suivant.

RÉSUMÉ.

Si Pedro SE CASA,	*dime cuando SE CASE.*	*Dime ¿ cuando SE CASA ?*.....	*Si SE CASA.*
Si Pierre se marie,	dis-moi quand il se marie.	Dis-moi, quand se marie-t-il?.....	S'il se marie......
Si Pedro SE CASARE,	*dime cuando SE CASARE*.....	*Dime ¿ cuando SE CASARA ?*.....	*Si SE CASARE*......
Si Pierre se marie,	dis-moi quand il se marie.....	Dis-moi, quand se mariera-t-il?.....	S'il se marie.....

On ne doit employer les modes que d'après un principe fondé sur le raisonnement. Dans les phrases dont le sens est douteux, *cuando* est toujours suivi du subjonctif; mais ce même adverbe est suivi de l'indicatif, lorsque la phrase n'exprime aucun doute. Ex.: *CUANDO le vi saltar de la cama*, quand je le vis sauter du lit.

1 Dans l'indicatif, comme dans le subjonctif, nous surmontons de la lettre F les temps du futur mis en rapport avec ceux du présent.

TEMPS PASSÉ.

INDICATIF.

TEMPS SIMPLES.		TEMPS COMPOSÉS.	
IMPARFAIT.	PASSÉ SIMULTANÉ.	PLUS-QUE-PARFAIT.	PASSÉ ANTÉRIEUR.

EX. *Llegó mi padre el tiempo que yo la ESCRIBIA,* mon père arriva au moment où je lui écrivais.

EX. *Cuando entré yo HABIA ya CENADO,* j'avais déjà soupé quand il entra. *Nunca HABIA HECHO viage tan largo,* je n'avais jamais fait un si long voyage (sous-entendu : QUAND JE VIS CE VOYAGE).

PASSÉ HABITUEL.

EX. *PASABA la noche en un sueño,* la nuit je ne faisais qu'un somme. *ERA un matador,* c'était un matador.

PRÉTÉRIT DÉFINI.	PASSÉ DÉTERMINÉ ET ÉCOULÉ.	PRÉT. INDÉFINI.	PASSÉ DÉTERMINÉ ET NON ÉCOULÉ.

EX. *Ayer VI al emperador,* hier je vis l'empereur. *NO CESÓ de llover en toda la noche,* il n'a pas cessé de pleuvoir de toute la nuit.

EX. *Esta semana { le HE ENCONTRADO, / le ENCONTRÉ, }* cette semaine, je l'ai rencontré.

PRÉTÉRIT INDÉTERMINÉ. — *HE VIAJADO mucho,* j'ai beaucoup voyagé. *Quien no VIÓ á Sevilla, no VIÓ maravilla,* qui n'a pas vu Séville, n'a pas vu une merveille.

PRÉTÉRIT ANTÉRIEUR. — *Luego que la HUBO ACABADO de leer / Luego que la ACABÓ de leer,* } dès qu'il eut achevé de le lire.

SUBJONCTIF.

TEMPS SIMPLES.		TEMPS COMPOSÉS.	
IMPARFAIT ET CONDITIONNEL.	EXPLIQUANT EN DOUTE.	PLUS-QUE-PARFAIT ET CONDIT. ANT.	EXPLIQUANT UN CONDITIONNEL ANTÉRIEUR.

EX. *No puedo asegurar quien FUESE,* je ne puis assurer qui c'était.

Este tesoro SERIA efecto de su avaricia, ce trésor devait être, était probablement le produit de son avarice.

TENDRIA como de treinta á veinte y cinco años, il devait avoir de vingt à vingt-cinq ans.

EX. *Como si HUBIESE, HUBIERA ya CENADO,* comme si j'eusse déjà dîné.

Eso HABRIA SIDO bueno en Atenas, / Eso SERIA bueno en Atenas, } cela aurait été bon à Athènes.

Me dió mas dinero del que me HABRIA DADO, si... / Me dió mas dinero del que me DARÍA, si, etc. } il me donna plus d'argent qu'il ne m'en aurait donné, si, etc.

N. B. Ces deux derniers exemples offrent un emploi remarquable du conditionnel pour exprimer au passé une chose dont on a la conviction, sans en avoir la certitude.

PRÉTÉRIT.		PRÉTÉRIT.	

EX. *ME admiro que no HAYA LLEGADO,* je suis surpris qu'il ne soit pas arrivé.

1 Les Espagnols substituent souvent les temps simples aux temps composés : *LE ENCONTRÉ,* au lieu de : *le HE ENCONTRADO.* Mais quand les deux temps sont en opposition, chacun garde sa forme et sa spécialité. Ex.: *Ayer VI á mi amigo bueno, y hoy le VISTO enfermo;* hier je vis mon ami bien portant, et aujourd'hui je viens de le voir malade.

2 Sous l'idée du doute, on emploie l'indicatif avec la conjonction SI, quand le sens n'est pas douteux. Ex.: *Si la comida ERA buena, la casa no era desagradable;* si la table était bonne, le lit n'était pas mauvais. — Du reste, il est vrai de dire qu'on se sert quelquefois de l'indicatif, même avec l'idée du doute. Ex.: *Me preguntó quién ERA y adonde IBA;* il me demanda qui j'étais et où j'allais.

SYNTAXE.

TEMPS FUTUR.

INDICATIF.

TEMPS SIMPLE.	TEMPS COMPOSÉ.
FUTUR SIMPLE AFFIRMATIF… *CANTARÉ*, je chanterai. *ESTARÁ cantando*, il chantera, etc.	**FUT. ANTÉRIEUR AFFIRMATIF…** *Me HABRÉ IDO*, cuando me venga; je serai parti quand vous viendrez.

SUBJONCTIF.

TEMPS SIMPLE.	TEMPS COMPOSÉ.
FUTUR SIMPLE AFFIRMATIF. (Voy. le temps présent [1].) — Si no lo CONSIGUIERE, no será culpa mia; si je ne l'obtiendrai pas, si je ne l'obtiens pas, ce ne sera pas ma faute [2]. — Es preciso recibir lo que nos DIEREN; il faut recevoir ce qu'on nous donnera, ce qu'on nous donne. **FUTUR DUBITATIF.** (Voy. le temps présent [1].) — Ven acá, si PUDIERES; viens ici, si tu pourras, si tu peux. — Digan lo que QUISIEREN; qu'on dise ce qu'on voudra. — Sea lo que FUERE; que cela soit ce que cela sera, quoi qu'il en soit. — Tú, amigo lector, sea quien FUERES; toi, ami lecteur, sois qui tu seras, qui que tu sois.	**FUT. ANTÉRIEUR DUBITATIF.** — Logrará un esté favor luego que le HUBIERE SOLICITADO, ou, le HAYA SOLICITADO; vous obtiendrez cette faveur dès que vous l'aurez demandée. — Irá á la corte, cuando le HUBIEREN DADO el permiso; il ira à la cour dès qu'on lui en aura donné la permission.

[1] Nous avons vu que le *futur dubitatif* est quelquefois synonyme du *présent du subjonctif* : Le menos que pueda, que pudiere; le moins qu'il pourra, etc.

[2] Ce premier exemple établit parfaitement la différence entre les deux futurs, celui de l'indicatif et celui du subjonctif. Si no lo consiguiere conforme l'idée du doute futuriste. Une fois ce doute levé, et s'il arrive que je n'obtienne pas ce que je veux, alors je déclare positivement que ce ne sera pas ma faute : No será culpa mia.

SUITE DU TEMPS FUTUR.

Nous avons déjà parcouru tout ce qui est relatif au temps présent et au temps passé : il n'en est pas de même du temps futur. Les deux *imparfaits du subjonctif* et le *conditionnel*, temps simples, expriment des idées de futurition dont nous allons donner le développement[1].

On dit au présent réel : Je *viendrais*, s'il venait........... futur } CONDITIONNEL.
Et au passé-présent[2] : Je disais que je *viendrais*, si, etc..... PASSÉ-FUTUR }

On dit au présent réel : Plût à Dieu qu'il *vînt*!............. futur } OPTATIF.
Et au passé - présent : Je désirais qu'il *vînt*............. PASSÉ-FUTUR }

On dit au présent réel : Je pense qu'il *viendra*............. futur } AFFIRMATIF[3].
Et au passé - présent : Je pensais qu'il *viendrait*.......... PASSÉ-FUTUR }

Telle est la base d'après laquelle nous allons donner un tableau sur l'emploi des formes espagnoles affectées aux temps que nous avons désignés dans les tableaux conjugatifs sous les noms d'*imparfaits du subjonctif* et de *conditionnel*.

---

[1] Dans les tableaux graphiques des conjugaisons, nous avons donné aux divers temps des dénominations qui marquent nécessairement d'exactitude dans certains cas, parce que la forme d'un même temps sert quelquefois à des emplois divers, et même contraires. C'est ainsi que les formes que nous avons qualifiées d'*imparfaits du subjonctif*, peuvent exprimer un *passé*, comme nous l'avons déjà vu, et s'expliquer à un *futur*, comme nous allons le voir : il en est de même du *conditionnel*, ayant un sens de futurition tantôt *conditionnelle*, tantôt *affirmative*. La syntaxe, en développant et en classant les divers emplois de chaque temps, peut seule entrer dans un système de nomenclature exacte et précise.

[2] En se reportant en imagination à une époque déterminée du passé, ce passé devient un *passé-présent* (je dinais), ayant un *passé-futur* (je disais que je DIRERAIS).

[3] Chez les Latins, dans ces deux cas, la forme était la même; ils disaient :
Credo *illum LECTURUM ESSE*, je crois qu'il LIRA. } En français même : « Je disais qu'il lirait, » ne peut-il pas se traduire exactement par : « Je disais : Il lira? »
Credidi *illum LECTURUM ESSE*, je crus qu'il LIRAIT. }

SYNTAXE.

EXPLICATION DU TABLEAU SUR L'EMPLOI DES DEUX IMPARFAITS DU SUBJONCTIF, ET DU CONDITIONNEL.

Ces trois formes du mode subjonctif, (temps simples, exprimant l'idée d'un *futur*, ou d'un *passé-futur*, tantôt *conditionnel*, tantôt *optatif*, tantôt *affirmatif*; de la trois divisions dans notre tableau.

PREMIÈRE DIVISION.

Les exemples n°s 1 et 2 forment une seule pensée, dont la construction directe est celle-ci : (Yo) VINIERA ou VENDRIA, *si* él VINIESE; il y a là deux propositions : Yo VINIERA, proposition principale; *si* él VINIESE, proposition subordonnée. Or, dans les cas semblables, il est de règle que le verbe de la proposition principale se rende en espagnol par le *premier imparfait* ou le *conditionnel*, et que celui de la proposition subordonnée, lequel est nécessairement précédé d'une conjonction conditionnelle, s'exprime par le 1er ou le 2e imparfait. Il faut remarquer ici que la synonymie ne peut avoir lieu entre le 2e *imparfait* et le *conditionnel*. On ne pourrait pas dire, à la proposition principale : Yo VINIESE, ni, à la proposition subordonnée : Si él VENDRIA.

DEUXIÈME DIVISION.

Dans l'exemple n° 5, le verbe antécédent, à l'indicatif, exprime un désir de l'âme, un acte de la volonté, un commandement, etc., et il doit être suivi de l'un des deux imparfaits du subjonctif précédé de la conjonction *que* : conjonction composée et elliptique. Que est ici pour (à fin de) que; je désirais, à fin qu'il vînt,..... (à fin de) que VINIERA.

TROISIÈME DIVISION.

Après un *antécédent*, exprimant à un temps passé de l'indicatif, soit l'action de la pensée, soit celle de la parole, organe d'une simple pensée, d'un simple jugement, on se sert indifféremment, en espagnol, du *conditionnel* ou de l'un des deux *imparfaits* (exemple n° 6). Ce n'est que dans cet exemple que les trois termes forment une trinité synonymique (viniera, vinise, vendria).

Partout ailleurs, lorsqu'il y a synonymie, elle se borne à deux termes, et elle se combine de telle sorte, qu'elle n'a jamais lieu entre le 2e imparfait et le conditionnel.

Dans le cas du passé-futur affirmatif, le lien entre le verbe antécédent et le verbe complément est la conjonction que, conjonction simple : je disais, je pensais..... il viendrait, il VIENDRA.

Il nous reste à parler des quatre derniers exemples (n°s 7, 8, 9, 10) ; chacun de ces exemples a deux compléments, dont le premier, conforme aux règles déjà établies, est celui du passé-futur optatif, ou du passé-futur affirmatif; le 2e verbe complémentaire exprime une action relative à l'action du premier, une modification de cette action éventuelle par l'idée accessoire d'une circonstance non moins éventuelle.

SYNTAXE.

SUITE DU TEMPS FUTUR.

IMPARFAITS DU SUBJONCTIF ET CONDITIONNEL; TEMPS SIMPLES.

	1er IMPARFAIT.	2e IMPARFAIT.	CONDITIONNEL.	
1. Si¹	(él) VINIERA	VINIESE	si'l venait	FUTUR CONDITIONNEL.
2. »	(yo) VINIERA	»	je viendrais	FUTUR
3. (Yo) decía ... que	VINIERA	»	VENDRIA, si, etc. je disais que je viendrais, si, etc.	Passé-FUTUR
4. ¡ Ojalá	(él) VINIERA!	VINIESE!	plût à Dieu qu'il vînt!	FUTUR OPTATIF.
5. (Yo) deseaba, etc. ...	VINIERA	VINIESE	je désirais qu'il vînt	Passé-FUTUR
6. (Yo³ i) decía, pensaba, etc. ³ (si fin de) que	VINIERA	VINIESE	VENDRIA je disais, je pensais qu'il viendrait.	Passé-FUTUR AFFIRMATIF.

COROLLAIRE DU TABLEAU CI-DESSUS.

ANTÉCÉDENT.	1er COMPLÉMENT.	2e COMPLÉMENT.	2e COMPLÉMENT.	
7. mandé que ²hablase...	Jo menos que ...	PUDIERA	PUDIESE	j'ordonnai qu'il parlât le moins qu'il pourrait.
8. deseaba que ³tomase...	et que mas te ...	AGRADARA	AGRADASE	je désirais qu'il prît celui qui lui conviendrait le mieux.
9. le dije que ⁴venidría...	cuando	TUVIERA	TUVIESE tiempo...	je lui dis que je viendrais quand j'aurais le temps.
10. decían que me casarían	con quien yo mas...	GUSTARA	GUSTASE. (D. Q.)	ils disaient qu'ils me marieraient avec celui que je préférerais.

¹ Si, ou toute autre conjonction conditionnelle : *Asegura, aun cuando, bien que, dado que,* etc. Du reste, nous devons rappeler ici ce que nous avons déjà dit à l'occasion du temps présent; c'est que les modes ne doivent s'employer, même après certaines conjonctions, que d'après un principe fondé sur le raisonnement. Soit cet exemple : « *No me cansaba el concierto aunque ya durara mucho;* » le concert ne me fatiguait pas, quoiqu'il durât depuis longtemps. Nous disons *durara* à l'indicatif, et non *durara* au subjonctif, parce que le sens est celui d'un passé pur et simple, et nullement celui d'un futur conditionnel. Le concert durait depuis longtemps, et ne me fatiguait pas. Dans tous ces cas semblables, attachez-vous au sens, en dépit des conjonctions et de leur influence sur la forme française.

² A ces antécédents, on peut substituer les *trois prétérite* et le *plusque-parfait* de l'indicatif. Ex. : (Yo) *dije, pensé, juzgué,* etc. — (Yo) *he dicho, pensado, juzgado,* etc. — (Yo) *había dicho, pensado, juzgado,* etc.

³ *Que* pour *à fin de que.*

Nous allons terminer ce qui concerne les temps et les modes du verbe, en disant un mot de l'impératif et de l'infinitif.

DE L'IMPÉRATIF.

Nous avons déjà dit que l'impératif, lorsqu'il est employé avec négation, s'exprime par le mode subjonctif. Au lieu de : *No ven* (ne viens pas), *no venid* (ne venez pas), on dit : *No vengas, no vengáis.* L'impératif peut même être remplacé par le futur. Ex : *No matarás*, tu ne tueras pas; au lieu de *no mates*, ne tue pas.

DE L'INFINITIF.

L'infinitif, c'est l'indéfini. Ce mode est une abstraction, dont le sens ne s'applique ni à un temps, ni à une personne, ni à un nombre quelconques : *Amar*, par exemple, n'exprime ni le temps de l'action d'aimer, ni la personne ou les personnes qui aiment.

Ce sens illimité fait de l'infinitif un substantif métaphysique. *Perdido SUPLICAR* prier, prière inutile : (Nicasio Gallego.) On le trouve souvent, en espagnol, précédé de l'adjectif-article *el*; mais cet article peut se supprimer sans qu'il en résulte une altération dans le sens.

Nous allons présenter quelques exemples de ce mode (avec ou sans complément), employé en qualité de substantif, tantôt comme sujet d'une proposition, tantôt comme complément d'une préposition, tantôt comme complément d'un verbe.

	INFINITIF	Avec ou sans complément.	
Sujet d'une proposition.....	El leer	»	me agrada, le lire me fait plaisir.
	El comprar libros	»	J'aime à acheter des livres. On dit mieux avec inversion : *Me gusta el comprar libros.*
	El saber callar	es gusto,...	il est difficile de savoir se taire.............. *Es difícil saber callar.*
	El retirar se	no es huir,	se retirer ce n'est pas fuir.
	El poner	los dedos	es penoso... le doigté exige du travail.
Complément d'une préposition.... {	AL passer	»	en passant, au passage....... On dirait avec un complément direct et un complément indirect : *Despues DE de hacer*
	AL salir	»	au sortir, en sortant,.......... *DE UNA REVERENCIA*, après avoir fait une révérence; et dans cet exemple, il
	Ya es hora DE levantar se,		il est temps de se lever....... fait remarquer le temps simple pour le temps composé : *Hacer* pour *haber hecho.*
Complément d'un verbe........	..... TEMO incomodar	le á vm,	je crains de vous déranger.

INFINITIF SUBSTANTIF.

L'infinitif espagnol présente une singularité qu'il ne faut pas passer sous silence; elle consiste à exprimer le redoublement d'une action en employant à l'infinitif le verbe qui marque cette action, et le faisant précéder de VOLVER À (retourner, revenir à), qui remplace notre re (réduplicatif), et qui reçoit seul les modifications de temps, de mode, etc., indiquées par le sens de la phrase. Ex : *Descoser y volver à coser*, découdre et recoudre à coudre; découdre et recoudre. — *Quiero que un VUELVA À empezar*, je veux que vous reveniez à commencer, que vous recommenciez.

INFINITIF ADJECTIF.

Au lieu de dire, par exemple : *El volar de las aves*, le voler des oiseaux, on dit : *Las aves volar*, les oiseaux voler, *volantes*, et avec l'inversion usitée : *Volar las aves*. L'infinitif devient ainsi une espèce d'adjectif actif, marchant avec le substantif auquel il se rapporte. En voici quelques exemples :

Mugir los toros, NADAR los paces, son cosas naturales; les taureaux mugir (*mugissants*), les poissons nager (*nageonts*), son des choses naturelles;

Al PONERSE el sol, au soleil se coucher (*se couchant*), au soleil couchant.

DES COMPLÉMENTS DIRECTS ET INDIRECTS DU VERBE.

Le complément direct est celui qui s'unit immédiatement à un verbe transitif (*j'aime la lecture*). Quelquefois les verbes intransitifs prennent en espagnol la force transitive, et sont suivis d'un complément direct.

EXEMPLES :

LLOVIÉRON PIEDRAS las nubes,　　les nuages firent pleuvoir des pierres.

CORRIÉRON SANGRE los ríos,　　les fleuves roulèrent du sang.

Le complément indirect est celui qui n'a de liaison avec son verbe (soit transitif ou intransitif) qu'au moyen d'une préposition exprimée ou sous-entendue.

Ex. : Je ne livre *à l'étude* ; je viens dîner, c'est-à-dire, *à dîner*, *POUR* dîner.

Le verbe peut avoir pour complément direct ou indirect, un autre verbe, un substantif absolu, un substantif relatif, et même une proposition entière.

COMPLÉMENTS DIRECTS.

Lorsqu'un verbe transitif a pour complément direct, ou pour objet immédiat de l'action qu'il énonce, un substantif (exprimé ou sous-entendu) représentant une personne ou une chose personnifiée, un *être raisonnable* ou *un être de raison*, ce complément, quoique direct, est précédé de la préposition à. Ex. : *Amar á dios*, aimer Dieu ; *calumniar á la virtud*, calomnier la vertu.

Il y a des exceptions à la règle précédente. Elles ont lieu principalement avec le *substantif relatif*, employé comme complément direct du verbe. Ex. : *CreaME*, *crois-moi*, je vous verrai ; *abrazáNOS*, il nous embrassa, etc. Ces cas n'admettent la préposition que dans l'expression redondante de ce même substantif relatif.

EXEMPLES :

CreeME á MÍ,　　crois-moi.

OS veré á VOSOTROS,　　je vous verrai.

AbrazáNOS á NOSOTROS,　　il nous embrassa, etc.

Dans le tableau que nous dressons sur cette matière, nous faisons ressortir cette particularité en plaçant la première partie de ces exemples dans la couleur verte, qui est celle du complément direct sans préposition, et la deuxième partie dans la couleur jaune, qui est celle du complément direct avec préposition.

Lorsque les compléments directs des verbes ne sont ni des personnes ni des choses personnifiées, ils ne sont pas ordinairement précédés de la préposition à. (*Voyez* la 3e division du tableau suivant.)

SYNTAXE.

COMPLÉMENTS DES VERBES.

COMPLÉMENTS DIRECTS.

VERBES TRANSITIFS... AYANT POUR COMPLÉMENT DIRECT LE NOM D'UN ÊTRE RAISONNABLE OU D'UN ÊTRE DE RAISON; D'UNE PERSONNE, OU D'UNE CHOSE PERSONNIFIÉE.

...... *Amar* À	DIOS, aimer Dieu......	
...... *Llamar* À	su PADRE, appeler son père......	
...... *Convidó* À	su HERMANO, il invita son frère......	
...... *Defiendo* À	mi PATRIA, je défends ma patrie......	
Vimos muerto À	nuestro AMO, nous vîmes notre maître mort......	
...... *Aborrecer* À	alguno (sous-entendu HOMBRE), abhorrer quelqu'un [1]......	

Complément direct *avec* préposition.

VERBES TRANSITIFS... AYANT POUR COMPLÉMENT DIRECT UN SUBSTANTIF RELATIF.

...... *Creé* ME	À mí, crois-moi......	
...... *Os veré*	À VOSOTROS, je vous verrai......	
... *Abrazó* NOS	À todos (sous-entendu NOSOTROS), il nous embrasse tous......	
Ídem SE unos	À otros (sous-entendu HOMBRES), ils se louent les uns les autres [2]......	

Complément direct *avec* et *sans* préposition.

VERBES TRANSITIFS...... DONT LE COMPLÉMENT DIRECT N'EST NI UNE PERSONNE, NI UNE CHOSE PERSONNIFIÉE.

...... *Temo la* MUERTE, il craint la mort......	
...... *Tomo un* LIBRO, je prends un livre......	
...... *Tengo* COSAS que decir, j'ai des choses à dire......	
...... *Tengo* ( ) *que hablar* (COSAS que hablar s), j'ai à parler......	
...... *Llevo una* VIDA, quieta, il mène une vie paisible......	
Duerme un SUEÑO tranquilo, il goûte un sommeil tranquille [4]......	
No puedo asegurar QUIEN FUESE, je ne puis assurer qui c'était......	
Podía asegurar QUIEN ERA, je pouvais assurer qui c'était. [5]	

Complément direct *sans* préposition.

[1] Il y a exception à cette règle lorsqu'il s'agit d'éviter l'amphibologie. Soit cet exemple: *presentóle À EL TAL caballero*, lui présentant ce monsieur. Le relatif *le* pouvant être pris pour complément direct aussi bien que pour complément indirect du verbe *presentar*, si l'on disait À EL, Al TAL *caballero*, cela pourrait signifier, *le* présentant *à ce* monsieur, au lieu de: *lui* présentant *ce* monsieur, ce qui est le sens de la phrase. —
La préposition se supprime aussi quelquefois par euphonie, comme dans: *Oh! bien! Le perdu donc voir, qui cherchez-vous?* mais on ne dirait pas: *buscar À ninguno*, il cherche dix amis; et la raison en est sensible.

[2] Dans cet exemple, le premier complément *se* n'exprime rien; le vrai complément, un substantif *(relatif) (italiano) (le relatif une substantif) (dédu), l'unus alium, à l'une hombres).

[3] Nous donnons au verbe *hablar* la force transitive, parce qu'il l'a en espagnol: *Sin hablar palabra* (D. Q.), sans dire un mot. Du reste, le verbe *Tener*, posséder, n'est pas suivi de la préposition À, même lorsqu'il

[a] pour complément direct un nom d'être raisonnable, parce qu'ici la qualité transitive, *Tiene una mujer muy hermosa*, il a une très-belle femme.

[b] Le verbe *dormir*, quoique intransitif de sa nature, prend ici la qualité transitive. Ainsi les Latins disaient *vivere vitam*, c'est-à-dire, *agere*, *ducere vitam*.

[c] Ce n'est que *quem* qui est le complément direct du verbe *asegurar*, c'est la proposition entière QUIEN FUESE, QUIEN ERA; je ne puis assurer le point de savoir *qui c'était*, etc. C'est ainsi qu'on dit en latin: *dic QUIS sit, dis qui l'es es*, ce qui revient à dire: Dis, *qui es-tu?* — *qui es-tu?* dis.

SYNTAXE.

VERBES COMPLÉMENTS DES VERBES.

—

Quelquefois un verbe a pour complément direct ou indirect un autre verbe à l'INFINITIF, au SUBJONCTIF, ou à l'INDICATIF. Nous appelons le premier, *verbe antécédent*, et le second, *verbe complément*.

DES VERBES ANTÉCÉDENTS.

Le verbe antécédent est transitif ou intransitif.

Le verbe est *transitif*, comme on sait, lorsque son action peut sortir du sujet qui la fait pour se porter sur un autre sujet, qui est le terme de cette action. Ex. : *Je frappe.*

Le verbe est *intransitif*, lorsque l'action reste nécessairement dans celui qui la fait. Ex. : *Je marche.*

Le verbe *transitif* peut être complété *directement* et *indirectement*. Ex. : *Je donne congé — À mes élèves..... Je prends plaisir — À jouer.*

Le verbe *intransitif* n'admet que des compléments *indirects*. Ex. : *Je vais — EN classe..... L'homme naît pour mourir.*

Entre le verbe antécédent et le verbe complément, il peut se trouver des compléments intermédiaires, soit directs ou indirects, et nous avons à nous expliquer sur ces compléments intermédiaires, qui sont des substantifs absolus ou relatifs.

1°. VERBE ANTÉCÉDENT TRANSITIF.

Quand le verbe antécédent est transitif,

s'il a un complément intermédiaire DIRECT, (avec ou sans complément indirect)..... le verbe complément est nécessairement INDIRECT....

> *tiene GUSTO — EN hablar,* il aime à parler.
> *daME PALABRA — DE que te vias,* donne-moi parole que tu t'en iras.

S'il n'a qu'un complément INDIRECT...... ou bien, *S'il n'a point de complément intermédiaire....* ..... le verbe complément est nécessairement DIRECT [1]....

> *ME prometió — Cantar,* il me promit de chanter.
> *prometí — Estudiar,* je promis d'étudier.

2°. VERBE ANTÉCÉDENT INTRANSITIF.

Quand le verbe antécédent est intransitif, le verbe complément est nécessairement indirect.

Ex. : (*Él*) *va — À Paris,* il va à Paris.

(*Yo*) *vengo — À predicar,* je viens prêcher.

Nous ne traiterons ici des compléments indirects que relativement aux verbes. Le reste trouvera sa place au chapitre des prépositions.

1 Quelquefois l'antécédent, *verbe transitif sans complément intermédiaire*, se trouve suivi d'un verbe *complément indirect*. Ex. : « *Yo deseo QUE estudies* (à la fin de que estudies), je désire que tu étudies. » C'est qu'alors le verbe transitif est pris dans un sens neutre, comme quand on dit : J'espère EN la miséricorde de Dieu ; c'est-à-dire, J'ai espoir. Ces verbes doivent se résoudre par un verbe transitif avec son complément direct. *Yo deseo*, est donc pour : *yo tengo DESEOS*, etc.

VERBES COMPLÉMENTS DES VERBES.

INFINITIF COMPLÉMENT DIRECT.

L'infinitif, immuable dans sa forme, s'applique à tous les temps, nombres et personnes. Il peut être considéré comme substantif, et comme adjectif.

Comme substantif, il peut être le complément direct du verbe antécédent. Ex. : *Quiero BAILAR*, je veux danser. BAILAR est le complément direct du verbe antécédent *quiero*; mais l'action de danser qu'il représente est une idéalité, une pure abstraction; cette action est entièrement détachée du sujet. Je veux danser, mais je ne danse pas.

INFINITIF SUBSTANTIF.

L'infinitif cesse d'être une abstraction substantifiée, lorsque l'action du verbe se trouve unie à un sujet exprimé ou sous-entendu. Ex. : *Veo BAILAR*, je vois danser. Ici il y a deux actions affirmées, celle de voir et celle de danser : Je vois et l'on danse. L'infinitif *bailar* n'est plus que l'adjectif d'un complément sous-entendu. *Veo* (LA GENTE) BAILAR, je vois (les gens) danser, dissuivants. Dans cet autre exemple : LE veo BAILAR, je le vois danser, le complément direct du verbe *veo*, c'est le substantif relatif LE... LE veo À ÉL BAILAR, c'est-à-dire, BAILANDO !,

La même observation s'applique au cas où le verbe antécédent est verbe réfléchi, ayant un substantif relatif pour complément direct. Ex. : « ME *imaginaba* CANTAR, ME *imaginaba* À MÍ CAN-TANDO; » j'imaginais *nos chantant*, je m'imaginais chanter. Elle s'applique à plus forte raison au cas du substantif absolu, placé comme complément direct du verbe antécédent. Ex. : « Ví COMER AL REY; » construction directe : « Ví AL REY COMER, c'est-à-dire, COMIENDO; » je vis le roi *étant*, je vis dîner le roi.

INFINITIF ADJECTIF.

INFINITIF COMPLÉMENT INDIRECT.

L'infinitif, complément indirect, s'emploie, ainsi que l'infinitif substantif, complément direct, quand l'action qu'il exprime se rapporte au sujet du verbe antécédent.

L'infinitif, complément indirect, et comme tel précédé d'une préposition, s'emploie.

EXEMPLES :

(ÉL) *se debia* À *BEBER*, il s'adonnait à boire;
(ÉL) *va* À *PREDICAR*, il va prêcher.

L'action du verbe *Beber* et celle du verbe *Predicar*, se rapportent à ÉL, *lui*, il, sujet des deux verbes antécédents.

Le tableau qui suit est dressé pour l'application de ces principes

¶

[1] Donnons une idée de la métaphysique de certains grammairiens. « La *prévu* du *Pongtotif*, dit le grammairien Jousse, marque *toujours* un présent *relatif* au *verbe qui précède*, comme *le me correr*, je le vois courir; *le vi courir*, je l'ai vu courir, je l'ai vu danser; je le verrai danser, je le verrai danser, sont relatifs aux verbes qui précédent, tels que *veo*, *vi*, *veré*. M. Jousse devrait bien nous apprendre à quoi se rapportent les substantifs relatifs LE. Il faut que ce M. Jousse soit bien distrait pour n'avoir pas compris que la construction logique de ses trois exemples ne peut être autre que : LE VEO (À ÉL) *correr*, LE OI (À ÉL) *cantar*, LE VERÉ (À ÉL) *bailar*.

95

SYNTAXE.

VERBES COMPLÉMENTS DES VERBES.

INFINITIF COMPLÉMENT DIRECT.

VERBES ANTÉCÉDENTS TRANSITIFS.	INFINITIF COMPLÉMENT DIRECT, ou ADJECTIF DU COMPLÉMENT DIRECT.	OBSERVATIONS.
Quiero, quieras, etc..........	BAILAR, je veux, tu veux danser, etc.	L'infinitif, complément direct, se rapporte au sujet du verbe antécédent.
Calypso no podia..........	CONSOLARse, Calypso ne pouvait consoler soi, se consoler.	Parmi les infinitifs qui figurent à côté, il faut distinguer ceux des trois premiers exemples, employés comme
Temo..........	INCOMODARte à vos, je crains de déranger vous, de vous déranger.	substantifs, et qui sont de véritables compléments des verbes antécédents. Quant aux infinitifs marqués de la
Veo (LA GENTE)..........	BAILAR, je vois danser.	couleur verte, les infinitifs n'y jouent d'autre rôle que celui de purs adjectifs. Ils ne sont donc pas compléments,
Oigo (id.)..........	CANTAR, j'entends chanter.	mais adjectifs des compléments exprimés ou sous-entendus.
LE veo..........	JUGAR, je le vois jouer.	
ME tneginaba..........	PINTAR, je m'imaginais peindre.	
VI AL REY..........	COMER, je vis le roi dînant, je vis dîner le roi. (Construction usuelle : vi comer al rey.)	
Hizo LA CARROZA..........	VENIR, il fit le carrosse venant, il fit venir le carrosse. (Construction usuelle : hizo venir la carroza.)	

VERBES ANTÉCÉDENTS TRANSITIFS.		INFINITIF COMPLÉMENT INDIRECT.	OBSERVATIONS.
SE daba..........	À	BEBER, il s'adonnait à boire, à la boisson.	L'infinitif, complément indirect, se rapporte au sujet du verbe antécédent.
Tiene GUSTO..........	EN	HABLAR, il aime à parler.	Le mode SUBJONCTIF, toujours complément indirect, s'emploie au contraire quand son action ne se rapporte pas
V. ANTÉCÉDENTS INTRANSITIFS.			au sujet du verbe antécédent. Voy. à la page en regard,
Va..........	À	PREDICAR, il va prêcher (à prêcher).	mode subjonctif, les quatre exemples qui correspondant à
Venia..........	PARA	VERle, je venais pour le voir.	ceux-ci.

VERBES COMPLÉMENTS DES VERBES.

SUBJONCTIF COMPLÉMENT INDIRECT.

Le subjonctif, toujours complément indirect, s'emploie quand l'action qu'il exprime ne se rapporte pas au sujet du verbe antécédent.

VERBES ANTÉCÉDENTS TRANSITIFS.	SUBJONCTIF COMPLÉMENT INDIRECT.	ANALYSES.
(Yo) deseo (tengo DESEOS)...	QUE ESTUDIES, je désire que tu étudies...	(A fin de) QUE estudies, afin que tu étudies.
(Yo) TE ruego...	QUE VENGAS, je te prie que tu viennes, de venir...	(A fin de) QUE vengas, afin que tu viennes.
(Yo) ME alegraré...	QUE te DIVIERTAS, je serai bien aise que tu te divertisses...	(EN un caso) QUE te diviertas, dans le cas où tu te divertisses.
(Él) habrá encargado...	QUE me ESPIES, il, il aura chargé afin que tu m'épies, de m'épier...	(A fin de) QUE me espies, afin que tu m'épies.
(Yo) LE haré...	QUE ANDE (tras mí, je te ferai qu'il, marche; je le ferai marcher derrière... nul.	(QUE nomen?) QUE ande tras mí, de manière à ce qu'il marche derrière moi.
(Ellos) ME aconsejáron...	( )¹ PARTIESE à Paris, ils me conseillèrent, afin que je me partisse, de partir pour Paris...	(PARA) que partiese, afin que je partisse.

DE LA PRÉPOSITION ELLIPTIQUE.

La préposition est caractéristique du complément indirect : cependant il est une foule de cas où le verbe complément indirect n'est précédé que de la conjonction QUE (voir les exemples ci-dessus). C'est qu'alors cette conjonction, simple ou apparente, est une conjonction composée, conjonction elliptique, d'où jaillit par l'analyse une préposition qui en fait partie.

Ex. : (Yo) deseo QUE vengas. ... i. e. ... (A fin de) QUE vengas.
(Yo) me alegraré QUE te diviertas. ... i. e. ... (EN un caso) QUE te diviertas.

Il est impossible de concevoir le subjonctif sans une de ces conjonctions composées, telles que : Por que, para que, à fin de que, en un caso que, de manera que, etc. etc. Dans les exemples qui suivent, la conjonction composée est moins elliptique; la préposition s'y montre à découvert. Quelquefois même cette conjonction est sans ellipse.

VERBES ANTÉCÉDENTS TRANSITIFS.		SUBJONCTIF COMPLÉMENT INDIRECT.	OBSERVATION.
(Él) ME exhortaba...	á...	QUE BEBIESE, il m'exhortait à boire...	À (fin de) que
(Él) tiene GUSTO...	EN...	QUE le ESCUCHEN, il aime qu'on l'écoute...	EN (el fin de) que.
VERBES ANTÉCÉDENTS INTRANSITIFS.			
(Yo) no vengo...	á...	QUE me PREDIQUEN, je ne viens pas pour qu'une prêche.	À (fin de) que.
(Yo) venía...	á...	QUE me VIESE, je venais pour qu'il me vît...	PARA que.

OBSERVATION. Comparez ces quatre exemples avec les exemples correspondants de l'infinitif complément indirect : les uns et les autres sont conçus de manière à bien faire contraster l'emploi de ces deux modes comme compléments indirects. L'infinitif doit se rapporter au sujet du verbe antécédent, et le subjonctif doit avoir un sujet autre que celui du verbe antécédent.

Ex. : Él se debía — à bober.
Él me exhortaba — à que (YO) bebiese, etc.

¹ La conjonction se supprime quelquefois.

VERBES COMPLÉMENTS DES VERBES.

DÉVELOPPEMENTS SUR LE COMPLÉMENT SUBJONCTIF.

Nous venons de dire que le subjonctif, toujours complément indirect, doit avoir un sujet autre que celui du verbe antécédent. L'Académie de Madrid admet une locution qui serait contraire à ce principe : *El hombre voce para QUE MUERA*, l'homme naît pour mourir. Nous prétendons, nous, que, pour rendre cette pensée, il faut employer l'infinitif pour complément, rien que l'infinitif : *El hombre voce para MORIR*, tournure adoptée par l'Académie elle-même, et à laquelle elle aurait dû se borner.

Soit cette pensée : « Le général combat pour triompher. » Nous la traduirons en espagnol par : *El general pelea para TRIUNFAR*, para (EL) TRIUNFAR. Il ne saurait y avoir d'équivoque dans cet infinitif-substantif, et l'action de triompher ne peut s'entendre que du général, sujet du verbe antécédent. C'est comme si l'on disait : *El general pelea para EL TRIUNFO, para SU TRIUNFO*. Mais si nous adoptions la tournure académique, « *El general pelea para QUE TRIUNFE*, » n'est pas de vrai Castillan qui ne s'écrie : *Quien lia de triunfar?* qui doit triompher? Dans ce cas-ci, il y a doute, et le sens demeure comme suspendu ; car le subjonctif peut avoir un sujet autre que celui du verbe antécédent : on pourrait dire, par exemple : *El general pelea para QUE TRIUNFE LA LIBERTAD*. Or, toute locution susceptible de l'ambiguïté doit être sévèrement proscrite, surtout lorsqu'elle n'est que la doublure d'une autre qui a le mérite de la clarté et de la précision.

Nous croyons ces raisons péremptoires, et, pour en faire mieux sentir la force, nous allons présenter dans un tableau deux séries s d'exemples correspondans, les uns au mode infinitif, les autres au mode subjonctif

Dans la première division à gauche, chaque infinitif, précédé de la simple préposition PARA, est le complément indirect du verbe antécédent, et l'attribut nécessaire du sujet de la proposition. Cet attribut peut être modifié et donner naissance à une proposition incidente ; mais il ne peut avoir d'autre sujet que celui de la proposition principale. Ex. :

PROPOSITION PRINCIPALE.

La Académia estudia para INSTRUIR. — à los que profesan las letras. L'Académie étudie pour instruire ceux qui professent les lettres.

PROPOSITION INCIDENTE.

On ne dirait pas...... *La Académia estudia para* INSTRUIR. — á los que profesan las letras ENSEÑANSE;

Quand la deuxième proposition n'est pas une proposition incidente, mais un attribut de la première, elle est liée à celle-ci par une conjonction suivie de l'indicatif ou du subjonctif ; il y a alors DEUX PROPOSITIONS PRINCIPALES. Ex. :

La Académia studia — para que — { Los QUE PROFESAN LAS LETRAS *se instruyan.* { *Se instruyan* LOS QUE PROFESAN LAS LETRAS. } L'Académie étudie pour que ceux qui professent les lettres s'instruisent.

Ainsi, dans les exemples où le mode subjonctif est complément indirect, si vous terminez votre phrase après le subjonctif complémentaire, verbe de la deuxième proposition principale, l'esprit n'est pas satisfait ; loin de rapporter ce complément au sujet du verbe antécédent, il reste dans l'attente du substantif, sujet de la deuxième proposition principale. Le doute et l'incertitude sont même favorisés par les formes du subjonctif, attendu que la première et la troisième personne de ce mode sont les mêmes au singulier, dans les trois conjugaisons.

Yo baila para que (YO) *GANE de comer* ; je travaille pour que je gagne de quoi vivre.

Yo baila para que GANE de comer (MI AMO) ; je travaille pour que mon maître gagne de quoi vivre.

REMARQUES SUR LE TABLEAU EN REGARD.

VERBES COMPLÉMENTS DES VERBES.

PARALLÈLE ENTRE L'INFINITIF ET LE SUBJONCTIF, COMPLÉMENTS INDIRECTS.

INFINITIF COMPLÉMENT.	SUBJONCTIF COMPLÉMENT.	SUJET DU VERBE COMPLÉMENT.
1. EL MONO baila — *para* GANAR *de comer*....... Le singe danse — pour gagner de quoi vivre......	1. *El mono baila* — *para* QUE GANE *de comer*. .... Le singe danse · pour que son maître gagne de quoi vivre.	SU AMO.
2. LA ACADEMIA *estudia* — *para* INSTRUIRSE....... L'Académie étudie · pour s'instruire........	2. *La Academia estudia* — *para* QUE *se* INSTRUYA....... L'Académie étudie · pour que le public s'instruise.	EL PÚBLICO.
3. EL GENERAL, *pelea* — *para* TRIUNFAR....... Le général combat · pour triompher.......	3. *El general pelea* — *para* QUE TRIUNFE....... Le général combat · pour que la liberté triomphe	LA LIBERTAD.
4. EL MINISTRO *gasta* — *para* LUCIRLO....... Le ministre dépense · pour briller.......	4. *El ministro gasta* — *para* QUE *lo* LUZCA....... Le ministre dépense · pour que sa maîtresse brille.	SU QUERIDA.
5. EL SASTRE *cose* — *para* VESTIRSE....... Le tailleur coud · pour s'habiller.......	5. *El sastre cose* — *para* QUE *se* VISTA....... Le tailleur coud · pour que le chaland s'habille.	EL PARROQUIANO.
6. EL MÉDICO *visita* — *para* CURAR. . . .. Le médecin fait des visites pour opérer des cures.	6. *El médico visita* — *para* QUE CURE....... Le médecin fait des visites · pour que le malade guérisse.	EL ENFERMO.
7. EL CÓMICO *representa* — *para* DIVERTIRSE....... Le comédien joue · pour se divertir.......	7. *El cómico representa* — *para* QUE *se* DIVIERTA....... Le comédien joue · pour que le spectateur s'amuse.	EL ESPECTADOR.
8. *Yo bailo* — *para* SUDAR....... Je danse · pour suer.......	8. *Yo bailo* — *para* QUE SUDE....... Je danse · pour que mon corps sue.	MI CUERPO.
9. *Yo estudio* — *para* APRENDER....... J'étudie · pour apprendre.......	9. *Yo estudio* — *para* QUE APRENDA....... J'étudie · pour que mon intelligence s'instruise.	MI ENTENDIMIENTO.
10. *Yo voy* — *para* VOLVER....... Je pars · pour revenir.......	10. *Yo voy* — *para* QUE VUELVA....... Je pars · pour que ma personne revienne.	MI PERSONA.

VERBES COMPLÉMENTS DES VERBES.

INDICATIF COMPLÉMENT DIRECT.

L'*indicatif*, comme complément direct, est précédé de la conjonction *QUE* : il se lie, au moyen de cette conjonction, au verbe antécédent. Ex. : « *veo QUE bailas*; je vois que tu danses. »

Il ne faut pas confondre une *conjonction* avec une *préposition*. Dans les exemples du mode indicatif, le monosyllabe *QUE* n'est pas une préposition, partie du discours qui ne précède que les compléments indirects ; c'est une conjonction simple, évidemment la conjonction latine *QUE*, signifiant *ET* : elle forme ici un lien entre deux verbes au mode indicatif, mode qui affirme un fait comme accompli, comme s'accomplissant, ou comme devant s'accomplir ; et cela d'une manière positive, absolue, sans subordination nécessaire d'un verbe à un autre. « *Veo QUE bailas*, » n'est autre chose que *veo*..... *Y*..... *bailas*; je vois... et... tu danses; *veo*.... *bailas*, je vois... tu danses.

La conjonction simple forme donc ici le lien, non pas précisément entre deux verbes, mais entre *deux propositions*; et ce que nous appelons *verbe complément* est en réalité une *proposition complémentaire*. Par exemple : « j'espère *que* tu le feras, » signifie « j'espère ... et tu le feras... — tu le feras... j'espère; » et remarquez bien que cette proposition complémentaire, *tu le feras*, n'est pas la dépendance nécessaire d'un verbe antécédent, et qu'elle peut être employée sans aucune espèce d'antécédent. Il n'en est pas de même des propositions subjonctives, et cela seul marquerait la différence que nous établissons entre *que*, simple conjonction, et *que* elliptique, renfermant le sens d'une préposition.

Nous avons vu que l'infinitif complément se rapporte au sujet du verbe antécédent, tandis que le contraire a lieu pour le mode subjonctif. Quant à l'indicatif-complément, il peut y avoir ou ne pas y avoir communauté de sujet entre lui et le verbe antécédent.

Ex. : (Yo) *espero QUE* (yo) *te veré*, j'espère que je le verrai.
(Yo) *creo QUE* (tú) *lo harás*, je crois que tu le feras.

INDICATIF COMPLÉMENT INDIRECT.

L'*indicatif*, complément indirect, est précédé d'une *préposition*, et de la conjonction *QUE*; mais celle-ci conserve sa qualité de simple conjonction copulative entre deux propositions qu'elle met en rapport.

Ex. : (Yo) *lo atribuía* { À QUE *HABIA BEBIDO*, } je l'attribuais à — il avait bu.
{ A — *HABIA BEBIDO*, }

VERBES COMPLÉMENTS DES VERBES.

INDICATIF COMPLÉMENT.

VERBES ANTÉCÉDENTS TRANSITIFS.	INDICATIF COMPLÉMENT DIRECT.
(Yo) veo	que BAILAS, je vois que tu danses.
(Tú) sabes	que CANTA, tu sais qu'il chante.
(Él) dice	que CHOCHEO, il dit que je radote.
(Yo) oigo	que La PEGAN, j'entends qu'il la frappent, qu'on la frappe.
(Yo) espero	que SOY hombre de bien, je dis que je suis honnête homme.
(Yo) digo	que Lo HARÉ, j'espère que je le ferai, j'espère la faire.
(Él) prometo	que Me lo DARÁ, il promet qu'il me le donnera, il promet de me le donner.
(Él) aseguró, juró.	que Me la TRAERIA, il assura, il jura qu'il me l'apporterait, de me l'apporter.
(Él) ME ofreció ..	que Se lo DIRIA, il m'offrit qu'il le lui dirait, de le lui dire......... } [1]

VERBES ANTÉCÉDENTS TRANSITIFS.	INDICATIF COMPLÉMENT INDIRECT.
LO atribuía	À que HABIA BEBIDO, je l'attribuais à ce qu'il avait bu.
DaME PALABRA	DE que Te IRÁS, donne-moi la parole que tu t'en iras.

V. ANTÉCÉDENTS INTRANSITIFS.

ESO viene.......	DE que HA BEBIDO, cela vient de ce qu'il a bu.
Confío	EN que VENDRÁ, je me fie à ce qu'il viendra, je compte qu'il viendra.

[1] Sous le titre du mode indicatif, nous donnons deux exemples dont la forme appartient au mode subjonctif : *Me la traería, se lo diría*. À cet égard, nous nous sommes occupés du sens et nullement de la forme. Or, le sens est celui d'un passé-futur affirmatif (précédé de la simple conjonction *que*), et touchant le même qu'un futur dit indicatif, rattaché à l'idée du présent. (Voyez nos observations, pag. 87.) Ce sens n'a rien de commun avec celui que nous avons qualifié d'optatif; comme lorsqu'on dit : *Yo deseaba que me la trajera, que se la dijera* ; je désirais qu'il me l'apportât, qu'il le lui dît. Dans ces locutions, *que* est une conjonction composée et elliptique : elle signifie *à fin de que*.

SYNTAXE.

VERBES COMPLÉMENTS DES VERBES.

DE L'INFINITIF TRANSFORMÉ EN INDICATIF.

L'infinitif, considéré comme substantif et privé de l'idée d'affirmation, ne peut se résoudre par le mode indicatif. On ne peut donc résoudre « *quiero BAILAR*, » *je veux danser*, par « *quiero que BAILO*, » parce que, dans l'idée exprimée, on n'affirme que l'action de *vouloir* : *je veux danser*, mais *je ne danse pas*.

Avec l'idée affirmative, l'infinitif, considéré comme adjectif, peut se résoudre par l'indicatif.

INFINITIF.

		INDICATIF.	
Ex. : *Veo* ( ) *BAILAR*,	je vois danser.........	*Veo que BAILAN*,	je vois qu'on danse.........
LE veo ESCRIBIR,	je le vois écrire........	*Veo que ESCRIBE*,	je vois qu'il écrit......
Prometo DARlo,	je promets de le donner.	*Prometo que lo DARÉ*,	je promets que je le donnerai.
Espera HACERlo,	il espère le faire.....	*Espera que lo HARÁ*,	il espère qu'il le fera......

Les deux actions sont également affirmées : celle de *voir*, comme celle de *danser*; celle de *voir*, comme celle d'*écrire*.

c'est-à-dire, *je le donnerai*, *je le promets*. Les deux actions sont affirmées; celle de *donner* n'est pas affirmée comme accomplie, ni comme s'accomplis-sant, mais comme *devant s'accomplir*.

il le fera, il l'espère. Appliquez le raisonnement ci-dessus pour l'action du verbe *faire* [1].

[1] Il n'y a pas toujours réciprocité dans cette transformation de modes. En français, comme en espagnol, dans les deux derniers exemples, on ne peut employer l'infinitif comme équivalent de l'indicatif que lorsque le verbe antécédent et le verbe complémentaire se rapportent à un seul et même sujet.

Hors de ce cas, on ne peut se servir que de l'indicatif. Ex. :

INFINITIF.

(YO) prometo que (ÉL) le DARÁ, je promets qu'il le donnera.

(ÉL) espera que (ÉL) lo HARÁ, j'espère qu'il le fera.

INDICATIF.

(YO) prometo que (YO) le DARÉ,........ prometo DARlo.

(ÉL) espera que (ÉL) lo HARÁ,....... espera HACERlo.

(TÚ) esperas que (YO) lo HARÉ, tu espères que je le ferai.

Remarquons encore qu'avec le verbe SER, l'espagnol s'éloigne de l'analogie française. Ex. :

digo que SOY hombre de bien..... digo SER yo hombre de bien. Le français n'admet dans ce cas que l'indicatif : *je dis que je suis honnête homme.*

DE L'EMPLOI DES NOMBRES ET DES PERSONNES.

SINGULIER.	EXPLICATIONS.
	Indépendamment des divers rôles que jouent naturellement dans le discours les nombres et les personnes, ils ont certaines spécialités dignes d'attention, que nous présentons dans ce tableau et le suivant.
1re PERSONNE.	En espagnol, les substantifs relatifs (*yo, tú, él,* etc.) se suppriment, le plus souvent, devant les verbes: cette suppression est marquée par la parenthèse. On ne les emploie guère que pour rendre une opposition plus sensible, ou pour donner plus d'énergie à l'expression.
(*YO*) *uno*, j'aime.	
YO lo digo, TÚ lo has hecho; moi, je le dis; toi, tu l'as fait.	
YO soy el culpado, c'est moi qui suis le coupable.	
NOS, por la gracia de Dios, rey de Castilla, mandamos y ordenamos etc.; Nous, par la grâce de Dieu, roi de Castille, mandons et ordonnons, etc.	*NOS* peut s'employer pour la 1re personne du singulier, dans le langage des personnes constituées en dignité.
(*TÚ*) *escribes*, tu écris.	
2e PERSONNE.	La 2e personne, au singulier, n'est usitée que dans le cas d'une extrême familiarité. C'est le langage du maître à l'égard de ses domestiques, des parents à l'égard de leurs enfants, et des amis entre eux: *CALLA*, tais-toi.
CALLA, amigo Sancho; tais-toi, ami Sancho.	
Nos juntos que somos mas que VOS (parlant au roi[1]) etc.	
Príncipe, OS acusan á VOS mismo; prince, on vous accuse vous-même.	*VOS*, employé comme sujet d'un verbe et comme complément d'une préposition, ainsi que *OS*, complément d'un verbe, s'emploient, pour le singulier, tantôt comme termes honorifiques, tantôt comme termes de mépris ou de colère.
VOS no sois que una puñista; vous êtes qu'une puñista[2]; (ton de mépris ou de colère.)	
QuéraOS de ahí!... Levez-vous de là.	
3e PERSONNE.	Le tutoiement, proscrit par la politesse, est remplacé ordinairement par l'emploi de *USTED* (exprimé ou sous-entendu), et par l'emploi de la 3e personne, ainsi que nous l'avons déjà dit: *Usted da*, vous donnez. — *Calle* (v.), taisez-vous, Monsieur.
(*Él, ella*) *duerme*; il, elle dort.	
USTED DA, votre Seigneurie donne, c'est-à-dire, fait les cartes; vous donnez.	
CALLE (*usted*), *Señor*: taisez-vous, Monsieur.	Cette 3e personne s'emploie même quelquefois quand on s'adresse à quelqu'un avec un ton impérieux ou méprisant: *VÁYASE, HAGA lo que le mandan*; va-t-en, fais ce qu'on t'ordonne. On remplace alors *usted* par le relatif *él, ella*, exprimé ou sous-entendu.
VÁYASE. HAGA lo que le mandan; va-t-en, fais ce qu'on t'ordonne.	
UNO CREE aquello que desea; un homme croit ce qu'il désire; on croit ce qu'on désire.	La 3e personne du singulier sert encore à exprimer une proposition générale, une maxime, etc.

[1] Formule du serment des États à l'inauguration des rois d'Aragon: « Nous, qui réunis sommes plus que vous, etc.

[2] Cette phrase, extraite d'une fable d'Yriarte, renferme un gallicisme fait avec intention. En bon espagnol, il faut dire: *Vos no sois MAS que una puñista, vos no sois SINO una puñista.*

DE L'EMPLOI DES NOMBRES ET DES PERSONNES.

PLURIEL.	EXPLICATIONS.

1re PERSONNE.

(*Nosotros-as*) *perdonamos*, nous pardonnons.

NOS que valemos tanto como vos[1], etc.; nous, qui valons autant que vous, etc.

Él tú (é) yo, IRÉMOS á pasear; lui, toi et moi, nous irons nous promener.

Él (é) yo, IRÉMOS á cenar; lui et moi, nous irons souper.

Usted (é) yo, TENÉMOS dinero; vous et moi, nous avons de l'argent.

QUERÉMOS siempre á los que nos admiran; nous aimons toujours ceux qui nous admirent.

NOS parecemos los unos á los otros; nous nous ressemblons les uns aux autres.

NOS, pour *NOSOTROS*, s'emploie au pluriel dans le langage des personnes constituées en dignité.

Lorsque plusieurs substantifs relatifs sont conjointement sujets d'une proposition, ils se résument par le *pluriel de la 1re personne*, si cette 1re personne est déjà employée au singulier.

La 1re personne du pluriel, comme la 3e du singulier, exprime les propositions générales.

2e PERSONNE.

(*Vosotros-as*) *charláis*; vous babillez.

Dadme frutas, y no flores;
Que no lleguen á los dientes;
À VOS os digo, escribientes,
Que os preciáis de escritores. — Donnez-nous des fruits, et non des fleurs, qu'on ne peut mettre sous la dent; c'est à vous que je le dis, écrivassiers, qui vous croyez des écrivains[2].

Él y tú, IRÉIS á jugar; lui et toi, vous irez jouer.

VOS, pour *VOSOTROS*, peut s'employer quand on s'adresse à des corps constitués en dignité.

À défaut de la 1re personne, la 2e du pluriel résume la 2e et la 3e du singulier, sujets simultanés d'une proposition.

3e PERSONNE.

(*Ellos, ellas*) *regáñan*; ils, elles grondent.

USTED y SU hermano IRÁN á refrescar; vous et votre frère, vous irez vous rafraîchir.

USTEDES, señores, HAN venido tarde; vos Seigneuries sont venues tard, Messieurs.

CUENTAN, DICEN que hace frío; ils disent qu'il fait froid; on raconte, on dit qu'il fait froid.

LLEVÁRONLE á su casa; ils le conduisirent, on le conduisit chez lui.

Dans la formule ordinaire, *vosotros-as* ne sont plus admis à l'égard de plusieurs, que *TÚ* à l'égard d'un seul. On dit *USTEDES, Señores; USTEDES, Señores*. En outre, il est facile de concevoir que *USTED*, joint à un autre singulier de la 3e personne, exige la 3e personne du pluriel : *Usted y su hermano, IRÁN*, etc.

La 3e personne du pluriel sert aussi pour les propositions générales; mais plus particulièrement pour exprimer *un travail*, *une action*, d'une manière vague.

---

[1] Serment des états d'Aragon. Ici, l'emploi de *NOS* est un archaïsme.

[2] Vers qu'on croirait adressés à l'Académie de Madrid.

PRÉPOSITION.

La préposition se place entre deux termes dont elle forme le lien, et qu'elle met en rapport l'un avec l'autre. Ex.: Mourir pour la patrie, travailler avec ardeur, etc. La préposition n'a d'elle-même qu'un sens incomplet: elle exige nécessairement à la suite un mot qui complète ce sens.

Parmi les prépositions, il y en a deux en espagnol qui méritent une attention particulière: ce sont les prépositions POR (par, pour), et PARA (pour). Por sert exclusivement à la traduction de la préposition française por, et sous ce rapport son emploi ne présente aucune difficulté; mais pour rendre la préposition pour, le choix est difficile entre por et para. Afin de diriger ce choix autant que possible, nous allons offrir deux séries d'exemples, portant sur deux principes fondamentaux les plus vastes dans leurs applications.

PARA................ (IDÉE DE BUT, DE DESTINATION.)

Calzas de velludo PARA las fiestas..... des chausses de velours pour les fêtes.
La honra es PARA el presidente..... l'honneur est pour le président.
Esta capa es PARA usted..... ce manteau est pour vous.
Salgo PARA Italia..... je pars pour l'Italie.
Estoy PARA partir..... je suis pour partir, prêt à partir.
Le dejaremos PARA mañana..... nous laisserons cela pour demain.
Vivir PARA comer..... vivre pour manger.
PARA navidad pagaré..... je paierai à la Noël (mon paiement est destiné pour le but, le terme de la Noël).
Es PARA todo..... il est bon pour tout, à tout.
PARA quien es mi padre basta mi madre... ma mère est bien assez pour mon père. (Proverbialement: c'est bien assez pour lui, pour elle, etc.)
Trabajo PARA ganar la vida..... je travaille pour gagner la vie...

PARA entre amigos..... pour des amis entre eux, entre amis.
PARA ahora..... pour le moment, maintenant.
PARA entonces..... pour lors, alors.
PARA dentro de un mes..... dans un mois, etc.

POUR.

POUR. (IDÉE D'ÉCHANGE, DE SUBSTITUTION)........ POR.

Asisto POR mi hermano........ j'assiste pour mon frère (à sa place, comme son substitut).
Está tenido POR docto........ Il passe pour savant.... (il tient la place d'un savant).
Daría mi sombrero POR el tuyo.... je donnerais mon chapeau pour le tien (en échange du tien).
Troqué mi vestido POR el suyo.... je troquai mon habit contre le sien... (en échange du sien).
Daría la casa POR diez mil francos. Il cédera la maison pour dix mille francs (en échange de dix mille francs).
Uno vale POR muchos........ un seul compte pour plusieurs (tient la place de plusieurs).
Divinas gracias POR el servicio que le había hecho...... } il me rendit de nouvelles actions de grâces pour le service que je lui avais rendu (en échange du service, etc.).

Trabajo POR ganar la vida..... je travaille pour gagner la vie.
N. B. Dans ce dernier exemple et celui qui y correspond, l'on emploie indifféremment PARA et POR, parce que les deux idées fondamentales de but et d'échange s'adoptent au sens, « je travaille dans le but de gagner la vie,... PARA ganar la vida. — Je travaille pour obtenir en « échange le gain de la vie.... POR ganar la vida 1.

---

1 Pou s'emploie encore dans d'autres cas, savoir:

Lorsque pour signifie en faveur de: Hablaré POR tu padre, je parlerai pour ton père.

Lorsqu'il s'agit d'exprimer la cause d'une action, et la durée d'un temps quelconque: Pou haber confesado le condenaron vos seis años à galeras; pour avoir confessé son crime, il fut condamné à six ans de galères.
(D. Q.)

On dit: Ir POR vino, POR pan; aller chercher du vin, du pain. — Pou nuestro grato, POU mis comodidades; pour votre agrément, pour ma commodité.

Pou exprime encore une idée négative: La carta está POU escribir; la lettre est à écrire, n'est pas écrite.

Les autres emplois de POR rentrent dans le sens de la préposition par: Pase POR la calle, il le fait par force; POR la mañana, POR la tarde; par le matin, dans la matinée; POR la soir, dans l'après-midi.

Donnons une idée de quelques autres prépositions.

À, à, en......
- *Creeme á mi*, crois-moi; — *volveré á Francia*, je retournerai en France; — *iré á Italia*, j'irai en Italie.
- *Salgo á PASEO*, je vais à la promenade; — *vémos á CAZA, á PESCA, á CASA, á MISA, á PALACIO*; nous irons à la chasse, à la pêche, à la maison, à la messe, au palais [1].
- *AL pasar*, en passant: — *AL levantarse*, en se levant.

DE, de, par:......
- *La casa DE Pedro*, la maison de Pierre; — *dar pruebas DE indócil*, donner des preuves d'indocilité. (*Pruebas de nonini; indócil.*)
- *Atraída nos DE curiosidad que DE compasion*, attirée plutôt par la curiosité que par la compassion.

DESDE, de, depuis, dès......
- *Escuchemos DESDE aquí sus desdichas*, écoutons d'ici le récit de ses malheurs; — *DESDE entonces*, dès lors.

EN, à, en......
- *Estoy EN Madrid*, je suis à Madrid.
- *EN cantando le adormece*, il l'endort en chantant.

HASTA, jusques à......
- *HASTA mañana, jusqu'á demaiu*: — *HASTA nos ver*, jusqu'au revoir; — *HASTA no nos, jusqu'á* n'en pouvoir plus.

SOBRE, sur, environ, outre, etc......
- *SOBRE la mesa*, sur la table; — *llegar SOBRE tarde*, arriver sur le tard, arriver tard.
- *Pedro tendrá SOBRE cuarenta años*, Pierre a environ quarante ans. (Dans ce cas, le verbe au futur est élégant.)
- *SOBRE no saber palabra de ortografía, outre qu'il est, qu'elle ne sait pas*, ne savait pas un mot d'orthographe.

TRAS, après, derrière, outre......
- *TRAS ser culpado, outre qu'il est, qu'il était coupable*, etc., etc.

<hr/>

1 Il faut remarquer les substantifs *paseo, caza, pesca*, etc., qui, dans ces locutions, ne prennent point l'adjectif-article *el, la.*

Le sens varié des prépositions, la multiplicité de celles qui accompagnent un même verbe, la conformité ou la différence de leur emploi entre le français et l'espagnol, tout cela s'apprend par la pratique, et trouvera d'ailleurs sa place dans la 3e partie de notre ouvrage, consacrée aux prépositions et aux idiotismes.

Pour le moment, nous allons nous borner à faire connaître quelques prépositions d'un ordre particulier, et nous les mettrons en rapport avec les prétendus adverbes qui leur ressemblent par le fond autant que par la forme.

PRÉPOSITION.

PRÉPOSITIONS COMPOSÉES.	PRÉTENDUS ADVERBES.	TRADUCTION.	ANALYSE.
ADEMAS DEL dinero....... OUTRE l'argent.	ADEMAS.........	EN OUTRE......	OUTRE DE esto.
ANTES DE la noche....... AVANT la nuit.	ANTES..........	AUPARAVANT....	PAR AVANT à esto, DE esto.
DEBAJO DE la cama....... SOUS le lit.	DEBAJO.........	DESSOUS.......	SOUS DE.
DELANTE DE la casa....... DEVANT la maison.	DELANTE........	DEVANT........	AVANT DE.
DENTRO DE dos años....... DANS deux ans.	DENTRO, DEFENTRO.	DEDANS........	DANS DE.
DESPUES DE ponerse el sol.. APRÈS le soleil couché.	DISPUES........	ENSUITE.......	en SUITE (DE).
DETRAS DE mí............. DERRIÈRE moi.	DETRAS.........	DERRIÈRE......	DE ARRIÈRE.
ENCIMA DE la montaña..... SUR la montagne.	ENCIMA.........	DESSUS........	SUR DE.
ENFRENTE DE la casa....... VIS-À-VIS la maison.	ENFRENTE.......	VIS-À-VIS.....	
FUERA DE esto........... HORS de cela, en outre.	FUERA, DEFUERA.	DEHORS........	HORS DE.
FUERA DEL rey........... HORMIS le roi....			

BUT ET EXPLICATION DU TABLEAU.

Ce qui distingue l'adverbe de la préposition, c'est, dit-on, que celle-ci a besoin d'un complément, tandis que l'adverbe forme à lui seul un sens complet. Il est cependant bon de faire observer que certains adverbes ne sont autre chose que des prépositions composées et elliptiques. Établissons des rapports :

PRÉPOSITIONS.	ADVERBES.
Je viendrai AVANT la nuit. Je viendrai AUPARAVANT.	
Je suis SUR le lit..... ... Je suis DESSUS.	
Je suis DANS la maison.. Je suis DEDANS	
Je suis HORS de la prison. Je suis DEHORS, etc., etc.	

Dans la colonne des prépositions, chacune a son complément, dans celle des adverbes le complément demeure isolé ; mais ceux-ci seraient des non-sens, si les idées qu'ils expriment n'établissent un rapport avec des idées déjà exprimées, et que l'on sous-entend.

On n'arrive auparavant, on n'est dessus ou dessous, on ne se trouve dedans ou dehors, que d'une manière relative. Si j'entre dans un jardin au sortir d'une maison, je suis dedans par rapport au jardin, et dehors par rapport à la maison. On n'a pas besoin d'insister sur cette vérité. Venons à l'objet de ce tableau.

Il présente d'abord les prépositions suivies de DE (en espagnol) ; et ces prépositions composées sont d'une identité parfaite avec les adverbes que nous mettons en parallèle, et dans la même colonne, sauf la particule DE, qui, d'après ce que nous venons de dire, est nécessairement sous-entendue, ainsi que son complément. Ici, la vérité idéologique se trouve corroborée par la lexigraphie, dans la traduction française des précédents adverbes, et dans l'analyse qui l'accompagne. Le dernier exemple, sans être plus concluant que les autres, est le plus frappant de tous.

Je dirai : *Fuera de aquí !* ... hors d'ici ! voilà la préposition. — *Fuera !* dehors ! voilà l'adverbe. Mais *dehors* n'est autre chose que *hors de* ; et remarquez que cet adverbe français, analysé, correspond parfaitement à la préposition espagnole *Fuera de*[1].

Que conclure de tout ceci ? Que les adverbes *Ademas, Antes, Debajo*, etc., ne sont autre chose que de véritables prépositions composées, avec ellipse de *DE* et de son complément.

[1] Les Espagnols eux-mêmes disent adverbialement : *Defuera*, dehors, en dehors ; *dedentro*, dedans, en dedans. « Su corazon (de Cristo) crucificado padeciendo..... el sagrado cuerpo lo estaba interna... » Son cœur (en parlant du Christ) crucifié au-dedans..... Le corps sacré l'était au-dehors.

SYNTAXE.

ADVERBE.

On sait que l'ADVERBE sert à modifier l'action exprimée par le verbe. Il y a plusieurs sortes d'adverbes.

1º ADVERBES DE LIEU.

¿ Do?... *Donde?* **en donde?** (sans mouvement).... où?

¿ *Adonde?* .... (avec mouvement)........ où?
¿ *Á do?* (pour *adonde*)................................. où? }   *Aqui, acá, ici où je suis; alli, la où vous êtes; alli, alli, la où il est; aculla, la, du côté opposé à celui où vous êtes.*

¿ *De donde?* .... d'où? *De aqui, d'ici......* de alli, de alli, de la.
¿ *Por donde?* .... par où? *Por aqui, par ici;* .... *por alli, por alli, par la.*

¿ *Ha ido un alli?* .... avez-vous été là?.... Y avez-vous été?.... } On pourrait dire, en parlant d'un bois : *Iba á entrar en él, faltaba y entrar, entrer dans toi* ......)
Voy alli, ... je vais là............... *J'Y vais,* .... } Id.   en parlant d'une maison : *Acaba de salir de ella, il vient d'en sortir, de sortir d'elle*).
Vengo de alli, de alli, je viens de là.... *J'EN viens...* .... }

DENTRO, dedans; DEBAJO, dessous, et autres dont nous avons parlé au chapitre des prépositions, et que nous considérons comme des prépositions elliptiques.

2º ADVERBES DE TEMPS.

Hoy, aujourd'hui........	*Presto mañana, après-demain...*	*Temprano, de bonne heure.....*	*Alguna vez, quelquefois.*
Ahier, ayer, hier.......	*Ahora, maintenant...........*	*Presto, vite......*	*Nunca, jamas, jamais.*
Antes de ayer, avant-hier...	*Luego, bientôt.............*	*Ya, déja..........*	*Esta semana, cette semaine.*
Mañana, demain.........	*Tarde, tard........*	*En otro tiempo, autrefois......*	*Este mes, ce mois-ci, etc.*

3º ADVERBES DE QUALITÉ.

Bien, muy bien; bien, très-bien [1]. | Les adverbes de qualité en *mente* se forment de presque tous les adjectifs qualificatifs, en ajoutant *mente* au féminin des adjectifs en O (*Alto-*
Mal, muy mal, mal, très-mal. | *altamente, hautement*), et au masculin de ceux qui ont une autre terminaison (*facil-facilmente* [2]). L'origine de ces adverbes est toute latine :
Mejor, mieux; peor, pis....... | *Tractá mente,* a dit Ovide : lentement, en soi-même. Cette origine ne saurait être plus manifeste que dans la langue espagnole, où, lorsque plu-
Tanto mejor, tant mieux...... | sieurs adverbes de ce genre se suivent immédiatement, on réserve pour le dernier la terminaison qui leur est commune. *Se portó GRANDE,*
Tanto peor, tant pis......... | *NOBLE y GENEROSA mente;* il se comporta grandement, noblement, et généreusement. C'est là une preuve de goût de la part des Espagnols,
Perfectamente, parfaitement. | et il n'appartient qu'aux femmes savantes de Molière :

« D'aimer superbement et magnifiquement. »

[1] Les deux tournures peuvent s'employer dans une même phrase : *Passons à elle, y encontráremos alli al señor duque;* nous y passâmes (à la maison, à casa), et nous y trouvâmes monsieur le duc.

[2] Les adverbes monosyllabes qui, en français, sont placés avant l'infinitif des verbes, suivent le verbe en espagnol : *Bien parler, mal parler; hablar bien, hablar mal;* — *mal hacer, Sancho, en decir mas de lo que manger; Sancho, ce n'est pas bien à toi de mal parler de la femme. (D. Q.)*

[3] *Feliz* fera donc *felizmente,* quoiqu'on trouve dans Don Quichotte encore l'adjectif *felice,* qui rend régulier l'adverbe *felizmente.*

4° ADVERBES DE QUANTITÉ.

¿ CUÁNTO? combien ?..	TANTO, autant	— Le quiero TANTO CUANTO te estimo ; je l'aime autant que je l'estime.
MUCHO. beaucoup..	POCO, peu.	— Hay MUCHO, poco que comer ; il y a beaucoup, peu à manger.
MÁS. plus......	MENOS, moins.	— Más dinero, plus d'argent ; una MENOS, une de moins.
DEMASIADO, trop...	BASTANTE, assez.	— Le parece à un DEMASIADO ? no, pero es BASTANTE.
POCO MÁS Ó MENOS, à peu près. ...		(Trouvez-vous que ce soit trop ? non, mais c'est assez.)

Ex. :

À l'exception de MÁS, MENOS, qui demeurent invariablement dans leur sphère adverbiale, tous ces adverbes s'emploient en qualité d'adjectifs, et s'accordent en genre et en nombre avec les substantifs auxquels ils se rapportent :

¿ CUÁNTAS veces? combien de fois?
TANTOS trabajos, tant de peines.
MUCHA gloria, beaucoup de gloire.
POCA dicha, peu de bonheur.
DEMASIADO rigor, trop de rigueur.
BASTANTES riquezas, assez de richesse.

3° ADVERBES D'AFFIRMATION ET DE NÉGATION.

SÍ, oui; CIERTO, CIERTAMENTE, certainement...
TAMBIÉN, aussi.
NO, non; AUN NO, pas encore; NADA, rien...
TAMPOCO, non plus.

Il ne faut pas confondre TAN BIEN, en deux mots, comparatif d'égalité de l'adverbe BIEN, avec TAMBIEN, aussi, de même. No confondez pas non plus TAN POCO, id. id. POCO, avec TAMPOCO, non plus.

Ex. :
Canto TAN BIEN como vm, je chante aussi bien que vous... Fui canta, y yo TAMBIEN, vous chantez et moi aussi.
Sé leer TAN BIEN como escribir, je sais aussi bien lire qu'écrire... Sé leer y TAMBIEN escribir, je sais lire, et je sais aussi écrire.
Le veo TAN POCO como à vm, je le vois aussi peu que je vous vois... Y'un no le ve, TAMPOCO yo; vous ne le voyez pas, je ne le vois pas non plus.
Le veo TAN POCO como vm (le ve), je le vois aussi peu que vous le voyez... voyez pas, je ne le vois pas non plus.

OBSERVATIONS SUR QUELQUES ADVERBES.

NUNCA, JAMÁS. On emploie JAMÁS comme synonyme de NUNCA.
{ JAMÁS pensó en casarme, }
{ No pensó JAMÁS en casarme, } il ne pensa jamais à se marier.
Lorsque JAMÁS précède le verbe, on supprime la négation ; on la conserve dans le cas contraire.

JAMÁS sert quelquefois à rendre l'expression plus énergique, soit qu'on le joigne à NUNCA, ou à PON SIEMPRE, PARA SIEMPRE :
{ Nunca JAMÁS lo haré, je ne le ferai jamais.
{ Pon siempre }
{ JAMÁS lo juro, je le jure à tout jamais.
{ para siempre }

NO, non, peut quelquefois en apparence sa signification négative :
{ Podreza vale mas que no deshonra, la pauvreté vaut mieux que l'infamie.
{ Mas quiero trabajar que no robar, j'aime mieux travailler que voler.

Nous avons déjà dit que la conjonction que n'est autre chose que la conjonction latine que, et. Ces exemples en sont une preuve. Leur véritable sens est celui-ci : La pauvreté vaut mieux et non l'infamie. J'aime mieux travailler et ne pas voler. Sans ce point de vue, no conserve sa signification négative.

On emploie en espagnol deux termes négatifs pour donner plus de force à la négation. Les deux négations ne peuvent jamais se trouver réunies. Si toute autre négation que no se trouve devant le verbe, no se supprime......

{ NO he visto à NADIE, je n'ai vu personne.........
{ NO hay NINGUNO, il n'y a personne.
{ NO lo haré JAMÁS, je ne le ferai jamais; ou bien,
{ NO quiero NADA, je ne veux rien;
{ NO salga NINGUNO, que personne ne sorte; id.

On ne peut pas dire : JAMÁS NO lo haré.
NADA NO quiero¹.
NINGUNO NO salga.

{ JAMÁS lo haré.
{ NADA quiero.
{ NINGUNO salga.

¹ Mas vale algo que no nada (P. Q.), quelque chose vaut mieux que rien; c'est-à-dire, d'après notre système, « ce qui vaut mieux, et non pas rien. »

DE LA CONJONCTION.

Tout le monde sait que la conjonction est un mot invariable qui sert à lier une proposition à une autre. Il y en a de plusieurs espèces ; nous allons les parcourir successivement.

1° CONJONCTIONS COPULATIVES, qui ont pour objet l'union des propositions, soit affirmatives, soit négatives.

AFFIRMATIVES......
{
Tú Y yo ; toi ET moi. ....
Mi padre Y mi madre ; mon père ET ma mère.
}
On se sert de *É* au lieu de *Y*, si le mot qui suit commence par *I* ou *HI*.
{
Bobo É Ignorante ; sot et ignorant.
Coser É Hilar, coudre et filer.
Padre É Hijo ; le père et le fils.
}

{
Sabía muy bien QUE era un hombre callado ; je savais fort bien que c'était un homme discret.
Quisiera........ QUE me amases } *je voudrais que tu m'aimasses¹.*
Quisiera........ ( ) me amases ; }
}

NÉGATIVES........
{
1. *NO como NI duermo ; il ne mange ni ne dort...............*
2. *NO sé tocar NI cantar ; je ne sais ni jouer ni chanter............*
3. *NI de día, NI de noche ; ni jour ni nuit.....................*
4. *Jamas me fué posible socorrer NI una sola palabra ; il ne me fut pas possible de lui arracher une seule parole.*
5. *Apenas sabía leer NI escribir ; à peine il savait lire et écrire.......*
}
{
Remarquez, dans l'exemple n° 5, la conjonction négative en espagnol, au lieu de l'affirmative que nous employons en français. Le sens, en effet, penche vers la négation.
}

2° CONJONCTION DISJONCTIVE, marquant l'alternative.

{
Juan Ó Pedro ; Jean ou Pierre.....................
Comer Ó dormir ; manger ou dormir................ } On se sert de *ó* au lieu de *ó*, lorsque le mot qui suit commence *Uno Ú Otro*, l'un ou l'autre.
Ó prudencia, Ó necedad ; qu'on les arrête, ou qu'on les tue. } par *O* ou *HO*............... } *Mujer Ú hombre*, femme ou homme.

3° CONJONCTIONS ADVERSATIVES, marquant restriction, ou opposition entre ce qui suit et ce qui précède.

Quisiera salir, MAS no puedo ; je voudrais sortir, mais je ne le puis.
Tengo una excelente trucha, PERO costará cara á los que la coman ; j'ai une excellente truite, mais elle coûtera cher à ceux qui la mangeront.
No se ha de vivir para comer, SINO comer para vivir ; on ne doit pas vivre pour manger, mais manger pour vivre.
No hay entre él y su hermano SINO dos años de diferencia ; il n'y a entre lui et son frère que deux années de différence.
La virtud, BIEN QUE perseguida, es amada ; la vertu, quoique persécutée, est aimée.
Habla la verdad, NO OBSTANTE nadie le cree ; il dit vrai, cependant personne ne le croit.
Los ladrones NO OBSTANTE..... }
NO EMBARGANTE..... } *ser tan astutos, se dejáron engañar ; les voleurs, quoiqu'ils fussent si rusés, se laissèrent tromper.*
No comía mas que fruta, SIN EMBARGO DE estar malo..... } il ne mangeait que des fruits, quoiqu'il fût malade.
SIN EMBARGO DE que estaba malo }

---

¹ Nous avons vu que dans ce dernier exemple, c'est une conjonction composée et elliptique. Le *que* conjonction revient très-fréquemment en espagnol ; s'il est parfois sous-entendu, il s'emploie aussi en un certain nombre à sous-entendre d'autres mots. En voici un exemple pris du Don Quichotte : *Pregúntele QUE de qué se reía*, y respondióme *QUE de una cosa*, etc. Rétablissez les ellipses, et vous aurez : *Pregúntele ¿ (fin de) QUE (un objet) de qué (cosa) se reía, y respondióme QUE (reía) de una cosa*, etc. Je lui demandai de quoi il riait, et il me répondit que c'était d'une chose, etc.

SUITE DE LA CONJONCTION.

4° CONJONCTIONS CONDITIONNELLES.

Serás docto COMO estudies, CON TAL QUE estudies ; tu seras savant, si tu étudies, *pourvu que* tu étudies.
COMO te veo, se lo digo ; si je le vois, je le lui dis, je le lui dirai.
SI aspiras á la gloria, condúcete con honor ; si tu aspires à la gloire, conduis-toi avec honneur.

5° CONJONCTIONS CAUSATIVES, servant à expliquer la cause.

Irémos á pasear, PUES te quiéres ; nous irons nous promener, *puisque* tu le veux.
Lo creo, PUES QUE tu lo ha dicho ; je le crois, puisque vous l'avez dit.
No vendrá, PORQUE no quiere ; il ne viendra pas, parce qu'il n'en a pas la volonté.
YA QUE has venido, vámos á pasear ; puisque tu es venu, allons nous promener.

6° CONJONCTIONS CONTINUATIVES, marquant la continuation du discours.

Digo PUES que fué una inconsecuencia del ministro ; je dis donc que ce fut une inconséquence du ministre.
ASÍ QUE no te vuelvo á desesperarte ; ainsi donc il n'est pas de raison pour se désespérer.
PUESTO, SUPUESTO QUE vengan, muestrate hombre cortés ; supposé qu'on vienne, montre-toi poli.

7° CONJONCTIONS COMPARATIVES.

Ces conjonctions marquent un rapport entre deux objets ou deux propositions ; telles sont *COMO,* comme ; { *COMO hagan, ASÍ haré yo ;* comme ils feront je ferai. *ASÍ, de même ; ASÍ COMO,* de même que............ { *ASÍ me portaré yo COMO él se porte ;* je me comporterai suivant sa manière d'agir.

CONJONCTIONS QUI RÉGISSENT LE SUBJONCTIF...

PARA QUE vengas, PORQUE vengas, Á FIN DE QUE vengas pronto, te doy un duro ; afin que tu viennes vite, je te donne une piastre.
Á NO SER QUE llueva mañana ; à moins qu'il ne pleuve demain.
ANTES QUE llegue el verano ; avant que l'été arrive.
CASO QUE, EN CASO QUE triunfe la libertad ; en cas que la liberté triomphe.
AUNQUE, AUN CUANDO, BIEN QUE muera ; quoiqu'il meure, encore qu'il meure, bien qu'il meure.
HASTA QUE maten al tercer toro, no me voy ; jusqu'à ce qu'on tue le troisième taureau, je ne m'en vais pas.
DADO QUE así sea, no quiero oirle ; supposé que cela soit ainsi, je ne veux pas l'entendre[2].

---

[1] Les conjonctions peuvent être suivies de l'indicatif : *AUNQUE, AUN CUANDO, BIEN QUE llegue tarde, esnario ;* quoique tu arrives tard, tu souperas.
[2] Après les verbes qui marquent le doute, l'incertitude, la crainte, *QUE* s'emploie en espagnol sans négatif : *Temo QUE venga ;* je crains qu'il (ne) vienne.

INTERJECTIONS, EXCLAMATIONS.

L'interjection, comme on l'a très-bien dit, n'est pas un mot, mais un cri. Elle exprime un sentiment de l'âme: sentiment de joie, de douleur, de surprise, etc.

Voici les interjections et les phrases exclamatives les plus usitées en espagnol[1]:

¡ Ah, que pena! }
¡ Ay, que pena! } ah! quelle, peine!... oh! quelle peine!

¡ Oh, desdichado de mí!... ah! malheureux que je suis!...

¡ Ay misero de mí! ay infeliz!... malheureux que je suis! — Pobre de mi padre!... mon pauvre père! de douleur.

¡ Ay de mí!... malheur à moi!...

¡ Ay, que goço!... ah! quelle joie!

¡ Oh! felices de nosotros!... oh! que nous sommes heureux! de joie.

¡ O Dios!... dieux! — ¡ Dios mío!... mon Dieu!

¡ Santo Dios!... grand Dieu! — O cielo! ô ciel!

¡ Es increíble!... c'est incroyable! — Que veo! que miro!... que vois-je! de surprise.

¡ Que es lo que escucho, oido!... ciel! qu'entends-je!

¡ Ojalá!... plût à Dieu! — ¡ Dios lo quiera! Dieu le veuille!

¡ Si dios lo quisiera!... si le ciel le voulait!. de désir.

¡ Fuera de aquí!... hors d'ici! — Ni miraríol... pas même le regarder!

¡ Es escandaloso!... c'est scandaleux! — ¡ Es inaudito!... c'est inouï! de mépris, de colère.

Ola, sert pour appeler, et pour exprimer l'étonnement: ¡ Ola, muchacho, vendrás luego? holà, garçon, viendras-tu bientôt? — ¡ Ola, quien lo hubiera creído!... oh! qui l'aurait cru!

¡ Carro, sert à imposer silence... chut! — ¡ Ea!... en sus!... allons, or çà, courage! — VAYA, or sus, allons! — VAYA, VAYA, allez! allez! bien, bien, à merveille, etc.

Toma!... tiens!...

¹ Pour désigner en espagnol l'exclamation ou l'interrogation, on place le point exclamatif ou interrogatif renversé au commencement de la phrase, et dans sa position naturelle à la fin de cette même phrase.

DE L'INTERROGATION.

L'interrogation en espagnol est uniquement dans le ton de celui qui parle, et non dans la forme de son langage : c'est pour cela que, dans le langage écrit, on fait précéder du point interrogatif la phrase destinée à l'interrogation ; c'est un avertissement.

EXEMPLES :

¿ *Duerme mi padre?*	mon père dort-il ?
¿ *Vendrá su tio de vm?*	votre oncle viendra-t-il ?
Que ¿ *le conoce vm?*	
¿ *Acaso le conoce vm?*	est-ce que vous le connaissez ?
¿ TAL VEZ *le conoceré vm?*	
¿ *No os revirâd que se lo dije á vm?*	n'est-ce pas, que je vous l'ai dit ?
¿ *No es así, señora?*	n'est-ce pas, madame ?
¿ *Que hay ? ¿ que es esto?*	qu'est-ce que c'est ? qu'y a-t-il ?
¿ *Has oído á este grande orador?*	as-tu entendu ce grand orateur ?
¿ *Ha visto VM. el teatro del principe?* avez-VOUS vu le théâtre du prince ? [1]	

[1] Avec le verbe auxiliaire ; VM peut se placer après l'adjectif passif, tandis que le mot sens, qui y correspond en français, se place avant.

IDIOTISMES.

Nous allons donner une série de tableaux, d'abord sur les principales prépositions espagnoles. Chacune d'elles est traitée séparément, et employée dans une foule d'exemples où nous avons fait en sorte de reproduire les tournures les plus appropriées au génie de la langue castillane. Cette grande variété de locutions, nous ne la donnons pas comme un œuvre philosophique ou littéraire, comme une anthologie de pensées ingénieuses ou d'images poétiques; elle ne présente qu'un travail purement grammatical, dans lequel tout est sacrifié à l'exactitude de la phraséologie, à la justesse et à la pureté de l'expression, et même à la reproduction fidèle des mœurs espagnoles et de tout ce qui constitue la couleur locale. Quant à la traduction française, elle ne vise pas à l'élégance : c'est une simple version plutôt qu'une traduction.

Nous en disons autant des locutions proprement dites, qui font suite aux prépositions. L'espagnol est riche en ces sortes de locutions familières : il a fallu se borner à un choix de ce qu'elles offrent de plus usuel, et de ce qui caractérise plus particulièrement le génie de la langue. Nous avons cherché à rapprocher autant que possible les équivalents français du sens propre de l'idiome étranger...; c'est à l'élève à compléter ce travail, en se servant du dictionnaire pour arriver à la traduction littérale de chaque pensée, et se pénétrer de l'image qui en est l'expression.

ESPAGNOL.			FRANÇAIS.		
Acerar......	A	su casa......	Trouver......	A	sa maison......	Avec les yeux bandés.
Agasajar......	A	su dama......	Régaler......		sa maitresse...... Avec de l'argua emprunté.
Acechar......	A	su rival......	Guetter......		son rival...... Pour lui donner une volée.
Aguardar......	A	que amanezca......	Attendre......		qu'il soit jour...... crainte des voleurs.
Almorzar......	A	las cuatro......	Déjeuner......	A	quatre heures...... Au milieu d'un chemin.
Asomarse......	A	la reja......	Se mettre......	A	la grille...... Pour entendre ce qu'on dit.
Atraerse......	A	la alcoba......	S'approcher......	De	l'alcove...... être aperçu.
Arrimarse......	A	una isla......	Arriver......	A	une ile...... Sans aucun danger.
Arribar......	A	un hombre......	Humilier......	A	quelqu'un...... Au milieu de la rue.
Avergonzar......	A	su enemigo......	Attirer......	A	son ennemi...... Par de vils artifices.
Airar......	A	sus criados......	Ordonner......	A	ses domestiques...... D' aller à la campagne.
Avisar......	A	boca llena......	Se vanter......		tout haut...... D' avoir commis un crime.
Alabarse......	A	la justicia......	Importuner......		la justice...... Par ses demandes.
Acudir......	A	los vecinos......	Faire peu......	Au	voisins...... Pour s'amuser.
Asistir......	A	su enferma......	Tenir compagnie......		un malade...... Sans aucune vue d'intérêt.
Acompañar......	A	su padre......	Menacer......		son père...... Avec une audace criminelle.
Amenazar......	A	un viandante......	Assaillir......		un voyageur...... Au milieu d'un bois.
Asaltar......	A	un desvalido......	Secourir......		un malheureux, darem Suivant ses moyens.
Asistir......	A	las gentes......	Percer......	A	les soldats...... Sans dire mot.
Atropellar......	A	los soldados......	Exciter......		sou épouse...... Avec feu et énergie.
Aullar......	A	rorro......	Effrayer......		le courrier...... Par des manières lunaires.
Aturdir......	A	su esposa......	Atteindre......	En	frais...... En moins de deux heures.
Alcanzar......	Al	las voces......	S'effrayer......	Au	cris...... D' une troupe de gamins.
Sausarse......	A	los gustos......	Subvenir......		la porte...... Sans que personne le demande.
Atender......	A	la puerta......	Descendre......	De	la rue...... Sans s'être peigné.
Allegarse......	A	la calle......	Cautionner......	A	un parent...... De sa personne et de son bien.
Alegrarse......	A	un pariente......	Conseiller......	Avec	sa belle...... la plus vive tendresse.
Alojar......	A	su querida......	Harceler......	De	un coupable...... De tous ses crimes.
Alanar......	A	un reo......	Absoudre......	De	un traité...... Sans objection.
Abrazar......	A	un tratado......	Placer......		son fils...... Chez un marquis.
Abolver......	A	su hijo......	Areéler......	A	un ami...... De se guérir de ses vices.
Acomodar......	A	su amigo......	Conseiller......	A	ses débiteurs...... Avec une rigueur extrême.
Acceder......	A	sus deudores......	Insulter......		un honnête homme...... Au milieu d'une assemblée.
Aconsejar......	A	un hombre honrado......	Cajoler......		un sbire...... Pour le mieux tromper.
Acusar......	A	un esbirro......	Charrier......		sa femme...... Par des cailloubois.
Afrentar......	A	su mujer......	Charrier......	A	faire...... Avec les boufs d'autrui.
Aguilar......	A	la era......	Faire faire......		les critiques...... Avec des cadeaux continuels.
Agradar......	A	los criticos......	Prendre......		le trottoir...... Pour éviter le danger.
Acarrear......	A	la acera......			
Acallar......	A				
Apartarse......	A	Para huir del peligro......			

IDIOTISMES.

PRÉPOSITIONS.

ESPAGNOL			FRANÇAIS		
Accoler.....	Contra su gusto.....	A los ruegos de Miguel.	Céder.....	Contre sa volonté.....	Aux prières de Michel.
Acometer.....	Contra cinco.....	A	Se jeter.....	Sur cinq ennemis.....	Sans avoir aucune arme.
Alzarse.....	Antes que venda su patria.....	Sin tener arma ninguna.	Se lever.....	Contre le traître.....	Avant qu'il vende sa patrie.
Arcueder.....	Contra el traidor.....	Con un valor sin igual.	Tomber.....	Sur tous.....	Avec un courage sans égal.
Arrojar.....	Contra todos.....	A un insolente rival.	Jeter.....	Contre un mur.....	un rival insolent.
Atentar.....	Contra una esquina.....	En visperas de casarse.	Atteindre.....	A sa vie.....	la veille de se marier.
Azotar.....	Contra su vida.....	A los perros de ayuda.	Exciter.....	Contre le voleur.....	les chiens dressés pour la défense.
Beber.....	Contra el ladron.....	las dos de la mañana.	Boire.....	Contre son ordinaire.....	deux heures du matin.
Blasfemar.....	Contra los santos.....	Sin tener motivo alguno.	Blasphémer.....	Contre les saints.....	avoir aucun motif.
Bramar.....	Contra lo ordinario.....	Por sus ruines procederes.	Pester.....	Contre l'intendant.....	cause de ses méfaits.
Casarse.....	Contra el intendente.....	Con la hija del tendero.	Se marier.....	Contre son inclination.....	la fille du boutiquier.
Obrar.....	Contra su gusto.....	En casa de un boticario.	Travailler.....	Contre les malades.....	un apothicaire.
Contestar.....	Contra los enfermos.....	De un modo tan criminal.	Déposer.....	Contre son père.....	une manière si criminelle.
Darse.....	Contra su padre.....	Por ir pensando en batuecas.	Prononcer.....	Contre une colonne.....	avoir aucune prevre.
Decir.....	Contra una pared.....	En la plaza mil sandeces.	Manquer.....	Contre toute raison.....	la parole donnée.
Decir.....	Contra el alcalde.....	Por orden del presidente.	Signer en blanc.....	Au mépris de la loi, et.....	papier non timbré.
Declarar.....	Contra su suegro.....	Por no darle la limosna.	Parler.....	Contre un sénateur.....	café Saint-Louis.
Enojarse.....	Contra el perdidoso.....	Sin reserva ni temor.	Se promener.....	Contre son père.....	un procès de trahison.
Escribir.....	Contra el ministro.....	Por no llevar una luz.	Se fâcher.....	Se précipiter.....	Pour les rancunes.
Estrellarse.....	Contra un poste.....	Sin tener prueba ninguna.	Se précipiter.....	Sur le premier acteur.....	la porte du théâtre.
Fallar.....	Contra el acusado.....	A la palabra ya dada.	Nager.....	Contre le courant.....	un grand fleuve.
Faltar.....	Contra toda ley.....	En papel simple y en blanco.	Marcher.....	Contre l'ennemi.....	les montagnes de Tolède.
Firmar.....	Contra le mandato.....	En el café de San Luis.	Se conformer.....	Contre sa propre opinion.....	ce que les autres ont dit.
Hablar.....	Contra un senador.....	En causa de traicion.	S'en prendre.....	A sa femme.....	ce que le chien est mort.
Ir.....	Contra su mismo padre.....	A la puerta del teatro.	Se mettre.....	Contre son frère.....	une humeur diabolique.
Irritarse.....	Contra el galan.....	Por un rio caudaloso.	Arrêter.....	Contre la coutume.....	deux pauvres innocents.
Lanzarse.....	Contra el yerno.....	En el monte de Toledo.	En agir.....	A l'égard d'un débiteur.....	une indulgence excessive.
Nadar.....	Contra la corriente.....	Por lo que otros dijeron.	Éclater.....	Contre l'abbé.....	injures et en menaces.
Pasar.....	Contra el enemigo.....	Por haberse muerto el perro.	Réclamer.....	Contre la loi.....	la dîme et des municipalités.
Penarse.....	Contra su dictamen.....	De un humor endemoniado.	Réprimander.....	Contre l'usage.....	un ministre de la reine.
Ponerse.....	Contra su hermano.....	A dos pobres inocentes.	Se plaindre.....	Contre un juge.....	Aux cortès espagnoles.
Prender.....	Contra su costumbre.....	Con excesiva indulgencia.	Heurter.....	Contre une pierre.....	tous les intrigants.
Proceder.....	Contra un deudor.....	En denuestos y amenazas.	Sortir.....	Contre l'ennemi.....	une issue cachée.
Prorrumpir.....	Contra el Abad.....	De diezmos y Ayuntamientos.	Servir.....	Contre son pays.....	les armées étrangères.
Reclamar.....	Contra la ley.....	A un ministro de la reina.	Venir.....	Contre son maître.....	l'heure de minuit.
Recorrer.....	Contra el uso.....	A las cortes españolas.	S'attaquer.....	A son maître.....	toute sorte d'imprécations.
Representar.....	Contra un juez.....	A todos los intrigantes.			
Seducir.....	Contra una piedra.....	Por un portillo escondido.			
Salir.....	Contra el enemigo.....	En las filas extranjeras.			
Servir.....	Contra su pais.....	A las doce de la noche.			
Venir.....	Contra el señor.....	A cada paso mil pestes.			
Vomitar.....	Contra su nuera.....				

IDIOTISMES.

PRÉPOSITIONS.

ESPAGNOL		FRANÇAIS	
Abalanzarse	Hacia ellos. — Con ánimo desolado.	**S'avancer**	Vers eux. — Avec un cœur résolu.
Agolparse	Hacia la plaza. — Con dañadas intenciones.	**Accourir**	Vers la place. — Avec des intentions criminelles.
Arrastrar	Hacia la fuente. — A un general asesino.	**Traîner**	Vers la fontaine. — Avec un général assassin.
Atraer	Hacia los suyos. — A un enemigo visoño.	**Attirer**	Vers les siens. — Avec un ennemi sans expérience.
Caerse	Hacia atrás. — Por ir muy sobre cargado.	**Tomber**	En arrière. — Pour être trop chargé.
Caminar	Sin que el médico lo estorbe.	**S'approcher**	Sans que le médecin puisse l'empêcher.
Cenar	Hacia media noche. — Con el sargento mayor.	**Souper**	Vers minuit. — Avec le major du régiment.
Contramarchar	Hacia Burgos. — Por el orden del general.	**Faire une contre-marche**	Vers Burgos. — Par ordre du général.
Correr	Hacia Villahoz. — Con algunos compañeros.	**Courir**	Vers Villahoz. — Avec quelques compagnons.
Costear	Hacia el estrecho. — Sin atreverse á llegar.	**Côtoyer**	Vers le détroit. — Sans oser aborder.
Encaminarse	Hacia Londres. — Sin determinado objeto.	**S'acheminer**	Vers Londres. — Sans objet déterminé.
Encararse	Hacia el puente. — Con uno de sus criados.	**Se diriger**	Vers le pont. — Avec un de ses valets.
Huir	Hacia Portugal. — En traje de postillón.	**Fuir**	Vers le Portugal. — En costume de postillon.
Inclinarse	Hacia un partido. — A riesgo de perecer.	**Pencher**	Vers un parti. — Au risque de périr.
Ir	Hacia Murcia. — A buscar pimientos dulces.	**Aller**	Vers Murcie. — chercher des piments doux.
Ladearse	Hacia la izquierda. — Por no haberlo atado bien.	**Pencher**	Du côté gauche. — Pour n'avoir pas été bien attaché.
Largarse	Hacia el castillo. — Antes que el contrario llegue.	**Voir**	Vers la forteresse. — Avant que l'ennemi arrive.
Llegar	Hacia el mediodía. — A la casa de Colina.	**Arriver**	Vers midi. — A la maison de Colina.
Llevar	Hacia el riachuelo. — Por caminos extraviados.	**Conduire**	Vers le ruisseau. — Par des chemins détournés.
Mirar	Hacia la barrera. — Antes que empiece á llover.	**Regarder**	Vers la barrière. — Avant qu'il commence à pleuvoir.
Recogerse	Hacia el lugar. — un batallón enemigo.	**Se retirer**	Vers le village. — un bataillon ennemi.
Rechazar	Hacia la sierra. — una banda de ladrones.	**Repousser**	Vers les montagnes. — une bande de voleurs.
Repeler	Hacia los montes. — toda la artillería.	**Chasser**	Vers les monts. — toute l'artillerie.
Retirarse	Hacia Madrid. — Con la viuda de un patriota.	**Battre en retraite**	Vers Madrid. — Avec la veuve d'un patriote.
Conducir	Hacia el campamento. — A un médico del rey.	**Conduire**	Vers le cimetière. — un médecin du roi.
Salir	Hacia Tordesillas. — Sin saber que gente eran.	**Partir**	Pour Tordesillas. — Sans savoir qui l'on salue.
Saludar	Hacia el paseo. — Con ánimo de robar.	**Faire un salut**	— Avec l'intention de commettre un vol.
Seguir	Hacia la calzada. — la ermita de la Cruz.	**Se diriger**	Vers le grand chemin. — l'ermitage de la croix.
Situarse	Hacia la ribera. — ir á ver los toros.	**S'installer**	Dans la plaine. — aller voir les combats de taureaux.
Subir	Hacia media tarde. — el pastor del menudo.	**Défiler (les bœufs, etc.)**	Vers les trois heures. — le berger du menu bétail.
Subir	Hacia la máquina. — el sargento primero.	**Monter**	Vers le parc. — le sergent-major.
Suponer	Hacia Zael. — quien está en el Ferrol.	**Succomber**	Vers Zael. — celui qui est dans le Ferrol.
Sucumbir	Hacia Castilla. — postas y perdigones.	**Supposer**	Vers la Castille. — du gros et du petit plomb.
Tirar	Hacia el páramo. — un camino de atajo.	**Tirer**	Sur le pigeonnier. — un chemin de traverse.
Tomar	Hacia la derecha. — todos sus familiares.	**Aller**	Vers la droite. — tous ses domestiques.
Torcerse	Hacia su enemigo. — cierta desconfianza.	**Se détourner**	Vers le nord. — une certaine défiance.
Venir	Hacia el norte. — En calidad de agregado.	**Voyager**	Dans son pays. — en qualité de commis.
Viajar	Hacia su país. — Con inefable placer.	**Retourner**	En — un plaisir inexprimable.
Volver	Hacia los cuarteles. — Con banderas desplegadas.	**Marcher**	Vers les casernes. — bannières déployées.
Marchar	Hacia la pradera. — Para vadear el río.	**Se diriger**	Vers la prairie. — Pour passer le gué de la rivière.
Echar			
Enviar	Hacia la iglesia. — A la criada del cura.	**Envoyer**	Vers l'église. — la servante du curé.

IDIOTISMES.

PRÉPOSITIONS.

ESPAGNOL			FRANÇAIS		
Batallar	Con	su suegro. Por cosas muy leves.	Batailler	Contre	son beau-père. Pour des bagatelles.
Besucar	Con	metedizo. A un hijo de la casa.	Baisoter	Avec	tendresse, un enfant de la maison.
Birlar	Con	la escopeta. A su propia mujer.	tuer	Avec	sa propre femme. D' un coup de fusil.
Bolear	Con	los vecinos. En mitad de la calle.	Niaiser	Avec	les voisins. au milieu de la rue.
Borrajear	Con	la pluma. En saber lo que se tuerce.	Griffonner	Avec	la plume. Sans savoir ce que l'on fait.
Bosquejar	Con	el lápiz. Sin que el maestro lo vea.	Faire une ébauche	Au	crayon. que le maître le voie.
Brillar	Con	pocos dijes. En todas las tertulias.	Faire	Avec	peu de bijoux. l'ornement de toutes les soirées.
Brincar	Con	grillos puestos. En un patio de la cárcel.	Sauter	Avec	les fers aux pieds. Dans une cour de la prison.
Brindar	Con	leche helada. A todos sus amigos.	Inviter	Avec	tous ses amis. A prendre des glaces.
Burlarse	Con	descaro. De todos sus parientes.	Se moquer	D'	effrontément. De tous ses parents.
Buscar	Con	diligencia. A su padre ó hermano.	Chercher	Avec	empressement. son père ou son frère.
Caer	Con	toda su gente. En manos del enemigo.	Tomber	Avec	tout son monde. Au pouvoir de l'ennemi.
Cambiar	Con	viejo y pobre. Para tener dos infiernos.	Faire échange	Avec	une vieille pauvre. Pour avoir deux enfers.
Caminar	Con	algún amigo. Acia el monte del lugar.	Cheminer	Avec	un ami. Vers le bois qui touche au village.
Cansar	Con	tanto pedir. A todos sus protectores.	Fatiguer	Avec	tous ses protecteurs. A force de demandes.
Cantar	Con	melifua voz. A la puerta de su dama.	Chanter	D'	une voix douce. A la porte de sa dame.
Cargar	Con	toda la plata. Antes que el amo entre en casa.	Enlever	Avec	toute l'argenterie. Avant que le maître rentre chez lui.
Casarse	Con	el Rey. Sin que el ministro lo sepa.	Se marier	Avec	le roi. A l'insu du ministre.
Cenar	Con	su esposa. Antes de irse á la cama.	Souper	Avec	sa femme. Avant de s'aller au lit.
Colarse	Con	un palco del teatro.	Se glisser		dans une loge (du théâtre).
Compartir	Con	su prima. En igual proporción.	Partager	Avec	son cousin. En égale portion.
Competir	Con	el Rey. En valor y destreza.	Le disputer	Au	roi. En courage et en adresse.
Compararse	Con	los Aquiles. En la muerte de alguno.	S'égaler	Aux	Achilles. En la mort de quelqu'un.
Complacerse	Con	otros. De la mas leve reina.	Se réjouir	D'	autres personnes. De la moindre chose.
Comprometer	Con	finura. A lugar de contentarle.	Compromettre	Avec	finesse. Au lieu de le satisfaire.
Comprometerse	Con	el juez. órden del tribunal.	Se compromettre	A	l'égard du juge. Par ordre du tribunal.
Comunicar	Con	su esposa. Por	Communiquer	Avec	son épouse. Par
Concertarse	Con	los suyos. Antes de emprender las cosas.	Se concerter	Avec	les siens. Avant de rien entreprendre.
Concluir	Con	un negocio. Para emprender otro nuevo.	Terminer	Avec	une affaire. Pour en commencer une autre.
Concurrir	Con	varias gentes. A la fiesta del lugar.	Se rendre	Avec	plusieurs personnes. A la fête du village.
Conformarse	Con	su suerte. Sin decir de nadie mal.	Se conformer	A	son sort. Sans blâmer personne.
Confundir	Con	documentos. A un amigo ilesleal.	Confondre	Par	des preuves. un ami déloyal.
Conspirar	Con	otros muchos. Contra el rey y su gobierno.	Conspirer	Avec	beaucoup d'autres. Contre le roi et son gouvernement.
Consultar	Con	su abogado. Sobre asuntos de interés.	Consulter	Avec	son avocat. Sur des affaires d'intérêt.
Contender	Con	el vecino. Por cosas de poca monta.	Se disputer	Avec	le voisin. Pour des choses de peu d'importance.
Conversar	Con	la criada. que el ama lo repare.	Jaser	Avec	la servante. que la maîtresse s'en aperçoive.
Corregir	Con	indulgencia. A sus hijos y criados.	Corriger	Avec	indulgence. ses enfants et ses domestiques.
Corregir	Con	mucho amor. A la mujer del barbero.	Corriger	Avec	beaucoup d'ardeur. la femme du perruquier.
Curarse	Con	pediluvio. Sin avisar al doctor.	Se guérir	Avec	des bains de pieds. Sans consulter le médecin.

PRÉPOSITIONS.

ESPAGNOL.		
Concertarse........	Antes de obrar...... Para	que el golpe no falle.
Concurrir..........	Antes que el juez... A	la sala de la audiencia.
Condenar...........	Antes de oir........ A	los testigos citados.
Convenir...........	Antes de todo...... En	lo que ha de hacerse hoy.
Curarse............	Antes de tres dias.. De	una enfermedad tan grave.
Dar................	Antes de despedirse.. Con	uno de sus deudores.
Derrocar...........	Antes con antes..... A	los verdugos del pueblo.
Descansar..........	Antes de entrar..... En	el salon de baile.
Deportarse.........	Antes del alba...... En	medio de una arboleda.
Divertirse.........	Antes de acostarse.. En	las gentes de la veln.
Dolerse............	Antes que ninguno... A	las desgracias agenas.
Enjuagarse.........	Antes la boca....... Con	dos ó mas compradores.
Enseñar............	Antes la puíra...... A	defender la plaza.
Escoger............	Antes la gente...... Para	la parte contraria.
Escribir...........	Antes al juez....... Contra	la caza.
Espantar...........	Antes la caza....... A	fin de que no lo coja.
Ganar..............	Antes de tirar á casa. A	comprar un novillo.
Gastar.............	Antes de cuistrar... De	25 á 20,000 duros.
Hacer..............	Antes su negorio.... De	si se vuelven las tornas.
Huir...............	Antes que le cojan.. En	una silla de posta.
Jugar..............	Antes de marchar... Con	el cura del aldea.
Juntarse...........	Antes de cenar..... En	la tienda de Pepita.
Llamar.............	Antes de acostarse.. A	todos sus dependientes.
Llegar.............	Antes al espejo..... A	la venta de Rinhabon.
Mirarse............	Antes al espejo..... En	casa de la vecina.
Mudarse............	Antes de salir..... Con	la ropa de su k' mano.
Naufragar..........	Antes de entrar.... En	el puerto de Tampico.
Pensar.............	Antes de salir..... En	lo que mas interesa.
Partir.............	Antes á las partes.. Con	toda imparcialidad.
Partir.............	Antes que lo vean.. Para	país estranjero.
Pasar..............	Antes de cenar..... Para	casa de la Juliana.
Pecharse...........	Antes de ir....... Con	su cuñada á paseo.
Penar..............	Antes y despues.... Por	no quererse sangrar.
Perecer............	Antes de entrar.... En	la ciudad conquistada.
Publicar...........	Antes el bando..... Por	medio de pregonero.
Quedarse...........	Antes de morir..... Sin	hablar una palabra.
Quitar.............	Antes la basura.... Para	que pase el ganado.
Raspar.............	Antes la madera.... Con	la punta del formon.
Reforzar...........	Antes el campo..... Con	dos ó tres batallones.
Regar..............	Antes el salon..... Con	agua de colonia.
Remitir............	Antes de pascua.... Con	su querida una esquela.
Responder..........	Antes de tiempo.... A	los cargos que le hacian.

FRANÇAIS.		
Se concerter......	Avant d'agir....... Pour	ne pas manquer le coup.
Arriver...........	Avant le juge..... A	la salle d'audience.
Condamner.........	Avant d'entendre..	les témoins cités.
Convenir..........	Avant tout........ De	ce qu'on doit faire aujourd'hui
Se guérir.........	En moins de trois jours D'	une maladie si grave.
Se trouver........	Avant de partir... Avec	un de ses débiteurs.
Renverser.........	Le plus tôt possible.	les bourreaux du peuple.
Se reposer........	Avant d'entrer.... Dans	la salle de danse.
Se réveiller......	Avant l'aurore.... Au	milieu d'une allée.
Se divertir.......	Avant de se coucher. Des	les personnes de la veillée.
Etre le premier...	A génir........... Avec	deux doigts de liqueur.
Commencer.........	Par montrer l'apostille A	défendre la place.
Choisir...........	D'abord son monde.. Pour	défendre la place.
Commencer.........	Par écrire au juge. Contre	la partie adverse.
Faire.............	Vite de rentrer chez soi Pour	qu'on ne l'attrape pas.
Gagner............	Avant de se marier. De	quoi acheter un bouvillon.
Dépenser..........	Avant De	15 à 20,000 piastres.
Faire.............	D'abord son affaire. De	si se... changement de fortune.
Fuir..............	Dans une chaise de poste Avant	d'être pincé, arrêté.
Jouer.............	Avant de partir... Avec	le curé du village.
Se réunir.........	Avant de souper... Dans	la boutique de Joséphine.
Appeler...........	Avant de se coucher.	tous ses commis.
Arriver...........	Avant l'heure du dîner.. A	l'auberge de Rinhabon.
Se regarder.......	D'abord au miroir. Chez	la voisine.
S'habiller........	Avant de sortir... Avec	les hardes de son frère.
Faire naufrage....	Avant d'entrer.... Dans	le port de Tampico.
Penser............	Avant Pour	ce qui interesse le plus.
Partir............	Avant d'être vu... Pour	le pays étranger.
Partir............	Avant de souper.. Chez	la Juliana.
Passer............	Avant d'aller se pronener Avec	sa belle-sœur.
Se peigner........	Avant Par	crainte de la saignée.
Souffrir..........	Sans cesse........ Dans	la ville conquise.
Périr.............	Avant d'entrer.... Par	la voix du crieur.
Publier...........	D'abord l'ordonnance. Avant	de mourir.
Perdre............	la parole......... Pour	donner passage au troupeau.
Oter..............	le fumier......... Avec	la pointe du ciseau.
Racler............	D'abord le bois... Avec	deux ou trois bataillons.
Commencer.........	Par renforcer le camp Avec	de l'eau de Cologne.
Envoyer...........	D'abord le salon.. Avec	sa maîtresse.
Répondre..........	Avant Pâques un poulet A	sa maîtresse.
Répondre..........	Hors de saison.... Aux	griefs dont on le charge.

PRÉPOSITIONS.

ESPAGNOL.			FRANÇAIS.		
Peinarse......	Por la mañana......	Para salir á paseo......	Se coiffer......	Ou le matin......	Pour aller se promener.
Pelear.......	Por la libertad......	Hasta vencer ó morir....	Vaincre.......	Ou mourir......	Pour la liberté.
Pensar.......	Por una mujer......	Sin lograr favor alguno....	Soupirer.......	Pour une femme......	Sans obtenir aucune faveur.
Penetrar......	Por el corral......	En la casa del alcalde....	Entrer.......	Par la cour......	Dans la maison du maire.
Perder.......	Por ser hablador......	A dos ó très indiscos....	Comprometter...	Par son indiscretion...	Avec deux ou trois malheureux.
Permitir......	Por complacencia......	A su mujer un criado....	Permettre un valet.	A sa femme......	Par pure complaisance.
Pelar.......	Por su mucha gracia....	A todos los concurrentes....	Plaire.......	Par sa grâce......	A tous les assistants.
Plantar......	Por las navidades......	A su criado en la calle....	Chasser.......	Pour son domestique...	A la Noël.
Poner.......	Por los interesses......	A un amigo del juez....	Prendre.......	Pour interesseur...	A un ami du juge.
Preguntar.....	Por un sujeto......	A la dueña de la casa....	S'informer......	De quelqu'un......	A la maîtresse de la maison.
Premiar......	Por muchos motivos....	A los buenos ciudadanos..	Récompenser....	Pour les bons citoyens..	Pour plusieurs motifs.
Priugarse.....	Por volbria......	En cosas tan sin valor....	S'apprêter......	Par avarice......	Dans des objets de peu de valeur.
Privarse......	Por que le da su madre.	De lo que le da su madre..	Se priver......	Pour qu'un autre mange...	De ce que sa mère lui donne.
Procesar......	Por revoltoso......	A un lego de san Gines....	Accuser.......	Comme tapageur......	Par le courrier.
Proclamar.....	Por general......	A un picaro hambriero....	Prochamer......	général......	A l'heure du souper.
Prohibir......	Por 100,000 francos....	A un aborto de Belen!....	Adopter.......	Pour 100,000 fr......	un frère lit de Saint-Ginès.
Quedarse.....	Por ser un tonto......	Sin dinero y sin racin....	Prendre.......	tout......	Par sa sottise.
Quitar.......	Por gana de chunga....	A su amigo los calzones....	Emporter.......	Pour rire......	les culottes de son ami.
Rabiar.......	Por tener mujer......	Para librarse de quintas....	Se marier......	Pour se marier......	Pour s'exempter la conscription.
Recaer.......	Por cuarta vez......	En los vicios de la infancia..	Rétomber.......	Dans la quatrième fois..	Dans les folies de l'enfance.
Recibir.......	Por el correo......	De su casa algun dinero..	Recevoir quelque argent	De chez soi......	Par le courrier.
Recogerse.....	Por la noche......	A la hora de cenar......	Se retirer......	A le soir......	A l'heure du souper.
Recomendar....	Por escrito......	A un primo de la mujer..	Donner une lettre	De recommandation..	A un cousin de sa femme.
Reconvenir....	Por envidia......	A quien nunca delinquió..	Réprimander....	Par envie......	celui qui est sans reproche.
Reconvenir....	Por la mañana......	Antes que el sol amortigue.	Se promener....	Par le matin......	Avant que le soleil ne darde.
Refugiar......	Por temor......	En país inmediato......	Se réfugier.....	Dans crainte......	un pays voisin.
Registrar.....	Por un ochavo......	En medio de una plazuela..	Marchander.....	Pour un liard......	Au milieu d'une place.
Regresar......	Por Salamanca......	Antes de ir á la corte....	Rétrograder....	Vers Salamanque......	Avant d'aller à Madrid.
Rendirse......	Por interes......	A los deseos del juez....	Se rendre......	Par intérêt......	Aux désirs du juge.
Reñir.......	Por un palenquín......	Con el barbero del pueblo..	Se disputer.....	Avec une perruque......	le barbier de la ville.
Representar...	Por la noche......	En el teatro casero......	Jouer.........	le soir......	Dans un théâtre bourgeois.
Requerir.....	Por la justicia......	A un vecino del lugar....	Citer.........	En justice......	un habitant de l'endroit.
Resfriarse....	Por salir......	A la calle cuando nieva....	S'enrhumer.....	Pour être descendu......	Dans la rue avec un temps de neige.
Responder....	Por la ventana......	A un criado del marques..	Répondre.......	Par la fenêtre......	un laquais du marquis.
Retirarse.....	Por un mes......	A la quinta de su amigo..	Se retirer......	Pendant un mois......	A château de son ami.
Retractarse...	Por prudencia......	De lo que dijo en las cortes.	Se rétracter....	Par prudence......	De ce qu'il a dit aux cortès.
Rodar.......	Por no caer......	En manos del enemigo....	Prendre un détour.	Pour ne pas tomber...	Au pouvoir de l'ennemi.
Rozarse.....	Por ir descalzo......	En la planta de los pies....	Se blesser......	A la plante......	avoir marché pieds nus.
Saber.......	Por donde se fueron....	Sin que nadie lo haya dicho.	Savoir.........	Sans quel côté on a gagné	que personne l'ait dit.
Sacrificarse..	Por otros......	Sin tener necesidad......	Faire des sacrifices.	Pour autrui......	y être obligé.
Salir.......	Por su propio honor....	En defensa de su tio....	Prendre la défense	De son oncle......	Pour son propre honneur.
Saltar.......	Por una ventana......	Sobre la piña del pozo....	Sauter.........	Par une fenêtre......	Sur l'ange du puits.

PRÉPOSITIONS.

ESPAGNOL.			FRANÇAIS.		
Abarcar......	Sobre	una misma cosa.	Rabattre......	Sans	cesse..... la même chose.
Nublecir.....	Sin	motivo.	Médire.......	Sans	motif..... filles du village.
Fumar........	Sin	ceremonia.	Fumer........	En	présence des dames.
Malquistarse.	Sin	causa.	Se brouiller..	Sans	sujet..... Avec sa gouvernante.
Manifestar...	A	sa gefe las quejas.	Se plaindre...	A	son chef.
Maniobrar....	Sin	miedo.	Manœuvrer....	Sans	hardiment.
Marchar......	Sin	rolas.	Partir.......	Pour	les mers du Levant. Contre vents et marées.
Marcharse....	Hacia	el mar de levante.	Se fâcher....	Avant	le temps..... prendre congé.
Marchitarse..	Por	haberse mojado.	Tourmenter...	Sans	raison..... cause de la pluie.
Mortijicar...	Por	un pobre estudiante.	Tuer.........	A	un pauvre écolier.
Matar........	A	su mismo hermano.	Se mêler.....	Sans	y penser..... son propre frère.
Mezclarse....	Sin	pensarlo.	Mentir.......	A	involontairement.
Mentir.......	En	todo lo que dicen.	Se montrer...	Sans	façon..... tort à travers. Dans une dispute.
Meterse......	En	una boda.	Prodiguer....	Sans	également ses caresses. Dans une noce.
Meterse......	A	todos los muchachos.	Regarder.....	Dans	tout ce que on dit.
Minar........	A	quien va por la calle.	Importuner...	Sans	indifféremment..... Dans une noce.
Mirar........	A	todo fiel cristiano.	Habiter......	En	tout le monde..... celui qui passe dans la rue.
Mofar........	Sin	mas ni mas.	Mourir.......	Sans	subitement..... Y être domicilié.
Morir........	En	un pueblo pequeño.	Se mortifier..	Au	moment de se déshabiller.
Morir........	Sin	ser vecino.	Se montrer...	Sans	gêne..... un jour de fête.
Mortificarse.	Al	saber como.	Aligner......	Dans	une réunion.
Mostrarse....	En	un dia de funcion.	Nager........	Au	milieu d'un étang..... les opinions qu'on a manifestées.
Mudar........	En	una concurrencia.	Naviguer.....	Sans	rames..... plonger.
Nadar........	De	su anterior dictamen.	Obéir........	Sans	réplique..... une barque de pêcheur.
Navegar......	En	medio de un estanque.	S'engager....	De	confiance..... son père et à sa mère.
Obedecer.....	Sin	ir á fondo.	Agir.........	Au	hasard..... paiement d'une dette.
Obligarse....	En	barco de pescador.	S'obstiner...	Dans	toutes ses entreprises.
Obrar........	En	jugar una deuda.	Donner......	A	follement..... aller au bal.
Obstinarse...	En	todas sus empresas.	Solstiner...	Sans	le vouloir..... lien des chagrins à son père.
Ociosear.....	Sin	juicio.	Haïr.........	Sa	femme..... en avoir l'intention.
Ofender......	Sin	querer.	Blesser......	Ses	meilleurs amis..... te témoigner.
Ojear........	A	su padre muy disgustado.	S'opposer....	D'	un air de mépris..... les propos que l'on tient.
Oponerse....	Sin	su misma mujer.	Ecouter.....	Sans	insolemment..... Aux ordres du chef.
Oprimir......	Sin	sus mejores amigos.	Opprimer....	Sans	les prisonniers..... pitié.
Orear........	A	lo que dicen las gentes.	Se sécher...	De	voir le soleil..... A la fenêtre-de-derrière.
Otorgar......	A	las ordenes del gefe.	Accorder....	De	bon gré une faveur..... son ennemi.
Padecer.....	Sin	los presos de la carcel.	Souffrir.....	Sans	être coupable..... Sur les galères de Ceuta.
Pagar........	A	la ventana trasera.	Payer........	Sans	devoir un liard..... Pour éviter un procès.
Partir.......	Por	su enemigo su favor.	Partir.......	Sans	être vu..... Aux gens de la maison.
Arramblar....	Con	el presidio de Ceuta.	Emporter....	Sans	dire adieu..... une boîte de confitures.
Partir.......	Sin	no meterse en un pleito.	Partir.......	Sans	dire adieu..... faire quelques épargnes.
Pasar........	Sin	un cajon de confites.	Se priver....	Du	nécessaire..... Pour premier venu.
Pedir........	Sin	las gentes de la casa.	Demander....	Sans	effrontément l'aumône. Au premier venu.
Pegarse......	A	ahorrar algun dinero. todos los pasageros. la mesa del notario.	Se placer....	Sans	façon..... la table du notaire.

PRÉPOSITIONS.

IDIOTISMES.

ESPAGNOL.			FRANÇAIS.		
Declinar......	De su esplendor...	Sin perder su nombradía.	Décliner......	De sa grandeur...	Sans perdre sa réputation.
Dejar........	De hacer su deber..	Por asistir al teatro.	Négliger......	son devoir....	Pour aller au spectacle.
Demostrar....	De un modo claro..	Pour los alumnos las reglas	Démontrer....	clairement les règles	Aux élèves.
Deportar.....	De un modo propio..	A todos los sospechosos	Déporter.....	arbitrairement..	tous les gens suspects.
Derrengar....	De un garrotazo...	A quien no lo merecía.	Éreinter......	un coup de bâton.	celui qui a donné de tels ordres.
Desatar......	De un modo soez...	A todos los jugadores.	Outrager.....	une manière sanglante	celui qui ne le méritait pas.
Deshancar....	De un solo envite..	A todos los jugadores.	Débanquer....	un seul coup...	tous les joueurs.
Descansar....	De sus fatigas....	Entre amigos y patriotas.	Se reposer....	ses fatigues...	Au milieu de ses amis et de ses parents.
Descargarse...	De su empleo....	Antes que le destituyan.	Se démettre...	son emploi....	Avant d'être destitué.
Descargarse...	De algun cargo...	Con pretextos excusados.	Abandonner...	une charge....	Sous de vains prétextes.
Descolgarse...	De un balcon....	Sin llevar las bragas puestas.	Sauter.......	haut d'un balcon..	Avant d'avoir mis ses culottes.
Estimar......	De todas veras...	A sus mismos semejantes.	Aimer.......	ses semblables..	De tout son cœur.
Enseñar......	De lisonjas.....	A los pobres del abita.	Élever.......	De	les pauvres du village.
Desear.......	De sí no a pesar...	Sin necesidad de ruegos.	Bannir.......	son chagrin....	Sans se faire prier.
Desenredarse..	De un pleito....	Con mucha sagacidad.	Se tirer......	un procès.....	Avec beaucoup d'adresse.
Desentenderse	De todo.......	Por no afligir el bolsillo.	Faire........	la sourde oreille..	Pour ne rien débourser.
Desertar.....	De su partido....	Por un miserable empleo.	Déserter.....	son parti.....	Pour un misérable emploi.
Desprenderse..	De sus bienes....	Para darlos á los pobres.	Se dépouiller..	son bien.....	Pour le donner aux pauvres.
Deslumbrar...	De una casa....	Para educar á sus hijos.	Vendre.......	sa maison....	Pour élever ses enfants.
Desleirse.....	De la demanda...	En consejo de un amigo.	Se désister....	sa demande...	Par le conseil d'un ami.
Deslizar......	De sí un cachazo...	quien su marcha derecho...	Assommer....	un coup de masse.	celui qui trahit son devoir.
Deslomar.....	De un cachazo...	los males que en sí llevan.	Valoir.......	les passions....	sources de tant de maux.
Desnudarse...	De las pasiones..	que llegue el verano.	Se débarrasser.	Des affaires....	Avant que l'été arrive.
Descoparse...	De asuntos.....	suma cordialidad.	Faire........	un ami......	les adieux les plus tendres.
Despeñarse...	De un amigo....	querer cuan pícaros.	Se précipiter..	une tour.....	En voulant prendre des pigeons.
Despedirse...	De una torre....	vestir á los pobres.	Se dépouiller..	ses habits....	Pour habiller les pauvres.
Despojarse....	De sus ropas....	favor de un desgraciado.	User........	son crédit....	En faveur d'un malheureux.
Disponer.....	De su crédito....	su carácter honrado.	Se distinguer..	Par	des qualités honorables.
Distinguirse...	De los otros....	haber perdido un hijo.	Causer.......	un domestique...	qui a commis un vol.
Disputar.....	De casa al crinito..	haber sido un ladron.	....	la loi......	ce qu'on est conseil du juge.
Eclisar......	De la ley......	ser el juez primo suyo.	Se soustraire..	hérisites.....	En pays étranger.
Eludirse.....	De la ley......	pasos estranjeros.	Se nourrir....	crinité.....	l'amour de l'argent.
Empaparse....	De herejías....	más mirar que el dinero.	S'amouracher..	vieilles.....	qui ne vous regarde pas.
Enamorarse...	De viejas......	tener arte ni parte.	Se charger....	une affaire....	et non sans raison.
Encargarse....	De un negocio...	solviendo fundamento.	Être fier.....	son épouse....	Pour avoir perdu son fils.
Enojarse.....	De su esposa....	Con	Tomber malade.	chagrin.....	
Enfermar.....	De sentimiento...	Por	Engloutir.....	un repas.....	Environ six livres de bœuf.
Engullir......	De una sentada...	Sobre	Trister muet...	crainte.....	présence du maire.
Enmudecer....	De temor......	En presencia del alcalde.	Prendre connaissance	une affaire.	présence du maire.
Entrarse.....	De un asunto....	Antes de dar parecer.	Pouvoir.....	nécessaire....	Avant de donner son avis.
Liquidar.....	De lo preciso....	un soldado que va herido.		Du	un soldat blessé.
Escamarse....	De las gentes....	A fuerza de desengaños.	Se méfier.....	Des hommes...	force de désabusements.
Esconderse....	De repente.....	Para que nadie le vea.	Se cacher.....	Tout à coup...	n'être vu de personne.
Escriturarse...	De nuevo......	Por tres ó cuatro años mas.	S'engager.....	De nouveau...	Pour trois ou quatre ans.

PRÉPOSITIONS.

ESPAGNOL.			FRANÇAIS.		
Fallecer......	En despoblado......	Sin tener quien le socorra......	Mourir......	Dans	les champs...... Sans secours.
Fiar......	En un hombre honrado	Con toda seguridad......	Se fier......	A	un honnête homme En toute sûreté.
Fluctuar......	En la eleccion......	Sin evitar compromisos......	Hésiter......	Dans	l'élection...... En crainte de se compromettre.
Formar......	En los arrabales......	Por orden del general......	Former ses bataillons	Dans	les faubourgs...... Par ordre du général.
Gritar......	En el ministerio......	Contra empleados ineptos......	Crier......	Au	ministère...... Contre des employés ineptes.
Guarecerse......	En el palacio......	De un príncipe generoso......	Se réfugier......	Dans	le palais...... D' un prince généreux.
Hospedar......	En su lugar......	A todos los forasteros......	Vexer......	Dans	son village...... toutes les personnes étrangères.
Informarse......	En el camino......	De lo que hace el enemigo......	S'informer......	En	chemin...... De ce que fait l'ennemi.
Fiar......	En una tertulia......	A las leyes del decoro......	Manquer......	Dans	une réunion...... Aux lois de la bienséance.
Fastidiarse......	En la campaña......	Por falta de sociedad......	S'ennuyer......	A	la campagne...... Faute de société.
Festejar......	En un convite......	Al médico de la casa......	Fêter......	Dans	un banquet...... le médecin de la maison.
Figurar......	En una causa......	Entre varios hampoleros......	Figurer......	Dans	un procès...... Avec des voleurs de grand chemin.
Flaquear......	En el combate......	A lo mejor de la accion......	Plier......	Dans	un combat...... Au plus fort de l'action.
Formalizarse......	En el juego......	Por cosa de poca monta......	Se formaliser......	Au	jeu...... Pour des riens.
Fumarse......	En hechos notorios......	Para vencer al contrario......	S'appuyer......	Sur	des faits notoires...... Pour vaincre son adversaire.
Gallear......	En una fiesta......	Entre todos los manchegos......	Rendre grâce......	A Dieu	de la santé...... dont on jouit.
Gloriarse......	En el señor......	De la salud que se tiene......	S'arranger......	Chez	soi chacun...... Suivant ses moyens.
Gobernarse......	En su casa......	Con lo que cada uno puede......	Jouir......	En	paix...... Des biens de ce monde.
Gozar......	En paz y contento......	De los bienes de este mundo......	Garder......	Dans	sa bourse...... De quoi payer l'auberge.
Guantar......	En su faldriquera......	Para pagar la posada......	Guerroyer......	Dans	une assemblée...... Avec effronterie.
Guerrear......	En la montaña......	Con gentes de mal vivir......	Parler......	Dans	une assemblée...... Avec effronterie.
Hablar......	En una asamblea......	Con desahogo é impudencia......	Être......	Par	intérim...... portier de l'intendance.
Hacer......	En ausencia de oro......	con el portero en la intendencia	Rencontrer......	Dans	une petite rue...... son plus grand ennemi.
Hallarse......	En un callejon......	Con su mayor enemigo......	Se frapper......	Dans	son lit...... Avec les mouchettes.
Hervir......	En su propia cama......	Con las desagradables......	Accueillir......	Chez	lui...... l'homme le plus vaillant.
Hospedar......	En su aposento......	el hombre mas valiente......	S'égaler......	En	vaillance...... A Raphaël ou Morillo.
Igualarse......	En la valentía......	Con Rafael ó á Morillo......	Imiter......	Dans	la peinture...... des personnes honorables.
Imitar......	En la pintura......	A gentes de mucho honor......	Impliquer......	Dans	le procès...... le fils d'un échevin.
Implicar......	En el proceso......	un hijo del regidor......	Faire tirer......	Au	sort...... toute la garde nationale.
Incluir......	En el sorteo......	A todos los milicianos......	Enregimenter......	Dans	le combat...... sifflement des balles.
Incorporar......	En las filas......	Con el ruido de las balas......	S'enflammer......		Au combat.
Infamarse......	En la batalla......	Con soldada valería......	Influencer......	Dans	les affaires...... Avec une grande astuce.
Influir......	En los negocios......	Con heredar sus riquezas......	Soutenir......		qu'il est fou...... Pour hériter de sa fortune.
Instituir......	En que está loco......	Para todos los refugiados......	Intercéder......	En	secret...... Pour tous les réfugiés.
Interceder......	En su favor......	Por que su mujer lo sepa......	S'intéresser......	Au	jeu...... Sans que sa femme le sache.
Interesarse......	En el juego......	Sin que su mujer lo sepa......	Invoquer......	En	sa faveur...... tous les hommes puissants.
Invocar......	En su favor......	A todos los poderosos......	Se justifier......	En	public...... De fausses accusations.
Justificarse......	En público......	De acusaciones falsas......	Juger......	En	promptement...... Sans attendre les preuves.
Juzgar......	En poco tiempo......	Sin esperar las pruebas......	Se gorger......	En	chemise...... Pour entendre la sérénade.
Levantarse......	En camisa......	De oir la serenata......	Se lever......	Dans	les couvents...... Sans entendre la sérénade.
Licenciarse......	En los conventos......	Para oir la serenata......	Striker......	De	vin et de gargarge.
Irritarse......	En la Academia......	Por si ha de ser jota, ó ge...	Striker......	En	pleine académie...... Sur la question du J ou du G.

IDIOTISMES

PRÉPOSITIONS.

	ESPAGNOL.			FRANÇAIS.	
Gozar........	Entre gente honrada......	De	Jouir........	De beaucoup d'avantages..... •	Parmi les honnêtes gens.
Gratificar.....	Entre todos........	A	Ébraner........	En commun....... •	la servante de la maison.
Hablarse......	Entre varias gentes....	De	Parler.........	Dans le monde....... Des	noces de la reine.
Heredar......	Entre dos primos......	Sobre	....	A se partager........	un héritage de 5 à 6 millions.
Hombrear.....	Entre los otros.......	Sin	Prendre........	Sans des allures d'homme...	avoir du poil au menton.
Jugar........	Entre cuatro un pavo....	A	Jouer.........	A quatre un dindon...... Au	jeu de l'oie.
Juzgar.......	Entre dos luces......	Con	Se lever......	Au point du jour....... Avec	une forte migraine.
Legar........	Entre dos chiliros.....	A	Arriver escorté	De deux sbires........ A	la porte de sa maison.
Levantarse....	Entre dos buenos.....	Sin	....	D' honnête homme...... Sans	trahir ses opinions.
Mantenerse....	Entre los hyuonetes....	A	Tenir son rang. •	Au	milieu des bâtonnets.
Marchar......	Entre los soldados.....	Con	Marcher......	Parmi les soldats...... Avec	beaucoup de sangfroid.
Meterse......	Entre sus paisanos....	Por	Jouir.........	Parmi ses compatriotes.... Du	titre de savant.
Pasar........	Entre dos mundos.....	A	....	arracher les cheveux.... •	à la maîtresse du juge!
Pelar........	Entre los suyos......	De	....	Chez ses parents, percé... D'	une balle.
Percer.......	Entre todos cuatro....	Con	Enfiler.......	A quatre....... •	un sac de riz.
Poder........	Entre los amigos.....	Con	Se disputer.... •	Avec	des cris forcenés.
Porfiar.......	Entre seis marchachos..	A	Être six jeunes gens Pour	arrêter..... •	un portier du palais.
Prender......	Entre su familia......	Por	Se désespérer..	Au sein de sa famille.... •	faute d'avoir de quoi vivre.
Desesperarse...	Entre los soldos.....	Con	Raisonner.....	Parmi les savants...... Avec	beaucoup d'aplomb.
Rezonar......	Entre las parras.....	Con	Se rafraîchir...	Sous la treille....... Avec	une grappe de raisin.
Refrescar.....	Entre los criados.....	A	Soutirer (les valets	Entre eux une quadruple... A	leur maître.
Sacar........	Entre las schoras.....	Sin	S'asseoir......	Entre deux dames...... Sans	être moi.
Sentarse......	Entre los socios......	De	Se justifier.... •	Avec	une fausse accusation.
Sincerarse.....	Entre todos........	Por	L'emporter....	Sur tout le monde...... Par	sa grande habileté.
Sobresalir.....	Entre padre é hijo....	De	Devant ses amis	eux deux (le père et le fils) De	dix à douze bouteilles.
Sobrar.......	Entre Andaluces.....	A	(C'est ce qui arrive	A ceux des Andalous.)	
(Suede, Sonuegipce.	Entre las olas......	Con	Être englouti... •	souvent Avec	les débris du vaisseau.
Transalar.....	Entre ladrones......	Por	....	Par les vagues....... Chez	les Andalous.
Traer........	Entre ojos al lego....	Por	Chenaner.....	Au milieu des voleurs.... Par	des chemins dangereux.
Ver.........	Entre tunos á su hijo..	Sin	Se méfier.....	Du frère lui........ A	cause de son inconduite.
Vivir........	Entre gente ruin.....	Para	Voir son fils... •	Parmi des gamins...... Sans	pouvoir y mettre obstacle.
Zaferse......	Entre mil personas....	De	Vivre........	Dans la canaille...... Pour	observer ses moeurs.
Acochinar.....	Entre dos luces......	De	Se sauver.....	Des	griffes d'un alguazil.
Asentarse.....	Entre los chicas.....	Antes	Assommer.....	Entre chien et loup..... •	un espion du gouvernement.
Cargar.......	Entre dos gallegos....	Con	S'assoir......	Entre deux demoiselles.... Avant	qu'on ne prenne la place.
Poner........	Entre la espada y la pared.	A	Charger......	A deux (portefaix)..... •	un tonneau de vin.
Componerse....	Entre sí mismos.....	Sin	Mettre.......	Au pied du mur...... •	un courtisan de sa fille.
Habilitar.....	Entre varios.......	A	S'arranger.....	Sans •........ Sans	recourir à la justice.
Labrar.......	Entre dos un campo...	Sin	Se coiser.....	Pour seconrir....... •	un pauvre voyageur.
Repartirse.....	Entre sí propio......	De	Labourer......	A deux un champ..... Sans	la permission du maître.
Presentarse....	Entre extraños......	Con	Souffrir......	En soi-même....... •	en voyant le cours de la vie.
Figurar.......	Entre los hombres....	Sin	Se présenter...	En •......... D'	un air insolent.
			Figurer......	Dans le monde...... Sans	avoir aucun talent.

PRÉPOSITIONS.

ESPAGNOL.			FRANÇAIS.		
Sentarse	Para beber	la orilla de una fuente.	S'asseoir	Pour boire	Au bord d'une fontaine.
Servir	Para mantener	A su mujer y á sus hijos.	Se mettre en condition	Pour nourrir	sa femme et ses enfants.
Subir	Para ver la procesion	Al palacio del obispo.	Monter	Pour voir la procession	Au palais de l'évêque.
Tener	Para vivir bien	haber sido aborrador.	Avoir	De quoi vivre à l'aise.	Pour avoir été économe.
Valerse	Para vencer	Por un enemigo implacable.	S'unir	Pour vaincre	un ennemi implacable.
Velar	Para dar un caldo	A su esposa á media noche.	Veiller	Pour donner un bouillon.	A son épouse vers minuit.
Venir	Para apoderarse	De las ruinas del estado.	Venir	Pour s'emparer	Des restes de l'état.
Vestirse	Para ir á misa	Con extrema afectacion.	S'habiller	Pour souffrir	Dans un monde corrompu.
Vivir	Para padecer	En un mundo corrompido.	Vivre	Pour distribuer	la pitance aux pauvres.
Volver	Para repartir	á los pobres la pitanza.	Recevoir	A voter	Pour un comte sans honneur.
Estar	Para votar	Por un conde sin honor.	Être disposé	Pour déjeuner	Dans la maison de son beau-frère.
Zamparse	Para almorzar	En casa de su cuñado.	S'introduire	Pour parler	à un courtier.
Ahorcarse	Para hablar	Con un corredor de bolsa.	S'approcher	Pour s'enrichir	Avec l'argent du fisc.
Traficar	Para enriquecerse	Con dinero del erario.	Trafiquer	Pour faire des présents	Avec la forêt communale.
Cazar	Para regular	En el soto del conejo.	Chasser	Dans la forêt communale.	
Acudir	Para salvar	A su padre.	Accourir	Pour sauver	son père.
Convidar	Para la boda	A los amos de la casa.	Inviter	A la noce	les maîtres de la maison.
Apropiarse	Para sí	De 20 reales 14 .	Retenir	Pour soi	De vingt réaux quatorze.
Arruinarse	Para pelear	Contra todos los traidores.	S'armer	Pour combattre	les traîtres.
Ayunar	Para comer	Con apetito.	Joiner	Pour manger	Avec appétit.
Bailar	Para hacer reir	Con el mono de Moscoso.	Danser	Pour faire rire	Avec le singe de Moscoso.
Bajar	Para recibir	A la señora alcaldesa.	Descendre	Pour recevoir	madame la châtelaine.
Casarse	Para vivir	En el horno de la villa.	Se marier	Pour vivre	Dans un tourment continuel.
Cocer	Para los soldados	Esa continuo torrenzio.	Faire cuire le pain	Pour les soldats.	Au four de la ville.
Contar	Para la funcion	Con el señor intendente.	Compter	Pour la fête	Avec monsieur l'intendant.
Contribuir	Para el gusto	Con doce reales mensuales.	Entrer	Dans la dépense	Pour douze réaux par mois.
Correr	Para llegar pronto	Por entre montes y breñas.	Courir	A travers les rochers	Pour arriver de bonne heure.
Cortar	Para una montera	Por las bregas de su abuelo.	Couper	Des culottes de son aieul.	Pour faire un bonnet.
Dar	Para peras al niño	Por haber sido obediente.	Donner à l'enfant.	qui a été obéissant.	De quoi acheter des poires.
Dejar	Para mantener	Por los pobres del hospicio.	Laisser	Pour l'entretien	Des pauvres de l'hospice.
Depositar	Para el pago	En manos de un abogado.	Déposer	Pour le paiement	Entre les mains d'un avocat.
Descansar	Para fumar	En el puente de Toledo.	Se reposer	Pour fumer	Sur le pont de Tolède.
Despedirse	Para siempre	De su caro protector.	Dire adieu	Pour toujours	A son cher protecteur.
Despertar	Para salir	A las tres de la mañana.	S'éveiller	Pour sortir	A trois heures du matin.
Embarcarse	Para Chile	En un navio de guerra.	S'embarquer	Pour le Chili	un vaisseau de guerre.
Entrar	Para merendar	En la fonda de la Europa.	Entrer	Pour goûter	A l'hôtel de l'Europe.
Escoger	Para su padre	la tienda un corbatin.	Choisir une cravate	Pour son père.	Dans la boutique.
Escoger	Para tabaco	En dos cuartos cada uno.	Se coiser	A deux sols par tête.	Pour acheter du tabac.
Escribir	Para abogado	á su cuñada comenta.	Écrire	A sa belle-sœur.	Pour lui faire plaisir.
Estudiar	Para abogado	la ciudad de Alcala.	Faire	son droit.	Dans la ville d'Alcala.
Aplazar	Para el otoño	A todos sus acreedores.	Convoquer	tous ses créanciers .	Pour l'automne.
Salir	Para recibir	A un militar estraviado.	Sortir	Pour recueillir	un militaire égaré.

IDIOTISMES PROPREMENT DITS.

Aun le ha de sudar el rabo	Il n'est pas au bout.
Apeese por la cola	Donne un coup de justice.
Andarse por las ramas	Éluder la question.
Alborotar el cortijo	Allumer la discorde.
Acudir al reclamo	Tomber dans le panneau.
A rol barredera	Tout-à-fait.
A ojo de buen cubero	A vue de pays.
A remo y vela	Très-vite.
Al reves me la vas!	C'est tout le contraire.
A todo rebentar	Tout au plus.
Alli me las den todas	Tant pis pour lui, pour elle, etc.
A unque se aventuren rocin y manzana	Il fait chaud ici.
Aqui se vende ropa	Sans distinction, à tort et à travers.
A roso y velloso	Il fait la cour à ma sœur.
Ande rodeando á mi lacrimana	Remplir de nouveau son verre.
Atizar la lámpara (ó el candil)	Le roi est mort, vive le roi!
A rey muerto rey puesto	A n'en pouvoir plus.
A tente bonete	C'est à peu près.
Alli se van	Point d'argent, point de suisse.
A cuarto vale la vaca, si ésc fuia	A moins que ma femme ne te le porte.
A no ser que lo traiga mi mujer!	Dans ma jeunesse.
Allá en mis mocedades	Allez, à a été pelupé.
Ande V. que no llevó mal aquel	Il s'ose pas se montrer.
Anda á sombra de tejado	Combien tenons-nous?
A cuantos estamos hoy?	Ah! diable!
A dios mi dinero!	A tort ou à travers.
A tuertas ó á derechas	S'il n'est pas content, qu'il prenne des cartes.
A quien no quiere caldo la taza llena	C'est la affaire.
Ahi está el caso	Que vient-il faire au théâtre?
A que viene á la comedia?	
Ahi anda tentándome la paciencia, y si le echo el guante	Il lasse ma patience, et si je l'attrape.
Apeese V. caballero	Finissez, monsieur.
A bien que no debe quejarse	Il ne doit pas s'en plaindre.
A que andar en miramientos?	Point de ménagements.
A mejor tiempo no podia V. llegar	Vous arrivez à propos.
A mas y mejor (lluvia)	Il pleuvait à verse.
Andese V. en chiquitas y verá lo que le pasa	Pas de plaisanteries, ou gare à vous.
Apuradillo me vi	Je me trouvai bien embarrassé.
A ley de caballero lo juro	Je le jure, foi de chevalier.
A banderas desplegadas	Avec toute liberté.
A botella por barba y no se hable mas	Une bouteille par tête, et tout est dit.
A saber yo que habia de venir	Si j'avais su qu'il devait venir.
A como vende V. el trigo?	Combien vendez-vous le blé?
A quien vió V. el teatro?	Qui avez-vous vu au théâtre?
A ver lo que llevas ahi	Voyons ce que tu portes là.
A las dos entré en su casa	A deux heures j'entrai chez moi.
A no ser por mi se ahoga	Sans moi, il se noyait.
A que viene eso, mujer?	A quoi bon cela, ma femme?
Ahi estás tú, buen alhaja	Te voilà donc, bonne pièce!
A mi con esas; ya, ya!	A d'autres!
A que no me diza los ojos?	Parions qu'il n'ose pas se lever les yeux devant moi.
A mi nada se me da	Peu m'importe, je m'en moque.
Anda noremala, bolére!	Va-t-en au diable, coquin.
Ande V. que allá veremos	Allez, allez, nous verrons cela.
A que venir con lisainas?	Que signifient ces niaiseries?
Acaba con él de un palo	Tue-le d'un coup de bâton.
Antes muerto que rendido	Plutôt mourir que de se rendre.
Allá se las lava, chico	Qu'ils s'arrangent, mon cher.
Allá se las componen	Qu'ils s'arrangent.
Alma mia, porqué lloras?	Ma chère amie, pourquoi pleurer?
A pagar de mi dinero, que es cierto	Foi d'honnête homme, c'est la vérité.
Atemetele con un par de onzas	Gagne-le avec de l'argent.
A la buena de Dios	Tout bonnement, de bonne foi.
Anda con Dios!	Dieu soit loué!
A un volver de cabeza, me lo robó	Dans un clin-d'œil, il me le vola.
Atajo y á la postre, no almorcé	Au bout du compte, je ne déjeûnai pas.
Atajo de la jornada no fué sin pagar	Au bout du compte, il n'en pourrait rien tirer.
Alcabo de los años mil	Vraiment, il est bien temps.
Al peso entrate en la tienda	En passant, entre dans la boutique.
Amás de capa caida, el pobre	Il est bien bas percé, le pauvre.
A correo tirado le respondió	Il lui répondit courrier par courrier.
A la cuenta, no estaba en casa	Il n'était pas chez lui.
Asi como así, no podia hacer currira de di	A ce qu'il paraît, il n'était pas chez lui.
Alé miá que me la da de pagar	Au bout du compte, il n'en pourrait rien tirer.
Inmudoee está en agua rosada	Par ma foi, il ne la paiera.
Bueno fuera que ahora no te pagara	Il se réjouit, il nage dans la joie.
Burla burlando se metió en mi casa	Ce serait drôle, si maintenant à me te payait pas.
Buen dinero es la Gaeeta	Tout en hurlant, il s'installa chez moi.
Basta con eso para que no vuelva	Voilà une belle antevoie.
Bien empleado le está	En voilà assez pour qu'il ne revienne plus.
Bebe los pensamientos, esa muchacha	Cette fille a beaucoup d'intelligence.
Bebo fresco en cuanto á eso	Quant à cela, je ne m'en inquiète pas.

IDIOTISMES PROPREMENT DITS.

Boca de escorpion! .... Langue de vipère!
Borado su hueso .... Quelque chose de parfait; — un joli morceau, en parlant d'une fille; — une sinécure, en parlant d'un emploi, etc.

Bocanadas de sangre, y nada mas. ... Vain orgueil nobiliaire, et rien de plus.
Bolsa de hierro (es un) .... C'est un avare.
Bragazas (es un) .... C'est un pauvre homme, un benêt.
Batir en brecha .... Battre en brèche.
Burro cargado de letras .... Un savantasse, un pédant qui n'a qu'un savoir mal digéré.

Buenos papeles traes tú .... Te voilà bien informé.
Brazo á brazo no le temo .... A armes égales, je ne le crains pas.
Buen trabajo me costó .... Cela m'a donné beaucoup de peine.
Buenas y gordas! .... Quelle sottise!
Buenas tardes tenga V. .... Bon soir.
Beso á V. su mano .... J'ai l'honneur de vous saluer.
Buscando tres pies al gato .... Cherchant midi à quatorze heures.
Buena la has hecho mujer .... Ma femme, tu as fait là une bien grande sottise.
Buena la tendra en llegando ..... Laisse-le venir, on l'arrangera.
Buena para su mano .... Il a trouvé là quelque chose de bon; il a fait là une trouvaille.

Buen sueño se llevó el hombre .... Il a eu une fière peur.
Bien sea san Pedro en Roma ..... On ne se trouve bien que chez soi.
Bien haya quien tal pensó .... Dieu bénisse celui qui a eu cette pensée.
Bien venido, Caballero! .... Soyez le bien-venu, monsieur.
Brava embajada me traes! ...... La peste de ton ambassade! la belle offre que tu me fais là!

Bendito sea dios que traza ...... Bon dieu, quel air! quelle mine!
Buena traza de enmendarse ..... Belle manière de se corriger.
Bonito soy yo para sufrir aucas. ... Je ne suis pas homme à souffrir des injures.
Bueno anda el ajo! .... Diable! quel tapage! tout est sens dessus dessous.
Barba á barba se lo dijo .... Il le lui dit à sa barbe.
Bien!... nos veremos las caras. ... C'est bien, nous nous verrons.
Cable V!... conque se fué? ...... Bah! il est donc parti!
Cuanto puede la aprehension! .... Ce que c'est que la peur!
Con su pan se lo coman .... Qu'ils s'arrangent.
Conque al cabo V. nos deja? ..... Enfin vous nous quittez?
Cruzár la cara chico! .... Mon ami, donne-lui un soufflet.
Cara de vaqueta tiene .... Il a l'air bien effronté.
Cada credo está riñendo .... Il gronde à chaque instant.
Con el credo en la boca me dejó. .. Il me coupa la parole.
Cuanto va que le suende! ...... Parions qu'il le frappe.

Cosas son de tres al cuarto ...... Ce sont des choses de vil prix.
Cúbrase V, señor mio .... Couvrez-vous, monsieur.
Corre eso por cuenta mia ...... Je m'en charge, j'en fais mon affaire.
Como cuerpo de rey le tienen .... On le traite en roi.
Con un palmo de narices se quedó . Il se trouva avec un pied de nez.
Corto sastre es .... C'est un pauvre sire.
Como dicen malas lenguas ...... Comme disent les mauvaises langues.
Como su madre le parió .... Il s'est trouvé dénué de tout.
Como tonto en vísperas (estaba) .. Il bayait aux corneilles.
Callar y callemos, y ramos á la obra. Trêve de propos, à l'ouvrage.
Caro que digamos caro, no es .... Cher, ce n'est pas le mot.
Corre de coca en meca .... Il rôde de côté et d'autre.
Cuidado, que no hay por donde cojerle. Diantre! on ne sait par où le prendre.
Cuando se le calienta la boca, es un insolente. Quand il se monte la tête, c'est un insolent.
Cantaré (te) las tres ánades madre. Je le tancerai d'importance.
Como no lo le de ver! .... Est-ce que je ne dois pas le voir?
Cada mochuelo á su olivo ...... Chacun chez soi.
Cantele V. la cartilla .... Dites-lui hardiment son fait.
Cuantas cabezas, tantos gorros ... Autant de têtes, autant d'avis.
Con que cara quieres que me presente? De quel front puis-je me présenter?
Como le dejen meter el cuezo, el sacará raja. S'il y entre, il n'en sortira pas les mains vides.
Comenzar por cabletes un dia de campo. Comme le premier venu.
Con que suma? .... Entrer en danse par des souflets.
Con cajas destempladas (le envió). Donc, enfin.
Coserse la boca .... Il l'envoya au diable.
Darse por las paredes .... Rester bouche close.
Dió de cabeza al instante .... Ne savoir où donner de la tête.
De mi cabeza salió eso .... Il céda sur-le-champ.
Dejarlo correr que ello parirá! ... Cela est sorti de ma tête.
Diste un cuarto al pregonero .... Laisse-le courir, nous verrons après.
Dió muy mala cuenta de su persona. Ton secret va être publié.
Dejó en cueros á su padre ...... Il a été interloqué.
De bote y loleto .... Il a tout mangé à son père.
Dios guarde á V. muchos años ... Tout d'un coup.
De toto hay como en botica ..... Bon soir! . . . il a fallu décompter.
Dios me mate con hombres asi ... Il y a du bon et du mauvais.
De bobillis bobillis .... Voilà de mes gens! voilà des hommes comme je les aime.
Darse con un canto á los pechos .. Gratuitement, sans peine.
Daron en el texto en los locisos ... Se réjouir du succès d'une affaire.
Donde no me llaman, que me querrán? Prouver pièces en main.
Pourquoi me mêler de ce qui ne me regarde pas?

127

IDIOTISMES PROPREMENT DITS.

Demos por supuesto que...	Supposons que...
De judío no tengo un pelo...	Je ne suis pas un Turc.
Dale que dale...	Toujours entété.
De molde me viene eso...	Cela m'arrange bien.
Di que se me escape...	Il ne m'échappera pas.
Doy que fuese eso cierto...	Je veux que cela soit vrai.
Dale dimisorias, chico...	Mets-le à la porte, mon cher.
Dar gato por liebre...	Donner un chat pour un lièvre (tromper).
De mano maestra...	De main de maître.
De dios nos venga el remedio...	Que le bon Dieu nous protège.
De buena parte viene la caxda para que no huela...	Bon chien chasse de race.
De hoy mas...	Dès aujourd'hui.
Dió en llamarme mostrenco...	Il ne cessa de me traiter de sot.
De todo hay en la viña del señor...	Il y a du bon et du mauvais.
De nuevos nos hizo dios...	On a vu des choses bien plus extraordinaires.
De buenas á primeras...	De but en blanc.
Dale bola!...	Encore! toujours la même chose!
De mí sé decir...	Quant à moi, je dis...
Despues de la liebre idá, palos en la cama...	C'est de la moutarde après dîner.
Dimes y diretes (andar en)...	Faire des cancans l'un contre l'autre.
De pé á pá...	D'un bout à l'autre.
De buena se libró...	Il l'a échappé belle.
De padre y muy señor mío (una tunda)...	(Une volée) soignée.
Echar de ver...	S'apercevoir.
Echar la casa por la ventana...	Jeter son bien par les fenêtres.
En viniendo que vengan...	Dès qu'ils arriveront.
El canto de una uña...	Un rien.
Esa es gente muy granuda...	Ce sont des gens puissants.
Estar quemándose las cejas...	S'abîmer les yeux (par l'étude).
Estar en sus trece...	Être dans son sens.
Esa es grilla, compadre...	C'est trop fort, compère.
Esa es una alcaldada...	C'est un abus criant.
Eso es todavía mas negra...	C'est encore plus fort.
El que venga atrás que arree...	Après moi le déluge.
Es una madeja sin cuenda...	C'est un vrai labyrinthe.
El dará, ó entregará la carta...	Il montrera son côté faible.
Echaré un cuarto á espadas...	Je tenterai la fortune.
En buenas manos está el pandero...	L'affaire est en bonnes mains.
En mi vida las ví mas gordas...	Je n'ai jamais vu de plus grosses sottises.
Eso se cira que bien halla...	C'est une autre affaire.
Echar sapos y culebras...	Vomir toutes sortes d'injures.
En cubas prietas se han de ver...	Ils s'en tireront difficilement.
Eso es echar leña al fuego...	C'est jeter de l'huile sur le feu.
Estoy por decir que miente...	Je suis tenté de dire qu'il ment.
Es como la maza de fraga...	C'est un homme assommant.
En buena ora lo diga...	Soit dit sans vous déplaire.
Erre que erre...	Toujours la même chose; encore!
Eso es ya tirarle al codillo...	C'est chercher à le ruiner.
Entró como Pedro por su casa...	Il entra sans obstacle, librement.
Eso es hablar de la mar...	Ce sont des propos en l'air.
Es la última palabra del credo...	C'est le dernier des hommes.
Eso no viene á pelo (ó á cuento)...	Ce n'est pas ce dont il s'agit.
Es hombre de tomo y lomo...	C'est un maître homme.
Españas están aun las puchas...	Nous ne sommes pas encore au bout.
Entre tanto la casa por barrer...	En attendant, les affaires ne se font pas.
En los tiempos del rey que rabió...	Du temps du roi Dagobert.
Estás en autos?...	Maintenant y es-tu?
En un santiamen...	En un clin-d'œil.
Está en el aire como el alma de Garibay...	Il tient à un fil.
Estírate acá que llueve...	Ne voilà.
Eso es andar por las ramas...	Ce n'est pas aller au but.
Echate las temporalidades...	Dis-lui son fait.
Es la olla de los pobres...	C'est la ressource des pauvres.
En mi vida ví tal cosa...	Je n'ai vu de ma vie une chose semblable.
Filósofo de melito pelo...	Philosophe, mauvais philosophe.
Falta el rabo por desollar...	Le plus difficile est à faire.
Falta que él quiera hacerlo...	Il s'agit de savoir s'il veut le faire.
Fáchu á fáchu...	Face à face, tête à tête.
Facha de ladrón tiene...	Il a l'air d'un voleur.
Favor á la justicia!...	Il a de l'apparence, et rien de plus.
Fachada y mala uña...	Au secours!...
Fijo como el sol...	Aide-toi, Dieu t'aidera.
Felices, señores...	Vrai comme il y a un Dieu au ciel.
Faz á faz...	Bon jour, messieurs; bon soir, messieurs.
Fin en un...	Face à face.
Fresco estas!...	Fie-toi à moi.
Flaco servidio (le hizo)...	Te voilà dans de beaux draps.
Fábula (ser la)...	Il lui joua un mauvais tour.
Fruncido las cejas...	En fronçant le sourcil.
Facer sala (ó talla)...	Être la fable, devenir la risée de...
Fablas en china (esto con las)...	Donner un grand dîner.
Fas ó por nefas (por)...	Être tout prêt à faire quelque chose.
Fanta (pagar la)...	Payer pour les autres.

IDIOTISMES PROPREMENT DITS.

Falta de hombres de bien á mi padre hicieron al-calde (á)... On n'offrit ce dont on n'avait que faire.
Fallo (echar el)... Porter un jugement (sur les qualités d'une personne).
Fárfara (el negocio en)... C'est une affaire qui n'est encore que commencée.
Faz y en paz (en)... Publiquement et paciquement.
Fé de bueno (á)... Foi d'honnête homme.
Fiesta (estar de)... Être de bonne humeur.
Fiestas (no estoy para)... Être de mauvaise humeur.
Figura de tapiz (tiene)... Il a une figure de tapisserie.
Fin se canta la gloria (al)... Il ne faut pas se láter de chanter victoire.
Flujo de reir (tiene)... Il a l'humeur rieuse.
Fortuna (probar)... Tenter la fortune.
Fortuna (probar)... Une omelette.
Franquear el paso... Se frayer un chemin, aplanir la route (au figuré).
Fray modesto nunca fué prior... L'homme modeste ne parvient à rien.
Fréir los huevos (al)... Vous verrez plus tard.
Frente por frente... Vis-à-vis.
Presuno es... Il faut avoir du front.
Fruta del tiempo... C'est du fruit de la saison (sens figuré).
Fuego! y que señorío está al hombre!... Diable! comme il est courroucé!
Gastar la pólvora en salvas... C'est du temps perdu.
Gente del bronce... Ce sont des gens inimaginables.
Gallos y medias noches (entre)... En cachette.
Gallo le cantara (otro)... Il serait bien plus heureux.
Guay de mí que no sé todavía lo que me espera!... Hélas! je ne sais encore ce qui m'attend.
Gallo del sambenito (hacer)... Il se vante de son fait, il ose s'en vanter.
Gallina en corral ageno (está como)... Il est tout troublé.
Ganar de comer... Gagner de quoi vivre.
Ganga como esa, no se encuentra... On ne fait pas toujours des trouvailles semblables.
Garrafal me parece esa... C'est, selon moi, un très-grand mensonge.
Gata parida (parece una)... Il est maigre comme un coucou.
Gata de marramaos (es la)... C'est une chattemitte.
Gata escogida (hace la)... Il fait la sainte-nitouche.
Gato escaldado del agua fria huye... Chat échaudé craint l'eau froide.
Gato maullador nunca buen cazador... Chat qui miaule n'est jamais bon chasseur.
Genio y figura hasta la sepultura... On ne se refond pas.
Gente de carda (es)... Ce sont des voleurs.
Gente de escabea abajo (es)... Ce sont des vilains.
Gente de la garra (es)... Ce sont des filous, etc.
Gente de paz!... Ami!...
Gente del gordillo (es)... C'est la lie du peuple.

Gente en gente (de)... De bouche en bouche.
Giras y capirotes (hizo)... Il ne s'arrêta devant aucun obstacle; il franchit toutes les difficultés.
Gozo en el pozo (el)... Affaire tombée dans l'eau.
Grano de anís (alá es un)... La chose est très-importante.
Granito de sal (con su)... Avec un brin de malice.
Guarda pablo!... Pas si bête!...
Guindas á la tarasca (echaie)... Ils s'abhorrent.
Guisa de (á)... Va-t-en voir s'ils viennent, Jean, etc.
Gustos no hay disputa (sobre)... À la manière de...
Gusto de el oirle... En fait de goûts point de dispute.
Gente de la vida airada... On a du plaisir à l'entendre.
Gavdoso por sus puños... Des roboments.
Golondro (campa de)... Il lui a coûté assez de peine.
Galga de Lucas (ser la)... Il vit aux dépens d'autrui.
Gallo (alzar el)... Être le chien de Jean de Nivelle.
Gallo (ó un Gallo)... Faire le fier, le brave.
Hasta los gatos tienen tos (ó romadizo)... Nuit passée en débauche.
Hablemos claros. — Hablemos en plata... Les plus sots ont des prétentions.
Haa dado en decir que...... On s'obstine à dire que, etc.
Haya paz!... haya paz!... Paix! paix!
Hecho que sea este negocio... Cette affaire étant finie.
Ha perdido los estribos... Il ne sait où donner de la tête.
Hecho de abrir tanto ojo!... Cela a fait ouvrir les yeux.
Hermano, hasta aquí llegó... Mon cher, je n'en puis plus, je n'en veux plus.
Hablar á tontas y á locas... Parler à tort et à travers.
Ha estado en un tris (su vida)... Il a failli perdre la vie.
Hablo por boca de ganso... On lui a soufflé le mot.
Henos oído que estaban V. V. aquí... Nous nous sommes doutés que vous étiez ici.
Harto será que no lleve que rascar... Vous verrez qu'il s'en trouvera mal.
Hágase el milagro, y hágale el Diablo... D'une manière ou d'autre, il faut que la chose se fasse.
Hizo de un camino dos mandados... Il fit d'une pierre deux coups.
Habas contadas (son)... C'est clair comme le jour.
Habrá de habernelas con él... Je m'entendrai avec lui.
Haciendo está de las suyas... Il fait des siennes.
Habló V. bien!... Prenez garde à ce que vous dires.
Habla de memoria... Il parle en l'air.
Hinar por demás... Ne savoir ce qu'on dit.
Hizo la desecha... Il dissimula.
Hacer que hacemos... Passer son temps à ne rien faire.

Hízose el alcanzadizo... Il fit semblant de l'ignorer.
Hacen malas migas... Ils ne sont pas cousins.
Hecho un basilisco está... Il est furieux.
Hecho y derecho... Tout fait, accompli de tout point.
Hijos de muchas madres (son)... C'est une plaisanterie.
Hombre de calzas atacadas (es)... Il est sévère pour lui-même.
Hombre de pelo en pecho... C'est un brave.
Hombre, déjame en paz... Laisse-moi tranquille.
Halló la horma de su zapato... Il a trouvé son homme, il a trouvé à qui parler.
Hecho un hospital está... C'est une boutique d'apothicaire.
Hazte allá!... Va-t-en au diable!...
Hágame V. el favor de... Faites-moi le plaisir de, etc.
Hase visto una maldad semejante!... A-t-on jamais vu une telle infamie?
Haré de mi capa un sayo... Je ferai ce qui me plaît.
Hizo el papel de tonto... Il joua le rôle d'un sot.
Hasta la primera!— Hasta mas ver!... Au revoir.
Limpio de polvo y paja (quedó)... Je restai sans le sou.
Lo metió bajo siete estados... Il l'humilia cruellement.
La del humo!... Puisse-t-il ne pas revenir!
La cabió la lotería... La voilà bien tombé.
Lo que me sobra es saberlo... Je ne le sais que trop.
Lo puso de oro y azul... Il le traita indignement.
Llevó calabazas... Il a essuyé un refus.
Lloró á todo llorar... Il pleura à chaudes larmes.
Le hice la cruz, y santas pascuas... Je lui dis adieu pour une bonne fois.
La mejor tajada te deje en la alforja... Tu oublies le plus essentiel.
Le levantó de puñllas... Il lui fit perdre patience.
La indirecta del padre cobos (le echó)... Il lui dit la vérité sans se gêner (il fut droit au fait.)
Los puso á todos como hoja de perejil... Il les traita indignement.
La porquería de la amistad (perdieron)... Ils se sont brouillés.
Lo mismo que perro con pulgas... Il a fui précipitamment.
Llegome á la matadura, y salté como un Leon... Il me blessa au vif, et je devins furieux.
Lo que á mí me incomoda... Ce qui me met de mauvaise humeur.
Le jonifre las peras á cuatro... On l'arrangera.
La salida me gusta... J'aime cette défaite.
Le han levantado de cascos... On lui a monté la tête.
Lo que ahora nos hace á cuento... Ce qu'il nous faut maintenant.
Luego amaneció por la esquina un alguacil... Bientôt un alguazil parut au coin de la rue.
La misma gazza tenia él... Il avait la même envie.
Lo primero que me viene á la mano... La première chose qui me tombe sous la main.
Le planté en los hocicos estos cinco apostoles... Je le souffletai.

IDIOTISMES PROPREMENT DITS.

Lo dió esa humorada... Il eut cette fantaisie.
Lo raro no es eso... Ce n'est pas ce qu'il y a d'étonnant.
Lo contestaré de buena tinta... Je lui dirai ses vérités.
Lo que son las cosas del mundo!... Ce que c'est que de nous!
Lo que las de mirar no es el criador, sino el tiro por... Il faut juger les hommes par leurs actions, et non par leurs paroles.
Lo vendrá bien arroparse con sus consejos... Tel donne des conseils qui auraient besoin d'en recevoir.
Le hizo ver las estrellas... Il lui fit voir trente-six chandelles.
Me meterá un brazo por una manga... Je me moque de ce qu'il peut faire.
Me metó en todos los códerros... Je me fourre partout.
Mas conocido que la ruda... Il est connu comme le loup blanc.
Me sabe á rosquillas eso que me dices... Je suis charmé de ce que tu me dis.
Nira tó si sera bueno!... Certainement, que c'est bon.
Mas blando se quedó que una breva... Il devint doux comme un agneau.
Media palabra suya me sobra... Un mot de lui me suffit.
Me saca de mis casillas... Il me fait sortir des gonds.
Me rebienta con su dóo-gracias... Son hypocrisie me met hors de moi.
Ras toy de lorato que así sea... Je suppose que cela soit ainsi, je vous accorde que cela est ainsi.
Métase la lengua en un zapato... Qu'il se taise.
Métele la tienta... Tâche de lui tirer les vers du nez.
Me parece un poco Roque... Tu m'as l'air d'un niguad.
Mal va el don con el turuleque... L'orgueil sied mal avec un habit percé.
Me encoré en mi concha... Je n'ai pas voulu me mêler de cette affaire.
Mírese V. en ese espejo... Vous avez là un bel exemple.
Nhru ti si sera voló!... J'espère qu'il s'y entend.
Mal que lo pese... Malgré lui.
Ráhülio el caso que hace de mi... Il se moque de moi.
Ménos de reata (son)... Ce sont les moutons de Panurge.
Mas manso le hacia yo... Je le croyais plus patient.
Miron quitas hablól... Voilà une belle autorité!
Me quedé á la luna de Valencia... Je restai tout-à-fait dissappointé.
Mejor le fuera callar... Je m'en moque.
Mas cerrojos tiene que la galera... Il aurait mieux fait de se taire.
Mas sabe que acéite rancio... C'est un homme imprénérable.
Mas aquel tiene que un juez de letras... Il est malin comme un singe.
Me sacó el alma de picado... Il est savant comme un livre.
Mas vale lance que mordér... Il me fit d'embarras.
Mis miedos me tengo... Il ne faut pas tout voubler.
Maldita la cosa se me da... Je ne suis pas bien tranquille.
Peu m'importe.

IDIOTISMES PROPREMENT DITS.

Mal me huele el negocio......Je crains que l'affaire ne tourne mal.
Me apesta el tal D. Juan......Ce D. Juan m'ennuie.
Mala centella le parta......Que le diable l'emporte.
Me embiste ese hombre......Je déteste cet homme.
Il est très-rusé......Il est très-rusé, très-dissimulé, très-réservé.
Mal haya la suerte......Maudit sort.
Me quedé tan fresco como si tal cosa......Cela ne me fit aucune impression.
No está en su camisa......Il n'est pas dans son assiette.
No se dijo á humo de pajas......Cela n'a pas été dit en vain.
No doy por mi vida un ochavo......Je suis perdu, c'est fait de moi.
No es mala entrada de pavana......Il vient gravement nous débiter des sotises.
No hay nada escrito......On ne sait ce qui peut arriver.
No me lo racran de la cabeza......On ne me l'ôtera pas de la tête.
No quiero que se me pudra en el pecho......Je ne veux pas m'aider ce que j'ai sur le cœur.
No la echaré en saco roto......Je ne l'oublierai pas.
No es oro todo lo que reluce......Tout ce qui brille n'est pas or.
Nadie le dió veto en este entierro......Cela ne vous regarde pas.
No es rana el tal alleguillo......C'est un malin.
Nadie que tenga dos dedos de frente lo dudara......Quiconque a un peu de jugement ne peut en douter.
Ni por los cerros de Ubeda......Cela s'éloigne de la question.

No las tiene todas consigo......Il n'est pas sans inquiétude.
No te hilles los sesos, chico......Ne te casse pas la tête, mon cher.
No hay tales carneros......Cela n'est pas vrai.
No me las trago tan gordas......A d'autres!
No vale un ochavo de cominos......Il ne vaut pas deux liards.
No hay perro ni gato que no lo sepa......Les coqs le chantent.
No hay quien se la levante......Il n'y a personne qui puisse aller contre.
No le ha de valer la bula de meco......Il ne s'en tirera pas.
No vale para cazarle las espuelas......Il n'est pas fait pour lui détourner les curieux des souliers.
No aguanto yo pulgas......Je n'entends pas la raillerie.
No es mal ajuste el que nos hemos echado al coleto......Voilà un fameux coquin.
Nos dijo que nada, que lo dejásemos......Il nous dit de nous tranquilliser.
No tengo por que podric al obispo su beneficio......Je n'ai rien à me reprocher.
No le arriendo la ganancia......Il ne s'en tirera pas à bon marché.
No hay quien le eche la pata......Nul ne lui tiendra tête.
No te me enfurruñes, hombre.—No te me atufes......Ne te fâche pas.
Ni por esa......Pour rien au monde.
No alborotes el cotarro ó el gallinero......Ne réveillez pas le chat qui dort.
No me morderé la tengua para decírselo......Je ne me gênerais pas pour le lui dire.

No por ello sino por él reñimos......C'est à ton qui fait la chanson.
No le dejes hueso sano......Assomme-le.
Ni por el forro le conoces tú......Tu ne le connais pas du tout.
Nadie le pondrá un puñal al pecho......Personne ne l'y forcera.
Eso hay que levantar el gallo......Il ne faut pas faire le rodomont.
No en mis días......Pas de mon vivant.
No le pegó muñ tostada......Il lui joua un bien mauvais tour.
No echarás tantas roncas, si él estuviera aquí......S'il était ici, tu ne parlerais pas si haut.
Por zuncas ó por barrancas (él lo logrará)......Il l'obtiendra d'une manière ou d'autre.
Por esos trigos de dios (echar)......Boire la campagne.
Perrillo de todas bodas (es)......Il est partout.
Puso como ropa de pascua (le)......Il l'arrangea joliment.
A mi rapide......En moi-même. — Suivant moi.
Por dar en el clavo dió en la herradura......Il donne au but sans s'en douter.
Pegó é no pegó allá va eso......C'est parler à tort et à travers.
Por el hilo se saca el ovillo......On juge les gens sur leurs antécédents.
Papeles mojados (esos son)......Ce sont des balivernes.
Paciencia y barajar......Patience!
Por fas ó por nefas, él lo sabe......Quoi qu'il en soit, il est instruit.
Para esa taravilla, gran demonio......Quelle langue, mon Dieu!
Por un ocho me entra y por otro me sale......Par ma foi.
Pásale la mano por el lomo, y verás......Touche-le au vif, et tu en ras des nouvelles.
Por fin y postre......Enfin.
Pensando en las musarañas......Il bave aux corneilles.
Por donde saldrían esos guapos?......Que prétendent-ils, ces gaillards?
Pues palo que piute con los picaros......Ferme! point de pitié pour les coquins!
Para todos tiene, y jura mas que venga......Il a réponse à tout.
Fuste, hermano, que nadie nos torre......Doucement, nous-pas ne sommes pas pressés.
Por que carga de agua!......Eh de quel droit!
Fera hacer mangas y capirotes......Pour en faire ce que bon lui semblera.
Palo de cargo......Frappe ferme.
Parece que no estás leyendo los adustros......On dirait que tu lis dans mon cœur.
Parece que le pone el diablo chinitas para resbalar......On dirait que tu le mèle.
Porque eso de gustar chocharía con gente asi, le gusta mucho......Il aime beaucoup à bavarder avec des gens de cette espère.
Pues así me la encajo ni mas ni menos......C'est ce qu'il me dit, ni plus ni moins.
Para darte en los hocicos con ella......Pour te le jeter au nez.
Pagar á toca teja......Payer argent comptant.
Por bien empleado diera yo eso......Je ne le regretterais pas.
Pues en buena hora lo dija......Soit dit sans arrière-pensée.

IDIOTISMES PROPREMENT DITS.

Pero yo lo casaría allá á lo paterde......... Mais je le dis à ma manière.
Parecesme hombre formal.................. Je te crois un homme sensé.
Por mal de mis pecados................... Pour mon malheur.
Peor fuera meneallo !.................... N'en parlons plus, ce sera le mieux.
Por cuanto vos contribuistes............. Par la cadence du pouce.
Por un ojo de la cara (todo está)........ Tout est horriblement cher.
Por poco no se mató !.................... Il a failli se tuer.
Quéda el rabo por desollar............... Ne viens pas m'échauffer la bile.
Que Fulano, ni que niño muerto........... Nous ne sommes pas au bout.
Quédese á buenas noches.................. Eh, mon Dieu ! ce n'est pas de lui qu'il s'agit.
Que me llamen mico si eso así............ Il perdit tout.
Que levante el dedo (Hay alguno)......... Je veux qu'on m'écorche, si cela est.
Quieta España !......................... Y a-t-il quelqu'un qui veuille s'y opposer ?...
Quien dijo miedo !...................... Paix !...
Que me cumplieron, si tal creo........... En avant toujours.
Que tiene que ver eso, con lo que estamos di-
  ciendo ?.............................. Vous avez beau dire, je n'en crois rien.
Que mása mi con piropos.................. Ce n'est pas ce dont il s'agit.
Que apeé á las mil y quinientas.......... Que signifient ces airs ?...
Que se sacuta esa mosca.................. Qu'il se plaindre au pape.
Que se la ate al dedo.................... Qu'il se débarbouille comme il pourra.
Que habla él de decir ?.................. Qu'il aille au diable !
Que adelantamos con eso ?................ Qu'est-ce que vous chantez là ?
Que haría el mas pintado en mi pellejo... A quoi aboutit tout cela ?
Que no me gusta pasar plaza de charnquoro. Que pourrait-il dire ?
Que bato de cabras se es haperdido por estos un-
  durriales ?.......................... Je ne veux pas passer pour un charlatan.
Que tal ?............................... Que venez-vous faire ici ?
Que algaravia es esta ?.................. Je parie qu'il tentera la fortune.
Quéda todo como en viernes santo......... Qu'est-ce que c'est que ce tapage-là.
Que se entiende ?....................... Tout est silencieux.
Que tal ?............................... Qu'est-ce que cela veut dire ?
Que se miente por esos muniales?......... Eh bien!
Quiera ó no quiera...................... Que dit-on dans le monde?
Quien calla otorga...................... Bon gré malgré.
Quien la mete á él en camisa de once varas ?. Qui ne dit mot consent.
Quien diablos me trae V. á mí con eso ?.. Es-ce que cela vous regarde?
Quedamos lúcidos!....................... Qu'est-ce que cela ne fait, à moi ?
Quedo en ello........................... Enfoncés!..
Quien te dió vela para este entierro?.... Je vous le promets.
.... Es-ce que cela vous regarde ?

Que teneeis con eso ?.................... Que nous importe?
Que la sacudó V. en limpio?.............. Qu'avez-vous donc gagné ?
Rascarse la faltriquera.................. Dénouer les cordons de la bourse.
Recogió los zancajos (anda).............. Il ne fait que censurer ses actions.
Recogió velas y buenas noches............ Il se tut, et voilà tout.
Reniego de vuestro pública............... Le bon Dieu ne préserve de votre langue.
Ración de lumbre (tiene una)............. Il est réduit à la portion congrue.
Rata por cantidad........................ Au prorata, à proportion.
Razon de entonación...................... Raison qui n'en est pas une.
Razon de pié de banco.................... Sottises !
Real chica es esa........................ Voilà une jolie demoiselle.
Ruede la bola............................ Voyons venir le temps.
Rompe y rasga (son gentes de.)........... Ce sont des gens à ménager.
Rectar largo............................. Demander gros.
Recogerse al buen vivir.................. Rentrer dans la bonne voie.
Reló desconcertado (es un)............... C'est un fou.
Renta del excusado (eso es nuestro en la). C'est se mêler de ce qui ne vous regarde pas.
Razon tienes, pero no te vale............ Tu as raison, mais tant pis.
Repuleos de empanada (son)............... Ce sont des petitesses, des riens.
Retablo de duelos (es un)................ C'est une boutique d'apothicaire.
Ruin sea por quien quediere.............. Nous verrons qui de nous deux tiendra le mieux sa
                                           parole.
Rebentando está por decirlo.............. Son secret lui pèse.
Irabiando está por salir................. Il lui tarde d'en aller.
Rodando se le tiene todo................. Il a du bonheur.
Remachar el clavo (eso es)............... C'est aller de mal en pis.
Rastros y reliquias de la mala vida pasada (son). C'est le fruit de la guerre.
Hara vez viene á mi casa................. Il joue son rôle à merveille.
Rempa V. con él.......................... Il vient chez moi rarement.
Roppa vieja.............................. Rompez avec lui.
Roempeompele la crisma................... C'est s'arrêter à des minuties.
Reparó tú si sera voto................... Salmigondis.
Rico vino nos dió el cura................ Il faut le souffleter.
Ropa de su poner (es).................... Tu vois bien qu'il s'y entend.
Roete ese hueso.......................... En fait de vin, le curé nous en a donné de fameux.
Roer el lazo............................. Ce sont des habits à son usage.
Revolviéndome está las entrañas.......... Attrape ça...
Rehácese V. á la razon................... Se tirer d'un grand danger.
Itecalieo en casa (ó, á la familia)..... Il me fait enrager.
Rechazar la pelota....................... Soyez raisonnable.
.... Mes compliments chez vous.
.... Rendre la pareille.

IDIOTISMES PROPREMENT DITS.

Recojase V. si se siente indispuesto.	Retirez-vous, si vous êtes malade.
Remiendo de otro paño (es).	Ce sont des figues d'un autre panier.
Risa me da ese hombre.	C'est un drôle de corps.
Se les hablará al alma.	Il leur parlera comme il faut.
Sabe donde le aprieta el zapato.	Il sait où le bât le blesse.
Si tan largo me lo fias.	Tu me renvoies aux calendes grecques.
Se pierde de vista el tal D. Fulano.	C'est un homme transcendant (ironie).
Se le voló el santo al cielo.	Il a perdu la tête.
Se tragó la píldora.	Il a avalé la pilule.
Se lo dijo mondo y lirondo.	Il le lui a dit tout crûment.
Se metió sin decir chus ni mus.	Il se faufila sans rien dire.
Se le dejó en el tintero.	Il l'a oublié.
Sobre que habla como un libro!	Il parle comme un livre.
Sartenazo que cante el credo á esos tunos.	Point de pitié pour ces gamins.
Sin decir agua va.	Sans dire gare!...
Se me quiere subir á las barbas.	Il me met au défi.
Si me apuras un poco mas lo digo.	Si tu me pousses à bout, je parlerai.
Si á eso vamos.	En ce cas.
Salta como granizo en albarda.	Il n'est pas facile à mâter.
Se quedó tocando tabletas.	Il resta coi.
Se le fue la mula.	Il perdit ses étriers.
Sobre todo la hacienda dios la da y dios la quita.	Enfin, à la garde de Dieu.
Se quedó como quien ve visiones.	Il resta stupéfait.
Su alma, en su palma.	Qu'il s'arrange.
Si se me sube el humo á las narices.	Si l'on me pousse à bout.
Salga lo que saliere.	Quoi qu'il arrive, peu m'importe.
Si antes de abrir la boca le despaché!	Il le congédia sans le laisser dire mot.
Se trasgó de hoz y de coz.	Il s'y fourra sans cérémonie.
Suelta la maldita (cuando).	Lorsqu'il commence à dégoiser.
Se ha echado la ceniza en los ojos.	Il s'est condamné lui-même.
Son niños de teta, para él.	Ils sont trop petits pour lui.
Se apuran lo juraré por esta cruz.	Par ma foi, je suis prêt à le jurer.
Si llega á soltar la taravilla.	S'il commence à bavarder.
Se le van hinchando las narices.	Il commence à se fâcher.
Si la envidia se volviera tiña!	Les envieux mourront, mais non jamais l'envie. (Molière.)
Sobre eso no hay nada escrito.	Ce n'est pas encore bien clair.
Si vale mi voto.	S'il m'est permis de donner mon avis.
Se diera con un cante en los pechos.	Il en serait bien content.
Se le atrancó la marroma á mitad del camino.	Il est resté court.
Se tragó la píldora.	Il a gobé.
Si, fresco está.	Oui, qu'il l'attende!

Se fue con sus manos lavadas.	Il s'en alla sans rien obtenir.
Si se le figurará que yo vengo ahora de escarbar?	Me prend-il pour un sot?
Tendrá que venir á la melena.	Bah! il pliera.
Todo se andará si el paño no se rompe.	Nous emploirons tous les moyens possibles.
Tras eso andamos todos.	Nous ne demandons pas mieux.
Tela hay cortada para algun tiempo.	Ça ne finira pas de sitôt.
Todo ello es nada entre dos platos.	Ce n'est rien.
Trágose el calderon.	Il la goba.
Tesuelpure entreceja'i ceja que eres un canueso.	Je te dirai que tu n'es qu'un nigaud.
También es buena frescura!	Quelle indifférence!
Tomó las de villadiego.	Il prit la fuite.
Tengo odio en Madrid.	J'ai entendu dire à Madrid.
Tomará á buen partido oserse la boca.	Ce qu'il a de mieux à faire, c'est de se taire.
Toma!... una zacudidta armada contra él.	Tiens!... un piège tendu contre lui.
Tiene el alma en un hilo.	Il est aux abois.
Tamañitos nos han dejado.	On nous a humiliés.
Tomaron soleta al instante.	Ils se mirent à courir.
Tirar la piedra y esconder la mano.	Jeter la pierre et cacher la main.
Tienes mas sapos y culebras que echar por esa boca?	
Tongález Y. muy buenos.	C'est la faute.
Todavía andamos en esas?	Soyez le bienvenu.
Todo se lo llevó la holarga.	Encore!...
Tiene pocos higados.	Tout est perdu.
Tomará callarse.	Je ne le crains pas.
Tal sofrenada le dieron.	Il n'en fera rien.
Tengo tanta priesa.	On le mena rudement.
Teníns mas que decir?	Je suis si pressé.
Tomate esa.	As-tu autre chose à dire?
Un pié en la sepultura (tiene ya).	Attrape ça.
Una golondrina no hace verano.	Il a un pied dans la fosse.
Una escoba desatada (es).	Une hirondelle ne fait pas le printemps.
Uno sí y otro no, y todos árreo.	C'est un homme perdu.
Urdir una trama (ó un enredo).	L'un après l'autre, et tous ensemble.
Una vana y dos vacías.	Tendre un piège.
Una vez que el lo dice.	C'est un charlatan.
Una herrada no es caldera.	Puisqu'il le dit...... Tout le monde peut se tromper.

IDIOTISMES PROPREMENT DITS.

Una flor no hace verano	Une fleur ne fait pas le printemps.
Una por una	Avant tout.
Un dia si y otro no	De deux jours l'un.
Un lucho, y ese hueco	Un seul enfant, et toujours malade.
Uno es uno y otro es otro	L'un n'empêche pas l'autre.
Una no es ninguna	Passe pour une fois.
Una y no mas	C'est assez d'une fois.
Una y buena	Il m'a joué qu'un tour, mais il peut compter.
Untar las manos (ó al carro)	Graisser la patte.
Uño de luejico (ó de rana)	De l'or.
Un tris (estaren)	Être sur le point de...
Un sí es, no es	Un tant soit peu.
Un dios me lo perdone (está hecho)	Il est tiré à quatre épingles.
Una fortuna ha sido que	Le bonheur voulut que...
Un real sobre otro	Sou sur sou.
Un cujun de sastre (es)	C'est un sarre trouu.
Un alma de dios (es)	C'est un bienheureux.
Un pedazo de alcornoque (es)	C'est une bûche.
Ub mégas liberadas (es)	C'est une poule mouillée.
Una vez por una, otra vez por otro	Tantôt pour une chose, tantôt pour une autre.
Un hablar muy afeminado (tiene)	Il a une voix efféminée.
Uno por uno	L'un après l'autre.
Uña de gato y cara de beato	Griffe de chat et mine de beat.
Uno espanta la caza para que otro la mate	L'un lève le gibier, l'autre le tue.
En decir Jesus (en)	En un clin-d'œil.
Un cualquiera (es)	C'est un homme de rien.
Un nadie (es)	C'est un pauvre sot.
Uno malva (es)	Il est doux comme un agneau.
Uno por uno	Bon pied, bon œil.
Vale mas plata que pesa	Il vaut son pesant d'or.
Voy á dar el último estiron	Je vais faire un dernier effort.
Va dando barro á mano	Il fournit au fur et à mesure.
Valiente rapapolvo llevó	Je lui ai chanté la gamme.
Vayase lo uno por lo otro	L'un compense l'autre.
Vaya que es buena !	C'est drôle!
Veremos quien lleva el gato al agua	Nous verrons qui de nous deux l'emportera.
Visto lo visto, ya no quiero hacerlo	Au bout du compte, je ne veux plus le faire.
Vidó goloudrino	Il déguerpit.
Vamos al meollo (ó al grano)	Au fait, au fait.
Veremos si hay algun guapo que tu levante	Nous verrons qui l'emportera.
Vayanse bonitlos de dios	Qu'ils s'en aillent.
Valiente caso luego yo de tales botaratcs	Je ne me soucie guère de ces fous.

Vendrá de portillas (ó de perlas)	Cela m'arrangera à merveille.
Vaya otra bocanada de erudicion!	Encore un nouveau trait d'esprit (ironie).
V. quiso dar tornillazo á su potro, pero se lo cojieron	À bon chat bon rat.
Vaya á otra puerta á que le den	À d'autres!
Vióse en calzas prietas	Il se trouva dans de mauvais draps.
Vaya, que chotada semejante	Dieu! quel tour infâme!
Voy vicrdo claro	Je commence à voir clair.
V. aquí de cuando acá ?	Vous voilà ? par quel hasard ?
Vergüenza da	C'est honteux.
Venga V. acá, señor mio	Écoutez donc.
Veremos, dijo el ciego	Nous verrons plus tard.
Venga lo que viniere	Vogue la galère.
Valga por lo que valiere	À tout évènement.
Viva V. mil años	Merci.
Voto á sanes !	Peste soit de la contrariété!
Venga esa mano!	Touchez-là.
Va á veras?	Nous verrons.
Venga acá eso	Tout de bon ?
Vamos de mano armada	Il est quelque projet.
Yomita sapos y culebras	Donnez-moi ça.
Vate un Perú (ó un imperio)	Il vaut mille horreurs.
Voy de priessa	C'est un trésor.
Vara alta (tiene)	Je suis pressé.
Ven acá hombre	Il a les bras longs.
Vió la suya y se echó encima	Écoute-moi.
Verdad, ó verdades de perogrullo	Il profita de l'occasion.
Vendió su vida cara	Ce sont des vérités de M. de la Palisse.
Ya los tenemos encima	Il vendit chèrement sa vie.
Yo le pondré la ceniza	Les voilà à nos trousses.
Yo le diré cuantas frescas	Je me charge de l'arranger.
Yo me desosaré el primero	Je lui dirai son fait.
Y cristo con todos	C'est moi qui paîerai le premier.
Y tijeretas han de ser	Et puis bonsoir.
Y sino naranjas... ó nones	C'est toujours la même chanson.
Yo lago rancho aparte	Sans cela, bernique.
Ya vera lo que es bueno!	Né faites pas attention à moi.
Ya le saldrá à la colada	Il s'en repentira.
Y tres mas	Il verra plus tard.
Ya pasó el chubasco	Eh oui, vous dis-je.
Yo no tengo la culpa	C'est calmé.
	C'est ma faute.

IDIOTISMES PROPREMENT DITS.

Ya tomaría yo haber aprendido á leer ..... Je me contenterais de savoir lire.
Yo le diré cuantas son cinco ..... Il en entendra de belles.
Ya que estas con las manos en la masa ..... Puisque vous y êtes.
Yo no toco pito en ello ..... Je ne m'en mêle pas.
Y á lo que estamos tuerta ..... Robin parle de ses flûtes.
Ya sabe andarse solo ..... Il sait se tirer d'affaire.
Ya se tentará la ropa antes ..... Il y regardera à deux fois.
Y para fin de fiesta ..... Enfin.
Yo me lo guiso, yo me lo como ..... Je m'arrange.
Y el diablo sea sordo ..... Que cela soit dit entre nous.
Y si á tanto llegasen sus humos ..... S'il l'osait.....
Yo no sé de letra ..... Tu sais qu'en matière de belles-lettres.
Yo no me mole en ese de letras ..... Je ne sais ni lire ni écrire.
Yo no entiendo de coche que me marco ..... Je ne me mêle pas de ces affaires-là.
Y ya se ve !... me conturé como es natural ..... Voü-tu, je me conduisis en homme sage.
Y luego muy huecos con que todo lo saben ..... Et puis, ils se vantent de savoir tout.
Y muy á señor siempre ..... Et toujours avec beaucoup de politesses.
Y creerá haber puesto una pica en Flandes ..... Il croira avoir fait merveille.
Y quien hace caso de monigotes ? ..... Pourquoi s'occuper de ces gens-là ?
Y al que mas y al que menos le fastidia ..... Il ennuie tout le monde.
Y yo que lo viera !..... ..... Si je le voyais !
Y ya que me toca Y, esa tecla ..... Puisque vous me parlez de cette affaire.
Ya tiene ahni la preguntita ..... La question est charmante !
Ya estás por demas aqui ..... Tu es de trop.
Ya baja !..... ..... Or çà !
Y tanto que se lo diré ..... Je le lui dirai sans me gêner.
Y que le entren moscas ..... Le voilà lauré.
Ya te lo dirán de misas ..... Tu verras plus tard.
Ya lo veo !..... ..... Je te connais !
Ya se ve que no ..... Eh non, vous dis-je.
Ya entiendo ..... Ehn, vous dis-je.
Yasüja (ser de mala) ..... Etre inquiet, tout troublé.
Yema (dar en la) ..... Frapper juste.
Yema del baile (estar en la) ..... Avoir la meilleure place dans une assemblée.
Yerba (estar en) ..... Etre vert.
Yerba crecer mucho (la mala) ..... Mauvaise herbe pousse vite (fig.).
Yerbas (es galan, cortés, y otras) ..... Il est galant, homme, poli, et cetera.
Yerba (pisar mala) ..... Etre de mauvaise humeur.
Yerba (sienta nacer la) ..... Il est très-éveillé.
Yerro de imprenta (es un) ..... C'est une erreur.
Yerto (quedarse) ..... Rester coi.

Yunque (estar al) ..... Endurer les impertinences d'autrui.
Ya tiene pelos el cuento ! ..... Oh ! l'affaire est très-sérieuse.
Yono me meto en eso ..... Je ne m'en mêle point.
Yo no tengo pelos en la lengua ..... Je ne me gêne pas pour dire la vérité.
Yo se lo digo á Y. ..... C'est moi qui vous le dis.
Ya sé lo que es ! ..... Je vous comprends.
Y si se enfáda que se enfáde ..... S'il se fâche, tant pis pour lui.
Yo no entro ni salgo ..... Je ne veux pas m'en mêler.
Ya, ya ? ..... Ah ! bien oui !
Yo le fió ..... Je réponds pour lui.
Yo (aquí estoy) ..... Me voici.
Zaga (no le va en) ..... Il ne lui cède en rien.
Zaino (mirar á lo) ..... Regarder par-dessus l'épaule.
Zalá (hacer la) ..... Courtiser quelqu'un, le flatter.
Zancas ó barraticas (por) ..... Il élude la question.
Zancas de arana (andar en) ..... D'une manière ou d'autre.
Zancadilla (en dos) ..... A la minute.
Zancadilla (te armó la) ..... Il lui tendait un piège.
Zancajo (no le llega al) ..... Il ne vaut pas l'autre.
Zancos (poner en) ..... Protéger, favoriser.
Zancos (subirse en) ..... S'enorgueillir, devenir lier.
Zapatos de fieltro (andar con) ..... Agir prudemment.
Zapato (estamos como tres con un) ..... Nous sommes très-gênés.
Zapato (mas necito es que su) ..... C'est une bûche (fig.).
Zape! ..... Oh ! oh !
Zarabanda (como de las coplas de la) ..... Comme de l'an quarante.
Zaramula malhe manda (sobre mi) ..... Je suis bien maître de moi-même.
Zarpa (échale una) ..... Il lui mit la main dessus.
Zoquete (eres un) ..... Je flus tout mouillé.
Zorra (desollar la) ..... Tu t'es qui an sol.
Zorra con dos rabos (no hay) ..... Cuver son vin.
..... Il est bien difficile de trouver deux personnes semblables.
Zorra (pillar una) ..... S'enivrer.
Zorro (estar hecho un) ..... Il est là comme un sournois.
Zorro (se hace un) ..... Il fait semblant de l'ignorer.
Zorro de cepas, ó porras (le gusta el) ..... Il aime le vin.
Zoquete mas grande ! ..... Quel grand sot !
Zampule ese bizcocho ! ..... Attrape çà !
Zangano (pedazo de) ..... L'animal !
Zaramullo (es un) ..... C'est un intrigant.

PROSODIE

SYLLABE LONGUE.

Il n'y a qu'une syllabe *longue* dans chaque mot espagnol; c'est sur cette syllabe unique qu'il faut appuyer pour marquer la *quantité*. La syllabe longue est indiquée par l'accent aigu (´), que l'on place sur une voyelle, ou bien par des règles dont nous allons donner le détail.

Les monosyllabes ne sont point accentués, étant longs de leur nature [1].

EXEMPLES:

Él (lui). — *mi* (mon, mā); — *té* (ton, tu); — *si* (si, *sé*, conjonction conditionnelle); — *dé* (préposition); — *sé* (se, substantif relatif réfléchi).

On accentue les monosyllabes suivants, pour ne pas les confondre avec ceux qui précèdent :

Él (lui); — *mí*, *ti*, *si* (moi, toi, soi); — *té* (tu); — *sí* (oui, adverbe); — *dé* (du verbe *dar*); — *se* (des verbes *ser* et *saber*).

On accentue aussi les conjonctions á, ó, ú; la préposition à, et les monosyllabes *dí* du verbe *dar*, et *vé* du verbe *ver* [2].

PLACE DE L'ACCENT.

L'accent porte le plus souvent sur une de ces trois syllabes : *la dernière*, *la pénultième*, *l'antépénultième*; *Calòr*, *calorôsa*, *calórico*. Qu'on fasse bien attention à ces trois exemples, et à la manière dont nous les accentuons. Le premier a l'accent sur la dernière syllabe, et le second sur la pénultième, en vertu de règles générales que nous ferons connaître, et qui dispensent de l'emploi de cet accent : c'est pour cela que nous les surmontons de l'accent grave. Quand au troisième exemple, il présente un cas exceptionnel, et c'est pour cette raison qu'il porte le véritable, le seul accent espagnol, l'accent aigu.

Il n'y a qu'une espèce de mots où l'accent se trouve ordinairement sur la cinquième syllabe en partant de la dernière; tels sont quelques-uns des adverbes en *mente* : *Cándidamente*, *rápidamente*, *digrisísimamente*; mais ce sont là des mots composés d'un adjectif et du substantif *mente* (*Voyez* les adverbes, 3e partie) : *Cándida mente*, *rápida mente*, *digrísima mente*.

[1] Pour rendre nos exemples plus intelligibles et plus frappants, et afin de tenir l'attention du lecteur toujours en éveil, nous préviendrons que nous nous servirons de l'accent grave, qui n'est nullement en usage dans la langue espagnole, pour marquer la *syllabe longue* NON ACCENTUÉE. L'accent aigu, le seul, le véritable accent espagnol, figurera sur les syllabes où on l'emploie réellement. L'accent grave aura le double but de *faire connaître la syllabe longue*, et d'indiquer que cette *syllabe longue* n'est point accentuée. Il faut se bien familiariser avec cette idée, si l'on veut retirer quelque fruit de notre traité de prosodie.

[2] Il y en a qui accentuent la négation *nó*; d'autres, l'interjection *hé*.

33

Les mots qui ont l'accent sur la syllabe pénultième, s'appellent *graves*. Cette terminaison fait l'effet du trochée latin. .... (— ∪) longue et brève.

Les mots qui se terminent par la syllabe longue, s'appellent *agudos*, aigus. Les deux dernières syllabes font alors l'effet de l'ïambe latin. .... (∪ —) brève et longue.

Les mots qui ont l'accent sur la syllabe antépénultième, se nomment *esdrújulos* (glissants), ou *dactílicos*, parce qu'on appuie sur l'antépénultième syllabe, et qu'on glisse sur les deux dernières, ce qui fait l'effet du dactyle latin. .... (— ∪ ∪) longue et deux brèves.

MOTS TERMINÉS PAR UNE SEULE VOYELLE.

DICTION GRAVE (— ∪).

SANS ACCENT SUR LA PÉNULTIÈME SYLLABE.

La diction la plus commune est la diction grave. C'est celle de tous les mots terminés par une seule voyelle, et qui ne portent point d'accent.

Ex. : *Mïsa, dinéro, amïgo, ăno, cabăllo, caballéro, hombre, gigante, nïño, cabéza,* etc.[1].

DICTION AIGUË (∪ —).

AVEC ACCENT SUR LA DERNIÈRE SYLLABE.

TERMINAISONS EN Á.

Futur de l'indicatif . . 3e pers. du sing. *Amará, tenerá, partirá.*
Présent de l'indicatif. 3e pers. du sing. } du verbe *estar.* { *Él está.*
Impératif. . . . . 2e pers. du sing. } { *Está tú.*

TERMINAISONS EN É.

Prétérit défini des verbes en AR. 1re pers. du sing. *Amé,* etc. (Quand le radical de ces verbes se termine par une consonne : *Am-ar,* etc. [2].) ....

Futur de l'indicatif de tout verbe. 1re pers. du sing. *Amaré, teneré, partiré.*
Impératif. . . . . 3e pers. du sing. } du verbe *estar.* { *Esté aquel.*
Présent du subjonctif. . 1re et 2e p. du s. } { *Que yo esté, que él esté.*

EXCEPTIONS qui deviennent dans la diction grave

{ *Andúve,* du verbe *andar.* }
{ *Estúve,* du verbe *estar.* } Prétérits irréguliers.

¹ Il y a des mots verbaux semblables à des substantifs ou adjectifs, mais qui en diffèrent par la prosodie.

EXEMPLES :

Mots verbaux : { (*él*) *lastíma,* (*él*) *fabríca,* (*él*) *magnifíca,* (*él*) *está perdída,* } etc.
{ (Il lastime), (il fabrique), (il magnifique), (elle est perdue), }

Mots substantifs ou adjectifs, { *Lástima,* *fábrica,* *magnífica,* *pérdida,* } etc.
{ (Plaie), (fabrique), (magnifique), (perte), } etc.

² Toc-ar, pag-ar, fout-oog-né, pag-aré; mais ici l'U est muet. Il est même plus exact de dire que cet U fait partie du radical, et non de la terminaison. Toqu-é, pagu-é. (Voy. pag. 35, sur les irrégularités orthographiques).

MOTS TERMINÉS PAR UNE SEULE VOYELLE.

SUITE DE LA DICTION AIGUË (⌣-).

AVEC ACCENT SUR LA DERNIÈRE SYLLABE.

SUITE DES TERMINAISONS EN É.

Quelques mots d'origine étrangère : *Café*, etc.; *porque* pris substantivement, et *porqué*. (On sait que l'*U* est muet dans la syllabe *que*.)

TERMINAISONS EN Í.

Prétérit défini. 1re pers. du sing. *Temí*, *partí*, *seguí*, *distinguí*, et en général la 1re personne du prétérit défini des verbes réguliers en ER et en IR, dont le radical se termine par une consonne, ou par une consonne suivie d'un U muet : *Tem-ER, part-IR, segu-IR, distingu-IR*.

Beaucoup de mots de la langue, et d'autres venus de l'arabe : *Aquí, así, maravedí, cadí*, etc.

TERMINAISONS EN Ó.

Prétérit défini. 3e pers. du sing. *Amó, tomó, entró*, etc., des verbes an-AR, tom-AR, entr-AR; et ainsi des verbes en AR dont le radical se termine par une consonne. . . . .

TERMINAISONS EN Ú.

L'*U* final reçoit presque toujours l'accent : *Alegú, béricú, parú*, etc. . . . .

EXCEPTIONS :

Casi et *cuasi, dicali, cárasi*, etc.

DICTIONS GRAVES DE QUELQUES PRÉTÉRITS IRRÉGULIERS, 3e pers. du sing.

Anduve, de *andar*; *estuve*, de *estar*.

Hizo, de *hacer*, et ses composés; *hubo*, de *haber*.

Cupo, de *caber*; *pudo*, de *poder*, et ses composés.
Quiso, de *querer*; *supo*, de *saber*; *tuvo*, de *tener*, et ses composés.
Trajo, de *traer*, et ses composés; *dijo*, de *decir*, et ses composés.
Vino, de *venir*, et ses composés; *dijo*, de *decir*, et ses composés.
Condújo, de *conducir*, et tous ses semblables : *Redújo, tradújo*, etc.

EXCEPTIONS :

Quelques mots dactyles dans leur origine latine : *Ímpetu, espíritu*, etc.

MOTS TERMINÉS PAR UNE CONSONNE.

DICTION AIGUË (⌣-) SANS ACCENT SUR LA DERNIÈRE SYLLABE.

Les terminaisons par une consonne ont ordinairement la dernière syllabe longue, sans accent marqué.

Ex.: *Razón, honór, amistád, amór, tenér, partír — atraír, dotór, cordilí, Onún*, etc. [1].

DICTION GRAVE (-⌣) AVEC ACCENT SUR LA PÉNULTIÈME SYLLABE.

Les noms dérivés du latin, qui prennent un dactyle dans l'accroissement de leurs déclinaisons : *Mármol, iris, órden, swírtír, vírgen, árbol, huésped, crímen*, etc. (De *mármor, marmóris; iris, irídis; ordo, ordinis*, etc.)

Divers noms, la plupart adjectifs dérivés du latin, et qui ont perdu leur syllabe finale originaire.
Ex.: *Jóven* (de *juvenis*), *fácil* (de *facilis*), *inútil* (de *inutilis*), etc.

Divers noms en IS d'origine grecque : *Tésis, elípsis*, etc.

---

[1] Les mots tels que *atraíR, descíR, cordiíR, OnúN*, etc., sont considérés ici uniquement sous le rapport de leur diction aiguë, résultant de leur consonne finale. Nous verrons bientôt que, sous le rapport de l'union et de la diction des voyelles, on considère comme terminés par deux voyelles ces mêmes incis, où deux voyelles précèdent la consonne finale : *At-ra-íR, des-cíR; cordilR, OnúN*, etc.

SUITE DES MOTS TERMINÉS PAR UNE CONSONNE.

DICTION GRAVE (— ∪) AVEC ACCENT OU SANS ACCENT SUR LA PÉNULTIÈME SYLLABE.

NOTA BENE.

Beaucoup de noms patronymiques : *Hernández, González*, etc.

Les noms suivants des jours de la semaine : *Lúnes, Mártes — Juéves, Viérnes.*

Les accroissements en S, ES, que les noms prennent au pluriel : *Amigos* (de *amigo*), *virtúdes* (de *virtúd*), etc.

Les terminaisons des verbes, en N ou en S, dans les divers temps, modes, nombres et personnes.

Ex. : *AmaS, amábaS, amaráS, ameS, amémoS*, etc. — *AmáraN, amisteiS, amáraN*, etc.

Les adverbes *léjos, entónces, ápénas, ménos, miéntras, ántes.*

Les terminaisons verbales en N, S, qui ne font pas partie de la règle ci-contre, ou sont accentuées sur la dernière syllabe comme dictions aiguës :

    AmaréS, ———— *AmaráN.*

    EstáS ; ———— *EstáN ;*

ou sont accentués sur l'antépénultième, comme dactyliques.

    AmábamoS. ———— *AmáramoS,* etc.

MOTS TERMINÉS PAR UNE VOYELLE OU PAR UNE CONSONNE.

DICTION ESDRÚJULA (— ∪ ∪), AYANT L'ACCENT SUR LA SYLLABE ANTÉPÉNULTIÈME, OU SUR CELLE QUI LA PRÉCÈDE : l'accent toujours marqué.

1° Un grand nombre de mots castillans, la plupart dactyles en grec ou en latin . . . . *Cántaro* (de *cantháris*); *périságo* (de *périsoma*); *íntimo* (de *íntimus*); *Górgoça* (de *Gorgia*); *húmedo* (de *húmidus*); *átomo, apólogo*, etc. . . . . .

2° Verbes devenus esdrújulos par agrégation enclitique de pronoms, ou substantifs relatifs . . . . . *Liévate, fiásele, perdónanos, deféndeselo*, etc. . . . . . . La syllabe longue s'accentue dans les verbes dérivés, esdrújulos par le seul effet de cette agrégation : *Liévo, liévate ; míra, míranos.*

3° Divers noms latins ou d'origine grecque . . . . *Mírame, ójeme, bóscanoin*, etc. . . . .

4° Accroissement dans les temps des verbes, et agrégation enclitique de substantifs relatifs . . .

  Imparfait de l'indicatif, 1ʳᵉ pers. du pluriel : *Amábamos, teníamos*, etc. . . .

  Imparfait du subjonctif, 1ʳᵉ pers. du pluriel : *Amáramos, amásemos*, etc. . . .

  Futur du subjonctif, 1ʳᵉ pers. du pluriel : *Amáremos, temiéremos*, etc. . . .

  Conditionnel, 1ʳᵉ pers. du pluriel : *Amaríamos, temeríamos*, etc. . . .

  Présent du subjonctif des verbes *Haber* et *Ir*, 1ʳᵉ pers. du pluriel : *Háyamos, váyamos*, etc. . . .

La syllabe longue s'accentue encore ici dans les verbes par suite de l'agrégation enclitique de substantifs relatifs. *Pongámos*, etc., (pour *pongámos nos*).

5° Les mots terminés au singulier par une consonne, et qui ont . . . De *márgen*, *márgenes* ; de *gérmen*, *gérmenes* ; de *vírgen* ; *vírgenis* ; De *dócil*, *dóciles*, de *inútil*, *inútiles* etc. . . . . . . Il faut excepter les mots tels que *tésis, elipsis*, etc., parce que les noms terminés en S, qui ont l'accent sur une autre syllabe que la dernière, ne varient point au pluriel.

---

1 Ici, les mots *esrhmax*, tels que *AmiéS, vríeN*, etc., sont considérés uniquement sous le rapport de leur *diction grave*. Mais , sous le rapport de l'union et de la *diction des voyelles*, nous verrons bientôt que l'on considère comme terminés par deux voyelles ces mêmes mots, où deux voyelles précèdent la consonne finale : *AméS-IS, trA-Eis, AmúrÉIs*, etc.

2 *Enclitique* signifie, qui s'unit au mot précédent et semble s'appuyer sur lui.

AVERTISSEMENT POUR LES TABLEAUX SUIVANTS.

Jusqu'ici nous avons considéré les trois dictions, *grave*, *aiguë*, *dactylique*, relativement aux mots terminés par *une voyelle* ou par *une consonne*.

Nous allons nous occuper de la diction *grave* et de la diction *aiguë*, dans les mots *terminés par deux voyelles*. Ici les difficultés se compliquent, et nous devons présenter quelques observations préliminaires.

Avec les mots *terminés par deux voyelles*, la diction est tantôt *grave*, tantôt *aiguë*.

1° Si elle est *grave*, de deux classes l'une :

Ou les deux voyelles finales se divisent pour former deux syllabes, longue et brève, qui complètent la diction grave, comme dans *bree* (brE-A) ;

Ou bien les deux voyelles finales s'unissent par la diphthongue, et, ne formant plus qu'une seule syllabe, nécessitent l'accent sur la syllabe qui les précède, comme dans *bree* (lin.E.A).

2° Si la diction est *aiguë*, mêmes accidents :

Ou les deux voyelles finales se divisent pour former les deux syllabes, brève et longue, qui forment la diction aiguë, de manière à ne faire porter l'accent que sur la dernière voyelle, comme dans *rei* (rE-i) ;

Ou bien les deux voyelles finales s'unissent par la diphthongue, et reçoivent en commun l'accent qui doit frapper la dernière, comme dans *agravié* (agravIE).

Ce qu'il importe donc de bien connaître dans *les mots terminés par deux voyelles*, c'est *l'union* ou *la division* de ces voyelles finales : nous marquerons l'union par la couleur *puce*, et la division par la couleur *verte*. En outre, nous aurons le soin de diviser et d'unir typographiquement les voyelles, de cette manière : *Câ-e, Dêaae*.

L'accent marqué continuera à être désigné par l'aigu (´), et l'accent *non marqué* par le grave (`).

Quant aux dictions *graves* ou *aiguës*, elles pourront être indiquées en tête de chaque chapitre par la formule et la couleur que nous leur avons assignées dès le principe : diction grave (−⌣), diction aiguë (⌣−).

MOTS TERMINÉS PAR DEUX VOYELLES.

UNION ET DIVISION DES VOYELLES FINALES.

DICTION GRAVE (- ∪).

Dans les différentes combinaisons que peuvent présenter les deux voyelles finales, nous commencerons par les douze combinaisons qui portent sur A-E-O, et nous les réunirons dans un tableau commun, parce que ces douze terminaisons sont soumises à une règle commune, sous le rapport de la diction, ainsi que sous le rapport de l'union et de la division des voyelles. L'ordre logique doit prévaloir sur l'ordre alphabétique.

Terminaisons.	SANS ACCENT, s'IL Y A DIVISION DES VOYELLES FINALES.	AVEC ACCENT, S'IL Y A UNION DES VOYELLES FINALES.	EXPLICATION DU TABLEAU. — RÈGLES QU'IL RENFERME.
			Terminaisons portant sur *A-E-O*, en tout douze combinaisons.
AE.	*Cá-e, cá-eS, cá-aN, Pasíĝa-e.*	*Dáae.*	DIVISION DES VOYELLES FINALES.
A. AI.	*Áy, amá-íS.*	*AmíbaíS, amá-raíS.*	
AO.	*Ná-o, Maedá-o,* etc.	*Dáao.*	Les mots de ces douze combinaisons, quel que soit le nombre de leurs syllabes, s'ils
AU.	*Patá-u.*	»	n'ont pas l'accent marqué sur la dernière des deux voyelles finales (comme dans *rá-e, faí),*
EA.	*(Eī) bré-a, (té) bré-aS, (éllos) bré-aN; preté-a.*	*Área, línea, frámea, náusea,* etc.	le reçoivent nécessairement sur la première (*cá-e, Pasíĝa-e, ná-o,* etc.), et les deux
E. EI.	*Habré-íS, amaré-íS, ame-íS, le-y.*	*AmíseíS, amáreíS.*	voyelles finales se divisent et se prononcent séparément. — La division a lieu exceptionnellement avec l'accent marqué, aux 2es personnes du pluriel des futurs de l'indicatif:
EO.	*(Yo) ve-o, deé-o; Prometé-o.*	*Purpíreo, etéreo, sidéreo,* etc.	*Habré-is, amaré-ís.*
EU.	*André-u, Maedé-u.*	»	
O. OA.	*(Eī) lo-a, (té) lo-aS; cano-a,* etc.	»	UNION DES VOYELLES FINALES.
OE.	*(Eī) ío-e, aíoe,* etc.	*Héroe, éroe.*	Mais l'accent peut aussi porter sur la syllabe qui précède quelques-unes de ces terminaisons. Alors la syllabe (lorque est toujours marquée, et les deux dernières voyelles,
OI.	*Ho-y, convó-y,* etc.	»	en l'absence de l'accent, s'unissent par la diphthongue (*Dáae, áreo, purpúreo,* etc.).
OU.	... »	»	

¹ Dans ce tableau, les mots terminés par deux voyelles suivies d'une consonne (*cá-es, cá-an,* etc., etc.) sont considérés, sous le rapport de la diction, la consonne finale devrait donner à ces mots la diction aiguë; mais quelles sont ici les consonnes finales? ce sont l'N et l'S, qui, comme nous l'avons vu page 140, rendent ordinairement graves les terminaisons des verbes.

SUITE DES MOTS TERMINÉS PAR DEUX VOYELLES.

UNION ET DIVISION DES VOYELLES FINALES.

SUITE DE LA DICTION GRAVE (-ᵤ).

Terminaisons.	AVEC OU SANS ACCENT, S'IL Y A DIVISION DES VOYELLES FINALES.	SANS ACCENT, S'IL Y A UNION DES VOYELLES FINALES.	EXPLICATION ET RÈGLES DU TABLEAU. Terminaisons portant sur I, en tout 4 combinaisons.
I. { *Di-a, ti-a, vi-a; (éi) li-a*, etc. (mots dissyllabiques formés de deux voyelles).		(Ei) *ocópia* (du verbe *ocopiár*, etc.)	**DIVISION DES VOYELLES FINALES.** Dans ce tableau, la division des voyelles finales a lieu avec ou sans accent. Voici les cas où elle a lieu sans accent.
IA. { (Ei) *deci-a*, (éi) *amari-a* (imparfaits de l'indicatif, et conditionnels¹)....		*Labia, pàtria, india, história, reina, clemencia, gloria, memória*, etc.; en général, les mots dérivés du latin³.	1° Dans les mots dissyllabiques de deux voyelles, lesquels ne prennent l'accent que lorsqu'il pèse sur la dernière syllabe : *di-a, ti-a; bri-o, mi-o*, etc.
{ (Ei) *vari-a*, (éios) *desti-aN* (présent indicatif de *vari-ár, desti-ár²*, etc.).			2° Dans les imparfaits de l'indicatif et dans les conditionnels : *Deci-a, amari-a*, etc.
{ *Alegría, algarobía, fantasi-a, filosofi-a, metodi-a; ortografi-a*, etc. (mots espagnols ou dérivés du grec).			
II. { (Ei) *vari-e*, (éios) *desti-eN* (présent subjonctif de *vari-ár, desti-ár²*)....	»	*Séria, pregénie, espécie*, etc.	**UNION DES VOYELLES FINALES.**
III. {	»	(Ei) *ocópie* (du verbe *ocopiár*, etc.)	Hors les cas ci-dessus, et hors les cas de division marqués par l'accent (sup. la couleur verte), les terminaisons de deux voyelles dont la première est *I*, deviennent diphthongues, et l'ac-
IIO. { *Bri-o, mi-o, ri-o, ti-o* (mots dissyllabiques formés de deux voyelles).....	»	»	cent tombe sur la syllabe pénultième du mot, c'est-à-dire, sur celle qui précède la diphthongue
IO. { (I'o) *vari-o, desti-o* (présent indicatif de *vari-ár, desti-ár*)......	»	(I'o) *ocópio* (du verbe *ocopiár*, etc.)	finale : *Eí ocópia; ocópie; sério, sábio*, etc.
{ *Sombrío, desafí-o, desvarí-o, crí-o, judí-o, navi-o, señorí-o, vací-o*, etc.	»	*Sabio, Julio, proverbio, remedio, précio, adversário, adulatério, palácio*, etc.	
IU. {	»	»	

¹ Tous les nombres et personnes de ces temps sont sans accent, excepté les 1re et 3e personnes du pluriel : *Deciamos, decíéis; amaríamos, amaríéis*.

² Les mots dissyllabiques, composés de deux voyelles, ne portent point l'accent sur la première de ces deux voyelles (*éi l'ia*); mais leurs composés le prennent sur cette même voyelle, étant formés de plus de deux syllabes (*il destín*). Il y a, comme on voit, deux espèces de verbes en I,A,R. Les uns forment diphthongue de leurs voyelles finales (*ocopiár, eufiáir*); c'est le plus grand nombre. Les autres ont les deux voyelles finales divisées (*vari-ár, desti-ár*). Sur environ 225 verbes en I,A,R, il n'y en a que 35 de ces dernières ; nous en donnons la liste complète à la fin de la prosodie.

³ Cette règle, quoique généralement vraie, n'est pas toujours exacte. Ainsi *xentèrent* et autres figurent dans cette catégorie, quoique la dérivation soit plutôt grecque que latine. Du reste, en ceci, l'usage est le grand maître.

⁴ Il ne faut pas confondre certains temps et modes du verbe *desti-ár*, délier, avec ceux du verbe *irrégulier* de la troisième conjugaison, qui fait.... { au présent indicatif : *Desti-o, desti-a, desti-e;* — » *desti-ámos, desti-áis, desti-an*. { au présent subjonctif : *Desti-e, desti-es, desti-e;* — » *desti-émos, desti-éis, desti-en*.

PROSODIE.

SUITE DES MOTS TERMINÉS PAR DEUX VOYELLES.

UNION ET DIVISION DES VOYELLES FINALES.

SUITE DE LA DICTION GRAVE (– ◡).

Terminaisons.	AVEC ACCENT, S'IL Y A DIVISION DES VOYELLES FINALES.	SANS ACCENT, S'IL Y A UNION DES VOYELLES FINALES.	EXPLICATION ET RÈGLES DU TABLEAU.
UA. { SUBSTANTIFS. *Gan-zi-a*, etc. ...... ADJECTIFS. .... VERBES. (Éi) *excepté-o*, (èi) *continú-a*.	*Esónua, perpétua.* *àsCUA, óGUA, lénGUA,* etc. *Continua, árdua,* etc. (féminins de *continuo, árduo,* etc.). *(Èi) àdéCUA, (él) áGUA,* etc.	Terminaisons portant sur l'U, et formant quatre combinaisons. DIVISION DES VOYELLES FINALES. UNION DES VOYELLES FINALES. La division des voyelles finales *UA, UE, UO,* a lieu avec l'accent marqué : *Gan-zi-a, ïnsïnú-e, ïnsïnú-o,* etc.
UE. { SUBSTANTIFS. .... ADJECTIFS. .... VERBES. (Èi) *insinú-e*, (él) *excepté-e* ...	*PïnGÜE.* *PïnGÜE.* *(Èi) àdéCUE, (él) fráGÜE.*	Hors le cas ci-dessus, il y a diphthongue des deux voyelles finales, et l'accent non marqué frappe sur la syllabe pénultième du mot, c'est-à-dire, sur celle qui précède la diphthongue finale : *Esó-nua,* etc.
UI. { Réy (voy. les exceptions ci-après). ...		Remarquons que la diphthongue a lieu : 1º. Dans les substantifs en *UA* non accentués, tels que *Esó-nua,* etc. ;
UO. { SUBSTANTIFS. .... ADJECTIFS. .... VERBES. { (Èi) *excepté-o, insinú-o* .... { (Èi) *gradú-o, continú-o*	*Mónstruo,* etc. *Continuo, árduo, fátuo, contiguo, ingénuo, mútuo,* etc. *(Èi) àdéCUO, (yo) fráGÜO,* etc.	2º. Dans tous les mots, y compris les verbes, terminés en ...... { *Cua, gua,* { *Cue, gue,* { *Cuo, guo,* etc. 3º. Dans tous les adjectifs en *UO—UA* ; 4º. Dans tous les substantifs en *UO.*

Comme nous avons pour système de parler aux yeux autant que possible, nous présentons les exemples ci-contre parcourés dans la couleur verte de la division, à laquelle ils appartiennent par la règle générale, mais enveloppés de la couleur puce, emblème de l'union, qui forme leur caractère exceptionnel.

> **Ay, Dalmáu. — léy, Masséu. — Hóy, muy...**
> **Amáis. — Téis, habréis. — sóis...**
> **Díos, aníidos,** etc...
> **Trointé, léssós. — Véstó, léoso...**
> exceptional.

EXCEPTIONS relatives à quelques-unes des combinaisons de voyelles finales, ayant l'accent sur la première de ces deux voyelles.

Dans les tableaux qui précèdent, sur les mots terminés par deux voyelles, tous ceux qui sont renfermés dans la couleur verte, ont l'accent sur la première de ces deux voyelles finales, et il y a division de ces deux voyelles. La couleur puce, dans son déploiement parallèle, renferme un système opposé, c'est-à-dire, celui de deux voyelles finales unies par la diphthongue, en vertu du principe général qui veut qu'il y ait diphthongue dans le concours de deux voyelles, quand l'accent ne porte sur aucune d'elles.

Ce n'est pas tout. Il peut encore y avoir diphthongue des deux voyelles finales, malgré le poids de l'accent sur la première de ces deux voyelles. Cette union a lieu principalement dans les cas détaillés ci-après :

1º. Dans les combinaisons finales *AI, AU—EI, EU—OI, UI.*

2º. Dans les mots verbaux en ... *AIS — EIS — OIS.*

3º. Dans les mots verbaux en ... *AOS*, par suite de l'agrégation enclitique du pronom *OS.*

4º. Dans les mots verbaux en *A E, EA — EO, OE*, par suite d'agrégations enclitiques de pronoms.

N. B. Il y a toujours division, sauf licence poétique, quand les mots verbaux se terminent par deux *OO* ou par deux *EE*, dont l'un porte l'accent : *Rôo ; léi ; lïsonjéo,* etc.

AVANT-PROPOS SUR LA DICTION AIGUË DANS LES MOTS TERMINÉS PAR DEUX VOYELLES.

Ce qui suit a besoin de quelques observations préliminaires.

1° DE L'ARTICULATION DES VOYELLES.

Nous disons qu'il y a articulation *directe* d'une voyelle, quand la voyelle est articulée par une consonne qui la précède : *Ba, be, bi, bo, bu;*

Et qu'il y a articulation *inverse*, quand la voyelle est articulée par une consonne qui la suit........................ *Ab, eb, ib, ob, ub;*

L'articulation, soit directe ou inverse, est *simple*, lorsqu'il y a une seule consonne; et *composée*, lorsqu'il y en a deux.

2° Nous considérons comme terminés par deux voyelles, les mots où se trouvent réunies deux voyelles finales, avec *articulation inverse* de la dernière.

Ex. : *A-i-eû*, *cordiä.*, *OsiäN*, *ocopäïR*, etc. Venons à l'objet du tableau suivant.

Nous l'avons déjà dit, et nous devons le répéter ici : Si, dans les mots terminés par deux voyelles, la diction est *aiguë*, c'est-à-dire, terminée par la syllabe longue (∪−), de deux choses l'une;

Ou les deux voyelles finales se divisent en deux syllabes, brève et longue, qui forment la diction aiguë, de manière à ne faire porter l'accent que sur la dernière voyelle, comme dans *re−i*;

Ou bien les deux voyelles finales s'unissent par la diphthongue, et reçoivent en commun l'accent qui doit frapper la dernière, comme dans *agraviê*.

Soit qu'il y ait *division* ou union des deux voyelles finales, dans quel cas la diction aiguë porte-t-elle le signe d'accentuation? dans quel cas en est-elle dépouillée?

DICTION AIGUË SANS ACCENTUATION.

La diction aiguë *n'a point d'accent marqué*, quand la dernière voyelle est articulée en sens inverse par une consonne,

Comme dans *Aïro-êR, pu-ïS*,............	cas de division; }
Comme dans *cordiäR, OsiäN*............	cas d'union. }

Ceci rentre dans la règle générale, qui rejette l'accent sur les mots terminés par une consonne.

DICTION AIGUË AVEC ACCENTUATION.

La diction aiguë *a l'accent marqué*, quand la dernière voyelle n'est pas articulée par une consonne,

Comme dans *β−é, β−i*,....................	cas de division.
Comme dans *agraviê, agravîo*..........	cas d'union.

MOTS TERMINÉS PAR DEUX VOYELLES.

UNION ET DIVISION DES VOYELLES FINALES.

DICTION AIGUË (∪ –).

TERMINAISONS.		DIVISION DES VOYELLES FINALES.
		Sans accent, si la dernière voyelle est articulée.
		Avec accent, si la dernière voyelle n'est pas articulée.
A.	AE, AI; AO, AU.	
E.	EA, EI; EO, EU.	Ces terminaisons ont déjà été présentées p° 142, et là, comme ici, on les trouve en règle générale dans la couleur *verte*, indiquant *la division des voyelles finales*, dans les douze combinaisons qui portent sur A–E–O. Mais les exemples précédents offrent des dictions graves (*ca–e*, *Mene̍la–o*, etc.), tandis que ceux-ci se rangent parmi les dictions aiguës, attendu que les mots se terminant par l'articulation inverse de la dernière voyelle, c'est-à-dire, par une consonne (*aire–ẽR*, *pa–i̇S*, etc.), ou bien qu'ils ont *l'accent marqué* sur cette dernière voyelle (*Je–húi*, *ru–í*, *oí*, etc.), ...
O.	OA, OE, OI, OU.	

		Aíra–ẽR, *pa–i̇S*, *Faro–oN*, *ba–ū̃L*.
		Desc–ẽR, *re–í̇R*, *ve–í*, *Io–óN*, *Je–húi*.
		Io–í̇R, *corro–ẽR*, *o–í̇R*, *o–í*, etc.

UNION DES VOYELLES FINALES.

DIVISION DES VOYELLES FINALES.

Sans accent, si la dernière voyelle est articulée.

Avec accent, si la dernière voyelle n'est pas articulée.

1.	IAI.	*Labiáí*, *cordiáí*, *filiáí*, etc.	*Bri–áí*; quand l'*I* est en articulation directe de *R*, précédé d'une seule voyelle.	
	IAN.	*Fabián*, *rufián*. *Osián*, etc.	*Bri–án*; quand le mot n'a pas d'autres syllabes que l'*I* et l'*A*.	
			Cebri–án, *centri–án*; quelques mots où l'*I* a une articulation directe composée.	
	IAR.	*Acopiár*, *entibiár*, *templár*, etc..... Infinitifs des verbes en *IAR*, dont les voyelles finales forment diphthongue	*Confi–ár*, etc..... Verbes en *IAR* [1], qui ont les voyelles finales divisées.	

---

[1] Les verbes en *IAR* sont de deux espèces, comme nous l'avons déjà dit. Nous les formulerons ainsi : verbes en *IAR* non diphthongue (comme *varí–Aɪ*, *varí–O*, etc.); verbes en *IAR* diphthongue (comme *acopIAɪ*, *acopIO*, etc.)

MOTS TERMINÉS PAR DEUX VOYELLES.

UNION ET DIVISION DES VOYELLES. — SUITE DE LA DICTION AIGUË (´ —).

Sens accent, si la dernière voyelle est articulée.
Avec accent, si la dernière voyelle, n'est pas articulée.

Sens accent, avec l'articulation de la dernière voyelle.
Avec accent, sans l'articulation de la dernière voyelle.

UNION DES VOYELLES FINALES.	DIVISION DES VOYELLES FINALES.

IE.
A la 1re pers. sing. du *prétérit défini* des verbes en l'AR diphthongue : *Agracié, alivió, etc.*
Dans les noms en IÉ, avec leurs pluriels s'ils en ont... *Pié, piés; oqueppé, héncoppés.*
Dans les mots en IEL, IEN, IES, IEZ... *Hiél, miél, bien, sien, chiér, diéz, etc.*

Division: Dans les verbes en I-AR non diphthongue, à la même pers. du même temps : *Fi-ó, li-ó, cari-ó, etc.*

I....
A la 3e pers. sing. du prétérit défini... Ex.: *Tomió, Abrió, apreció, dió.*

Dans tous les autres mots composés de la seule combinaison IO, quelle que soit leur articulation. *Bri-ó, bri-ón, gui-ón, etc.*

1°. Les mots qui n'ont avant la terminaison ION qu'une autre syllabe, et dont l'I se trouve articulé directement par F, M, R, V... Ex.: *Sof-ón, rami-ón, gorri-ón, cui-ón.*

2°. Quelques mots, où l'I se rencontre en articulation directe composée, et d'autres... Ex.: *Embri-ón, histri-on, Albi-on, basti-ón, espi-on,*

I0.... Dans le nom de *Dios*, Dieu.

IO.... Dans les mots en ION, qui ont, avant cette combinaison, *une* ou *plusieurs* syllabes... Ex.: *Rebelion, enestion, accion, etc.*

UA.... Quand l'A est articulé dans la forme inverse, et l'U directement par C ou G... Ex.: *Adecuar, cuid, igual, etc.*

Division: Dans les mots formulés ci-contre, si l'U n'est pas articulé par C ou G. Ex.: *Acensu-ar, ade-ar, enu-di; etc.*

UE....
Dans les mots en UÉ, avec l'articulation directe de l'U par C ou G... Ex.: *Adecué, evacué, etc.*
Dans les mots en UÉ où l'E se trouve articulé dans la forme inverse, quelle que soit l'articulation de l'U. Ex.: *buén, daspués, jnés, etc.*

Division: Dans les mots formulés ci-contre, si l'U n'est pas articulé par C ou G... Ex.: *Actu-é, conceptu-é, minu-é, etc.*
Quand l'articulation directe de l'U est composée. Ex.: *Cru-él.*

UI.... Dans tout mot aigu, non verbal, terminé en UI, soit que l'I s'articule ou ne s'articule pas en la forme inverse. Ex.: *Benjui, Luis, ruin, etc.*

Division: Dans les mots verbaux, où l'U n'est pas muet[1]. Ex.: *Imbu-í, influ-í, hu-í; obstru-í, que.*

UO.... Dans les mots en UÓ, où l'U est articulé directement par C ou G... Ex.: *Adecuó, evacuó, santiguó, etc.*

Division: Dans les mots en UÓ, quand l'U n'est pas articulé par C ou G. Ex.: *Esceptu-ó, insinu-ó, perpetu-o.*

U....

---

[1] Comme dans les mots ou il est précédé du C ou G : *Segui, dstingui.*

REMARQUE. — Quand les mots *verbaux aigus* se terminent par deux voyelles, ou par une voyelle redoublée, les pronoms agrégés enclitiquement ne sauraient effectuer la diphthongue dans ces terminaisons, comme on peut l'observer dans les exemples suivants: *Atra-ércele, cre-ílo, dese-ólo, lo-ádte, grada-ísele, le-ídselo, etc.*

MOTS TERMINÉS PAR PLUS DE DEUX VOYELLES.

DE LA TRIPHTHONGUE ET DE LA DIPHTHONGUE.

Les 2ᵉˢ personnes du pluriel de l'imparfait de l'indicatif, dans les verbes qui ont ce temps en *IA*, prennent l'accent sur la *Temí–ais, porrí–ais, temerí–ais, porrí–ais,* et il y a diphthongue des

Les 3ᵉˢ personnes du pluriel des conditionnels, toujours en......... *IA* voyelle antépénultième. 2 dernières voyelles.

Tous les autres mots qui, en espagnol, se terminent par plus de deux voyelles, prennent l'accent sur la pénultième : *Trocéis, descéis, creéis, veía, vicíeis, lidiéis, locis, oía,* etc.

La triphthongue ne se forme par le concours de trois voyelles, que lorsque l'accent tombe sur la voyelle du milieu. Elle ne se trouve guère que dans les combinaisons : *IAI, IEI; — UAI, UEI,* et ne s'effectue même pas toutes les fois qu'une de ces combinaisons a l'accent sur la voyelle de milieu. Par exemple, les combinaisons qui appartiennent aux verbes en *IAR* non diphthongue, ne sont pas unies par la triphthongue. On prononce *fi–áis, fi–éis,* etc. D'un autre côté, la triphthongue peut s'opérer exceptionnellement, sans que l'accent tombe sur la voyelle du milieu. Ainsi, à la 2ᵉ personne du pluriel de l'imparfait en *IA* (*temí–ais* ¹), et à la même personne du conditionnel (*temerí–ais*), lorsqu'il s'y joint enclitiquement quelque pronom, il se forme une espèce de triphthongue de *I–AI*, dans laquelle l'accent se partage entre le premier *I* et l'*IA*. Ex. : *Temí–aisle* (*tem–LAIs–le*), *temerí–aisle* (*temer–LAIs–le*).

Venons maintenant au tableau de l'union et de la division des voyelles finales dans les mots terminés par plus de deux voyelles. L'espace consacré à l'union des voyelles sera subdivisé en deux couleurs ; l'une pour les diphthongues, l'autre pour les triphthongues.

	UNION DES VOYELLES.		DIVISION DES VOYELLES.
	DIPHTHONGUES.	TRIPHTHONGUES.	
Dans les term. en A–Ei, les 2 dern. voy. forment diphthongue. A ².	*Ca–éis, tra–éis.*.........	»................»	Dans les terminaisons en A–È–O, A–i–A, chaque voyelle se détache. A ².
			E.
Dans les term. en E–Ai, les 2 dern. voy. forment diphthongue. E.	*Dese–áis, ve–áis.*.........	»................»	»................»
Dans celles en... E–iO, id. id.	*Mene–ános, pelo–úos.*......	»................»	»................»
Dans celles en... E–Ei, id. id.	*Cre–éis, dese–áir.*........	»................»	»................»
Dans celles en... E–Ai, id. id.	*Ve–í–ais, ve–í–ais.*.......	*Ve–í–a, ve–í–os.*.........	Dans les terminaisons en E–Í–O.
			E.
Dans celles en... EU–i–A, EU–i–O, les deux premières voyelles forment diphthongue, les deux dernières se divisent...........	*Relue–i–a, relue–i–os.*.....	»................»	*N. B.* Dans *relue–i–a,* etc., il y a à la fois *union* et *division* des voyelles. Pour ne pas faire figurer un même exemple dans deux catégories différentes, nous prévenons que la couleur verte ne renfermera que les terminaisons où *chacune* des voyelles se prononce séparément.
Dans celle en... EU–i–AI, les deux premières et les deux dernières voyelles forment diphthongue...........	*Relue–í–ais.*............	*Prono–í–os.*............	

¹ Lorsqu'il n'y a pas une voyelle avant IA, comme dans *OÍAIS, VEÍAIS,* etc.
² Chacune des parties du tableau a son petit commentaire; celle de l'union des voyelles a le sien à sa gauche; celle de la division des voyelles a le sien à sa droite.

SUITE DE LA TRIPHTHONGUE ET DE LA DIPHTHONGUE.

UNION DES VOYELLES.	DIPHTHONGUES.	TRIPHTHONGUES.	DIVISION DES VOYELLES.
I.			**I.**
Dans les terminaisons en IÀI, IÈI, d'un verbe en I-ÀR non diphthongue, il y a seulement diphthongue des deux dernières voyelles; si le verbe est en IÀR diphthongue, il y a triphthongue de rigueur.	Porfi-àis (de porfi-àr-..	»	»
Dans la terminaison en IÀO, d'un verbe en IÀR diphthongue, on peut faire la diphthongue des deux premières voyelles, ou la tri-phthongue de IÀO.	Cambià-os...	Cambiàis (de cambiàr	»	»
		Combiào...	Confi-à-os...	Quand la terminaison en I-ÀR non diphthongue, il y a division complète.
Dans les terminaisons en O-Ài, O-ÀU, les deux dernières voyelles font diphthongue.	Lò-àis, lo-àos.	»	»	**C.**
Dans celles en O-ài, O-i-Ài, de même.	Lò-àis, o-i-àis	Ilo-i-òs, ro-i-a, o-i-a...	Dans les terminaisons O-È-O, O-i-À, les trois voyelles sont prononcées séparément.
U.			**U.**
Dans les terminaisons en UÀI, UÈI, il y a triphthongue, mais seu-lement dans le cas où l'U est articulé par C ou par G. Hors de là, il n'y a que diphthongue des deux dernières voyelles.	Gradu-àis.. Gradu-èis.....	AdeoUàis, agUàis. AdeoUèis, agUèis	»	»
Dans celle en UÀO, si l'U est articulé par C ou G, il y a tri-phthongue de la terminaison, ou diphthongue des deux premières voy.	Apacigui-os...	Apacíguos..	»	Dans la terminaison U-À-O, si l'U n'est pas articulé par C ou G, l'on prononce séparément les trois voyelles, ou l'on fait diphthongue des deux dernières.
Si l'U n'est pas articulé par C ou G, l'on fera diphthongue des deux dernières voyelles, ou l'on divisera les trois voyelles...	Insíue-ios.	Instíue-ò-os.	»	Dans les terminaisons en U-i-À, U-i-O, les trois voyelles se prononcent séparément.
» .... »	» .... »	Argu-i-à, ênstru-i-os	»	»

VOYELLES DANS L'INTÉRIEUR D'UN MOT[1].

UNION OU DIVISION. — ACCENT.

Avant d'entrer en matière, rappelons un principe que nous avons déjà émis; c'est que le concours de deux voyelles, quand l'accent ne porte sur aucune d'elles, forme toujours diphthongue. La triphthongue ne se rencontre qu'à l'endroit de l'accent, mais le concours de deux voyelles est très-fréquent avant et après la syllabe accentuée, et, dans ce cas, il y a et il doit y avoir diphthongue ou union des voyelles, à moins de licence poétique. Ex. : *Saeton*, *airveo*, *auachevo*, *credivo*, *violeto*, *courtivo*, etc. Ces combinaisons où l'accent trouve sa place, tantôt se contractent, tantôt se divisent, et ces variations amènent des changements dans la position de l'accent : c'est ce que nous allons tâcher de rendre sensible dans les tableaux suivants:

COMBINAISONS.	UNION DES VOYELLES.	DIVISION DES VOYELLES.	COMBINAISONS.
AI. L'accent ordinairement sur l'A........ { *Aire*, *baile*, *fraile*, *pedaire*, *aaino*, *caigo*, *trai-go*, etc., etc....	*Fa-ena*, *Ga-ita*, *sa-eta*², *a-ovea*......	*Pu-ia*, *abstra-ído*, *ra-ído*, etc., et leurs déri-vés et composés, *Ca-ído*, *décia-ído*, etc...	A-E.
		Abía, *abío*, *tabío*, *sabído*; (*a-brío*), etc....	A-I. Mots verbaux qui prennent un accroisse-ment en I après A: *Traia*, de *traer*, etc.
		Area-úmo, *Hédra-úmo*, etc....	» Avec l'interposition de la lettre B.
		Ara-íble (de *arraer*), *ra-íble* (de *raer*), *ra-íses* (pl. de *raíz*), *ra-íces* (pl. de *raíz*)...	» Avec articulation inverse de la lettre I.
		Ae a-íra, *te a-íra*, *se a-íra*, — *se a-íran* (in-dicatif)..	» Dans les mots dérivés d'un autre mot aigu.
		Me a-íre, *te a-íre*, *se a-íre*, — *se a-íren* (sub-jonctif)..	» Au présent *indicatif* et *subjonctif*, et à l'*impératif* du verbe *Airarse*, sauf la 1re et la 2e personne du pluriel.
		A-íraté, *a-írasé*, *a-írases*¹ (impératif)....	
		Ca-ída, *Ca-ídana*, *Sa-ína*, *ta-ína*	A-O.
		A-híto, *a-hístea*, *ahíeta*¹, — *a-hítan* (pré-sent de l'indicatif)...	A-U. Cette division, qui est dans l'analogie par-faite du verbe *Airarse*, a lieu pour tous les verbes *Aincar*, *Ainclar*, *Ainchar*, *Ainabar*, *Ainaasar*, *Ainlar*, *Ainxar*, *Mainlar*, *Sainaxar*, ainsi que pour les mots relatifs à quelques-uns de ces verbes : *A-íllo*, *sui-villo*, *sa-húmo*.
		A-híte, *a-hístes*¹ — *A-hítea* (sub-jonctif)...	
		A-híté tú, *a-híste lâ*. — *A-híten* (impératif)...	
		Bara-únda, *sa-úco*, *ta-húlla*	
AU. En général, l'accent sur l'A, avec diphthon-gue........ { *Aplauso*, *austro*, *áureo*, *máuseo*, etc...			

---

¹ Il s'agit ici d'une combinaison de voyelles suivies ou suivant d'une autre syllabe. Dans *Sa-éta*, l'accent est sur l'E, et il y a division des voyelles A, E dans *Saetón*, se ferme di-phthongue, parce que l'accent ne porte sur aucune de ces voyelles, et l'u fait diphthongue. NOSOTROS nos airáumos, VOSOTROS vos airáis, etc.

² Partout ailleurs, dans ce verbe, l'u fait diphthongue. NOSOTROS nos airáumos, VOSOTROS vos airáis, etc.

¹ *Anaciémos*, *ahaciéra*, — *ahaciéra*, *ahaciél*. L'union des voyelles A, U a lieu pour tous les autres temps, modes, nombres et personnes de ce verbe et de ceux de sa catégorie. (Voy. ce que nous avons dit au sujet du verbe *Airarse*.)

VOYELLES DANS L'INTÉRIEUR D'UN MOT.

UNION OU DIVISION. — ACCENT.

COMBINAISONS.	UNION DES VOYELLES.	DIVISION DES VOYELLES.	COMBINAISONS.
EI. L'accent en général sur l'E, avec diphthongue.	A feïte, empeïne, freïle, pleïto, reïno, etc., etc.	Be-ílo, re-úlo, co-úlrca..........	E-A.
		Re-ímos, veïo, le-ámos, cre-íals, cre-ían, etc.	E-I. Mots verbaux qui ont un accroissement en I après l'EI[1].
		Prove-ído, deserve-ído, le-ído, etc.	» Quelques substantifs ou adjectifs formés des précédents.
		De-ífico, de-ífero, fe-ísimo.	» Quelques mots estropiés.
		Betlo, rehueho, etc.	» Interposition de l'H entre l'E. et l'I.
		Ate-ísmo, poëtte-ismo, etc.	» Articulation inverse de l'I.
		Cre-ílla, there-ílla, (de creër); le-ído (de leër).	» Mots dérivés d'un mot aigu.
		Fe-úlo, fe-íco, etc.	» Quelques diminutifs en río, íco.
		E-óto, E-úlco, le-óno, po-ótos, etc.	E-O. Division avec l'accent sur l'O.
EU. L'accent en général sur l'E, avec diphthongue.	Deuda, Euro, feudo, féudo, céume, etc......	Re-húye, re-húyes, re-húye.— Re-húye (présent de l'indicatif. Re-húya, re-húyas; re-húya.— Re-húya (présent subjonctif)... Re-húye tú, re-húya tú.— Re-húyan (impératif), Le substantif re-úma...........	E-U. L'accent sur l'U, avec division, aux temps, modes, nombres et personnes indiqués des verbes Reluir, rehundir, rehertirse, rehusar, reunir.
IA.	Diáblo, diáneta, diántre.........	Cri-ádo, fi-ánza, gui-ája, li-áza, etc.	I-A. Tout mot composé seulement de ces deux voyelles, et d'une syllabe postérieure, excepté Diablo, etc.
» Verbes en IAR diphthongue.	Liarjámos, vriciáse, vriciámonos, etc....	Porfi-ámos, porfi-áts, vari-áste, vari-ámos...	» Verbes en IAR non diphthongue.
» Mots dérivant de la classe des verbes ci-dessus.	Estrudiánte (de estudiar), tunaciable (de so-fi-ár), etc.	Ate-áneza (de ali-ár), confi-ánza (de con-fi-ár), etc.	» Quelques mots tirant leur origine des verbes précédents.
» Une foule de mots de trois syllabes ou plus, ayant la diction grave.	Acingo, confinzo, tofiana, meridiäno, gorfiada, Stefäno, demoníaco, cristiäno, etc.	A-drí-ano, ans-rrí-ano, Cæ-prí-ano....	Quand la combinaison IA se trouve précédée d'une seule syllabe, et que l'I est un articulation directe composée de R, ou bien quand la syllabe unique qui précède contient la syllabe IA, c'est une seule voyelle, ou une voyelle avec l'articulation inverse de R, sauf de cette nature consonne, comme articulation directe de L.
		E-rii-=o, Y-ri-áve..........	»
		A-drí-ano, Y-ri-áno, ar-rí-ate.........	»

[1] Dans reïr, il y a deux syllabes; dans reínos, il y en a trois; il y a aussi... deux e muets; mais il s'agit toujours de celui en I après l'EI: le-í-mos. La dernière syllabe n'est pas considérée comme créneuil.
[2] Quelque l'Académie ait écrit démasi-ar...

PROSODIE.

VOYELLES DANS L'INTÉRIEUR D'UN MOT.

UNION ou DIVISION. — ACCENT.

COMBINAISONS.	UNION DES VOYELLES.	DIVISION DES VOYELLES.	COMBINAISONS.
IA. Quelques mots esdrújulos, ayant une syllabe ou plus ayant la combinaison IA...	*A siático, celesiástico, encomiástico* (sauf quelques exceptions)...	*Mani-áco, mani-ático, mari-ático, elegi-áco,* etc. ...... »	**I-A.** Mots esdrújulos composés de la combinaison IA et de deux syllabes postérieures.
		Di-ácono, di-ástola, vi-ático......	» Mots où, après la combinaison IA, vient celle de IO, ou la même de IA.
		Di-ário, di-ária, osi-ário, tri-ário, etc....	» Mots composés : *Boca, ancho,* etc.
		Bogui-amelo, cari-amelo, cuelli-láto, pani-água.	» Les 1re et 2e pers. pl. du conditionnel, et de l'imparfait de l'indicatif en IA.
		Amari-amos, leerí-amos, oirí-amos; amarí-ais, decí-amos, oi-amos, querí-amos; decí-ais, etc.	
IE. Noms de deux syllabes ou plus, tant substantifs qu'adjectifs......	*Ciégo, diéta, diéstro, infiérno, fiéro, griéta, miédo, piélago,* etc....	*Di-énio, tri-énio,* etc.............	**IE.** Noms qui, immédiatement après la combinaison IE, se terminent par une diphthongue.
		Miedi-témbra, poli-édro, poli-édro	» Quelques noms composés.
» Tous les verbes, et tous les accroissements et variétés de leurs temps, modes et personnes, formant un mot de deux syllabes ou plus.	*Hubiére, hedramos, diéra, inflúro, escogiére, adhiére, encomiéndo, viniénte, expiésemos,* etc.	*Fi-émos, fi-éz; vari-émos, vari-éis,* etc.	» 1re et 2e pers. pl. du présent, subjonctif, dans les verbes en IAR non diphthongue.
IO. Les mots de deux syllabes ou plus, noms ou verbes......	*Rubióso, inspeciónos, dióss, grafides, regiéres, bilióso, armonióso, copióso,* etc.........	*Anti-óco, Cali-ópo. — Bi-ógrafo........*	**I-O.** Quelques mots esdrújulos.
		Mani-óbra, mani-óto, cui-óina, etc..........	» Quelques mots composés.
» Les mots de deux syllabes ou plus, noms ou verbes.		*Bri-óso, patri-óta, vidri-óso,* etc. etc.	» Les mots où IO a l'articulation directe composée[1].

¹ A la fin d'un mot il y aurait diphthongue : *Acrió, cubrió, vidrió,* etc.

VOYELLES DANS L'INTÉRIEUR D'UN MOT.

UNION OU DIVISION. — ACCENT.

COMBINAISONS.	UNION DES VOYELLES.	DIVISION DES VOYELLES.	COMBINAISONS.
IU. Quand l'U n'est pas combiné en articulation inverse.	Viu-do, cuih-do, liu-da, diu-terno...	Di-ur-no, li-ú-da...	**I-U.** Quand l'U se trouve en articulation inverse.
» Quand l'U se trouve en articulation directe composée, il y a diphthongue, quoique l'U se trouve en articulation inverse.	Triun-fo...	Fi-úcia, afi-úcia, afi-úbe...	» Quand la combinaison IU est suivie immédiatement de quelque diphthongue en ée, ió, ió, il y a division de voyelles.
»		Ba-úro, cro-ído, co-águlo, lo-íbbe, lo-ámos, etc.	**O-A.** L'accent sur l'A dans tous les cas, et sans diphthongue [1].
UA. Quand l'U se trouve articulé par le C ou le G.		Co-úvo, lo-ámos, po-úma, po-éttco, etc.	**O-A.** L'accent toujours sur l'O, sans diphthongue [1].
» De même que ci-dessus pour quelques personnes des temps irréguliers du verbe oír.	Oigo, óigas, óigan; id. dans les temps composés de ce verbe.	O-lído, o-ímos; o-ída, o-ámos, o-ían, o-íste, o-lété; id. pour les composés de ce verbe.	
OI. Ordinairement l'accent sur l'U: les deux voyelles forment diphthongue, et le mot devient en quelque sorte esdrújulo.	Ciuna, Lairva, estóico, heróico. Esfervóida, vonbóide, etc [2].	Co-híta, nig-hérng,—metro-llo ... Co-íto, hero-íma, hery-ísmo, o-ída (substantif).	**O-E.** L'accent sur l'I, avec division des voyelles, dans quelques mots où l'H s'interpose, dans quelques mots composés, et un petit nombre d'autres noms.
OE. »	»		Accent sur l'I, et division, dans l'adjectif passif du verbe oír, et dans les différents temps réguliers de ce verbe [3].
UE. Ordinairement diphthongue, quand l'U est articulé par quelque consonne, ou aspiré par la lettre H.	Abuéla, enéro, agüéro, huérto, luégo, etc.	Adú-bna, su-áve, excepta-bba, etc.	**U-A.** Quand l'U n'est pas articulé par C ou G.
»		Su-bbía; et par analogie su-áco...	**U-E.** U non articulé ou sans aspiration.
» Diphthongue, quand l'U est en articulation directe composée, avec les lettres PR, TR.	Fruéla, apruébo, esrvuiendo, truéco, truéno.	Afú-ónte, ofú-cncta; congfú-ónte, etc.	**UE** avec une diphthongue pour syllabe postérieure.
		Crú-énto, gru-éro, grú-éso, etc.	L'U étant en articulation directe composée avec R, précédé d'une consonne autre que P ou T.

1. On conçoit que la diphthongue peut avoir lieu dans OA-OE, en l'absence de l'accent, comme dans noaréte, coaguiéro, etc.; coatnoco, roédor, etc. — Quant à l'accent, il se trouve sur l'O, dans quelques combinaisons de OA, OE, (ôa-óte, ro-édo), et déroge en rien à la règle générale, parce que, avant l'agrégation enclitique du pronom te, les mots ro-a, ro-e, n'avaient que les deux voyelles finales, le cas d'avoir l'accent sur la première: or, cette disposition n'est nullement changée par l'addition du pronom te.

2. Quelque l'académie ait écrit dans son dictionnaire: Esfervóida, vonbóide.

3. Il en est de même dans toutes les personnes de l'imparfait-indicatif, dans la 1re et 2e du pluriel du prétérit défini, et dans l'adjectif passif du verbe roer et son composé: Carro-ía, corro-ías, corro-ía, serro-ínma, corro-ídés, corro-íde.

VOYELLES DANS L'INTÉRIEUR D'UN MOT.

UNION ou DIVISION. — ACCENT.

COMBINAISONS.	UNION DES VOYELLES.	DIVISION DES VOYELLES.	COMBINAISONS.
UI.	Diluir.	Circuito, cuido, descuido, ruido, ruina, etc.	U-I. Dans tous les créments en I après U.
Hors le cas ci-dessus, et les cas où il y a division de voyelles, l'accent se partage sur l'U et sur l'I, en pesant davantage sur l'I...	»	Jesu-íta, jesu-ítico, Su-íza; áru-ída, pru-ína.	» Quand l'U est en articulation inverse, et dans les adjectifs en ído, venant des verbes en UIR, ainsi que dans quelques substantifs de même origine.
»	»	Con-cíuta, etc.; destru-íble (de destruir), hu-ída (de huir)	» Quand l'I est en articulation directe composée.
UO. L'accent sur l'O, avec diphthongue, si l'U est articulé par C ou G...	Acuoso, oguoso, etc.	Estn-óso, fnstn-óso, impetn-óso, etc.	U-O.
» L'accent sur l'O, sans diphthongue, si l'U n'est pas articulé par C ou G.			» L'accent sur l'O, sans diphthongue, si l'U n'est pas articulé par C ou G.

DU REDOUBLEMENT DES VOYELLES.

Quand une même voyelle est redoublée dans l'intérieur d'un mot, à l'endroit de l'accent, cet accent retombe sur la répétition de la voyelle, et il se forme deux syllabes distinctes, soit qu'il y ait ou qu'il n'y ait pas interposition de la lettre H. Ex.: Albo-hácca, Zá-árro, le-ónes, Fri-ísimo, Bo-ótes. Quand la voyelle n'est pas redoublée à l'endroit de l'accent, il y a diphthongue: Saavédra preeminéncia, coordinar, drnuenr, etc.

FORMULES POUR LA PROSODIE DES VERBES.

Parcourons maintenant les trois dictions, aiguë (u-), cadrïçüte (-uu), et grave (-u), que nous forons répartir sous les couleurs qui leur ont été affectées primitivement, et disons les divers temps, modes, nombres et personnes qui viennent se ranger sous ces différentes dictions. Ce sera le complément, et, sous plus d'un rapport, le résumé de ce que nous avons déjà dit sur cette matière.

DICTION AIGUE (u-).

DANS TOUS LES VERBES.		
Indicatif.	1re personne du singulier...	Amé, temí, partí.
	3e personne du singulier...	Amó, temió, partió.
Préterit défini. Indicatif.	Tous les nombres et personnes, excepté la 1re et la 2e du pluriel...	Amaré, amarás, amará; — amarán, etc.
Futur. Imperatif.	2e personne du pluriel...	Amád, teméd, partíd.
	3e personne du pluriel...	Il faut ajouter les infinitifs, Amár, tenér, partír.

1 On sait que les monosyllabes varient, comme tous les autres, sont longs : Hé, héa, mí, fén, dé et dí (de dar), sé (de ser), sé (de saber).

SUITE DES FORMULES POUR LA PROSODIE DES VERBES.

DICTION ESDRÚJULA (—◡◡).

DANS TOUS LES VERBES.		
Imparfait de l'indicatif.	1re pers. du pluriel.	Amábamos, teníamos, partíamos.
Les deux imparfaits du subjonctif	1re pers. du pluriel.	Amáramos, amásemos; teniéramos, teniésemos; partiéramos, partiésemos.
Futur du subjonctif.	1re pers. du pluriel.	Amáremos, » teniéremos, » partiéremos.
Conditionnel.	1re pers. du pluriel.	Amaríamos, » tendríamos, » partiríamos.
Présent du subjonctif des verbes *HABER* et *IR*.	1re pers. du pluriel.	*Hágamos, váyamos* (ces exceptionnels. Voy. le présent du subjonctif à la diction grave).

DICTION GRAVE (—◡), REPRÉSENTANT LA RÈGLE LA PLUS GÉNÉRALE.

		SINGULIER	PLURIEL	
Présent de l'indicatif.	toutes les personnes du singulier et du pluriel.	Amo, amas, ama.	Amamos, amáis[1], aman.	De même pour les au-tres conjugaisons.
Présent du subjonctif.	toutes les personnes du singulier et du pluriel.	Ame, ames, ame.	Amémos, améis[2], amen.	
Impératif.	2e et 3e personnes du singulier; 1re et 3e personnes du pluriel.	Ama tú, áme él..	Amémos, amen ellos.	
Imparfait de l'indicatif.	toutes les personnes du singulier et du pluriel, excepté la 1re du pluriel.	Amaba, amabas, amaba.	Amábais[3], amaban.	La diction est également grave à la 1re et à la 3e pers. singulier des verbes irréguliers qui n'ont pas dans ces personnes la diction aiguë:
Prétérit défini.	2e pers. du singulier, les trois pers. du pluriel.	amáste.	Amámos, amásteis[3], amáron.	Prét. défini indic....
Imparfait du subjonctif.	comme l'imparfait de l'indicatif.	Amára, amáras, amára../amáse, amáses, amáse.	amárais[3], amáran./amásen.	1re Estúve, estuviste, estúvo.
Futur du subjonctif.	comme le précédent.	Amáre, amáres, amáre.	amáreis[3], amáren.	2e
Futur de l'indicatif.	1re et 2e personnes du pluriel.		Amarémos, amaréis.	
Conditionnel.	comme l'imparfait de l'indicatif et du subjonctif.	Amaría, amarías, amaría.	amaríais[3], amarían.	
Adjectifs actifs et passifs.		Amándo, amído; teníendo, teníando; partiéndo, partído.		

[1] Autreféos, on disait: *Amádes, teníades, partídes.* L'espèce de contraction qui s'est opérée dans ces terminaisons ou a conservé la prosodie primitive: *Amá-és, tení-és, partí-és* (contracté en *partís*).

[2] Il y a exception pour cette personne dans les verbes *HABER* et *IR.* Au lieu de *hagáis, vayáis,* on dit: *habéis, vayáis,* et les deux dernières voyelles, en l'absence de l'accent, forment diphthongue.

[3] Dans *Amárais, amásteis, amáredes, amásedes, amáredes, amáreis* (autrefois *amábades, amásedes, amáredes*) et dans les personnes correspondantes des autres conjugaisons, les deux voyelles finales forment diphthongue, vu que l'accent ne porte sur aucune d'elles. Nous ne les comptons que pour une syllabe, ce qui range ces personnes dans la catégorie des dictions graves: *Mariano José Si-cilia* en fait des espèces de dictions *esdrújulas.*

VERBES EN IAR.

Nous avons dit que la langue espagnole a 223 verbes terminés en IAR. Chez les uns, cette terminaison forme diphthongue (comme dans estudIAR, estidIO, etc.); chez les autres, les syllabes finales se divisent (comme dans varI-Ar, varI-O). Le nombre de ces derniers ne s'élève qu'à 42 : en voici la liste complète. Pour que ces verbes se gravent plus fâcheusement dans la mémoire, nous y joignons la traduction française.

Terminaisons.	INFINITIF.	INDICATIF.
CIAR...	ROCI-AR, bruines...	ROCI-A, il bruine.
	VACI-AR, vider...	VACI-O, je vide.
	CI-AR, reculer...	CI-O, je recule.
CHIAR...	CUCHICHI-AR, chanter, en parlant de la perdrix...	CUCHICHI-O, je chante.
FIAR...	FI-AR, confier...	FI-O, je confie.
	CONFI-AR, confier...	CONFI-O, je confie.
	DESAFI-AR; défier...	DESAFI-O, je défie.
	DESCONFI-AR, se défier...	DESCONFI-O, je me défie.
	PORFI-AR, s'obstiner...	PORFI-O, je m'obstine.
GIAR...	VIGI-AR, veiller...	VIGI-O, je veille.
GUIAR...	GUI-AR, guider...	GUI-O, je guide.
GUIAR...	ALI-ARse, s'allier...	Me ALI-O, je m'allie.
	AMPLI-AR, agrandir...	AMPLI-O, j'agrandis.
	AVALI-AR, évaluer...	AVALI-O, j'évalue.
LIAR...	DESLI-AR, délier...	DESLI-O, je délie.
	LI-AR, lier...	LI-O, je lie.
	PALI-AR, pallier...	PALI-O, je pallie.
	ESPI-AR, épier...	ESPI-O, j'épie.
PIAR...	EXPI-AR, expier...	EXPI-O, j'expie.
	PI-AR, pioler...	PIO, je piole.

Terminaisons.	INFINITIF.	INDICATIF.
CIAR...	CALOFRI-ARse, avoir des frissons...	Me CALOFRI-O, j'ai des frissons.
	CARI-ARse, se carier...	Se CARI-A, elle se carie.
	CRI-AR, élever...	CRI-O, j'élève.
	DESCARRI-AR, égarer...	DESCARRI-O, j'égare.
RIAR...	DESCRI-AR, exténuer...	DESCRI-O, j'exténue.
	DESVARI-AR, extravaguer...	DESVARI-O, j'extravague.
	ENRI-AR, refroidir...	ENRI-O, je refroidis.
	ENTRERI-AR, faire croître des plantes parmi d'autres...	ENTRERI-O, je fais croître des plantes, etc.
	ESTRI-AR, canneler...	ESTRI-O, je cannelle.
	RESFRI-AR, refroidir...	RESFRI-O, je refroidis.
	VARI-AR, varier...	VARI-O, je varie.
SIAR...	ANSI-AR, désirer avec ardeur...	ANSI-O, je désire avec ardeur.
	ESTASI-ARse, s'extasier...	ESTASI-O, je m'extasie.
TIAR...	ACUANTI-AR, évaluer...	ACUANTI-O, j'évalue.
	CUANTI-AR, évaluer...	CUANTI-O, j'évalue.
	ATAVI-AR, orner...	ATAVI-O, j'orne.
VIAR...	AVI-AR, préparer (pour un voyage)...	AVI-O, je prépare, etc.
	DESATAVI-AR, égarer...	DESATAVI-O, j'égare.
	DESTI-AR, détourner du chemin...	DESTI-O, je détourne du chemin.
	ENVI-AR, envoyer...	ENVI-O, j'envoie.
	EXTRAVI-AR, détourner du chemin...	EXTRAVI-O, je détourne du chemin.

ALPHABET ORTHOGRAPHIQUE.

Nous avons commencé, et nous finissons par un alphabet. Le premier a pour but principal de faire connaître la prononciation espagnole. Celui-ci, beaucoup plus étendu, renferme les variations orthographiques de la langue, et devient indispensable pour la lecture des auteurs anciens, c'est-à-dire, des plus beaux génies de l'Espagne. Les exemples que nous donnons suffisent pour mettre sur la voie d'une infinité de cas semblables, donner la clef de tous les archaïsmes, et dévoiler les mystères de leur régénération.

ALPHABET ORTHOGRAPHIQUE.

	EXEMPLES ou OBSERVATIONS.	NOMS DES AUTEURS.	ANCIENNE ORTHOGRAPHE.	NOUVELLE ORTHOGRAPHE.
A.				
Retranché.......	*Por* AVENTURA *con ellas......* *No querás* LYEVAR *con vuestros consejos, etc.* *Será se* ALIMPIAR *el sudor.....*	Poema del Cid....... Mariana......... Orígenes del Teatro por Moratin.	Aventura, Apantiaguado.... Alequar........ Alimpiar, Avídar, Aiai, etc.	Ventura, pantiaguado. Tequar. Limpiar, tatar, tal, etc.
Ajouté.........	*Y confirmándonos con lo que* CERCA *de esto.* CONSEJAD *que los juzgados......* *Seou por grant elección.......*	Recopilacion....... .... Santillana.........	Cerca........... Consejar......... Hora, bastecer, demas, etc...	Acerca. Aconsejar. Ahora, Abastecer, Ademas, etc.
Remplacé par l'E..	*Nadie se debe* ASCONDER *Si amor viniere á llamar* *Que no le ha de aprovechar.....*	Moratin, Orígenes del Teatro.	Ascondar..........	Esconder.
B.				
Retranché.......	*Ca sí fueredes medidos* *En recibir non* DUBDEDES. *Pero después que temdrón* CORDICIAS *particulares......*	Santillana......... .... Anexál.........	Dubdar, subtracr, obscurecer. Codicia, subancion, baraja, etc.	Dudar, suttraer, oscurecer, etc. Codicia, sunsicion, aroja, etc.
Ajouté.........	ASUELTOS *se levantáron........*	Santillana.........	Asuelos..........	Absueltos.
Remplacé par l'U....	*Al tema quiero volcer* *De la* CIBDAD *que nombré.....*	Abenál.........	Cibdad..........	Ciudad.
C.				
Retranché.......	*Era aquesto un* SANCTO *varon......*	Valera.........	Sancto, a.........	Santo, a.
Ajouté.........	*Ca tos muchos los que en este tiempo se han* DOTOS... *y para destruir t un mique* SETA.	Moratin, Orígenes del Teatro.	Doto, a; seta.....	DoCto, a; SeCta.
Remplacé par le Z..	C *avec cédille s'employait autrefois devant* A, O, U; *il est au-* *jourd'hui remplacé par le* Z.......	De Branco.......	Çapato, aÇicar......	Zapato, azicar.
Remplacé par l'S..	*Mas dito que las* CIERRAS *y mas que los collados.* C, *suivi de l'H, remplacé par* QU.....	De Branco.......	Cierras, Chimere.... Chimica, Chimera.	Sierras. Quimica, Quimera.
Remplaçant le Q...	*Le* C *remplace la lettre* Q *devant les diphthongues* UA, ÜE, UO.		Quando, aQueducto, propin-Quo, a,.........	Cuando, aCueducto, propin-Cuo, a, etc. ç.

¹ Le mot *retranché* sous-entend (de l'ancienne orthographe); le mot *ajouté* sous-entend (dans la nouvelle orthographe).

² Nous avons vu, dans le premier alphabet, que le C remplace aussi quelquefois QU, QU..... QUotidiano, QUatarea; Cotidiano, Catarea, etc.

	EXEMPLES ou OBSERVATIONS.	NOMS DES AUTEURS.	ANCIENNE ORTHOGRAPHE.	NOUVELLE ORTHOGRAPHE.
SUITE DU C.				
Remplaçant le G......	*Tras deso GILOSIA que es causa de mis CELOS.*	DE GUEVARA.	*Geloxia, gelos.*	*Celoxia, Celos.*
Remplaçant l'S......	*E dese ROSIO / E do grand eloda...*	Rosio	*RoSio, deSiendo......*	*RoSio, deCiendo [1].*
Remplaçant le Z.....	Le C remplace le Z, le plus souvent, devant E, I.	Moratin, Orígenes del Teatro.	*Hiza, Záfiro, Zato, Xizania,*	*HiCo, Cáfiro, Celo, Cizania, Cizaña, etc.*
D.				
Retranché...........	*Pues vosotros que CORREDES / Al gusto de esta dulor......*	Correas.	*Corredes, Amiciches, etc...*	*Correis, Amicieis [2].*
Ajouté.............	*SALÍ aci, Fiavio ¿ dó estais? / Cuerzmedes nin AVIENTOS..*	La Trapacera. / Santillana.	*Saii, deci. / Avientos......*	*SaiD, deciD. / ADvientos.*
	Para ver que remedo TERNEMOS.	Los judíos de España á los de Constantinopla, en 1492.	*Ternemos.*	*TenDremos [3].*
Remplaçant le T.....	*Y porque siempre podesce / El que dice la VERDAT. / A la danza mortal VENIT los nacidos.. / Avrin todas las piedras entre sí LIT conpid..*	Lope de Vega. / Moratin, Orígenes del Teatro. / De Berceo.......	*YerdAT, naldAT / VenIT.. / LIT......*	*YerdAD, naldAD. / VenID. / LiD.*
Transposé...........	*Al punto ATALDE, ABRILDE, DESOLLALDE y aun MA-TALDE.*	Cervantes	*AtalDe, abrilDe, De-solllalDe, matalDe...*	*AtoDLe, abriDLe, De-sollaDLe, matoDLe, etc.*
E.				
Retranché...........	*VEYENDO su culpa / SEYENDO próbada. / Su mesmo INTERESE, etc. / Por facerme mas despecho, / Cavido, en mi VALOMARE, / Mádeme mis palomillas; / Criados y por CRIARE, etc. / Quelquefois les deux EE se contiennent en un seul.*	Salas Barbadillo.	*VEyendo, sEyendo, benEficio, in-teresE.*	*Viendo, siendo, benito, in-teres.*
Ajouté.............	*Antes sería Llamado SPURIO. / Ni donde ni como smuñana STAREMOS. / Á esta mi danza THAX de presente. / Y catrón tocando en un TAMBORET / Faloguhabá el otro desterado cuelpo señor*	Recopilación. / Lope de Vega. / Moratín, Orígenes del Teatro. / De la Escena. / Anchinesze de Ibiza.	*Poema del Cid. / PatomonrE, criarE, decrrE. / VeltE...... / Spurio. / Starémos, staltur. / Trax... / Tamboret, entrecsera... / Faloguhabá, destendoF.*	*PatonaR, criaR, decriR, etc. / VeR. / Espurio. / Estaremos, Estuttur, etc. / Tragt. / Tamboretl, entrecsera, etc. / FaloguihabD, destendoD [4].*

[1] Aujourd'hui deciendo.

[2] À la 2e personne plur. du prétérit défini, la terminaison *eis* ne prend pas l'*i* dans les anciens mots. Le D disparaît et les deux *EE* se contractent, mais l'ancienne littérature.

[3] Outre l'addition du D, il y a la transposition de l'R et de l'N.

[4] *Faloguhabá,* pour *halagábale; desiendole,* pour *deciéndole.* Remarquez aussi l'apostrophe, qui était très-usitée dans l'ancienne littérature.

ALPHABET ORTHOGRAPHIQUE.

	EXEMPLES OU OBSERVATIONS.	NOMS DES AUTEURS.	ANCIENNE ORTHOGRAPHE.	NOUVELLE ORTHOGRAPHE.
SUITE DE L'E.				
Remplacé par l'A......	*Nrnna era de dios, de seso acabado,* / *Mas QUERRIE ser ciega que verse casada*......	Moratin, Orígenes del Teatro..	Querrié, diéEr.	Querría, diéAr, etc.
Remplacé par l'I......	*CEVILES tratidores prevalen en corte*...... / *RIECEBE la joya,* / *Toma su ESTRIUMENTO,* / *E alegre et contento,* / *Se anda a la IGLISIA*......	Torres Naharro,...... / Auto anónimo; manuscrito exis- / tente en la biblioteca real de / Paris......	CEviles. / Riecibe. / Estriumento. / Eglesia. / Dieciendo, mismo.	Civiles. / Recibe. / Instrumento. / Iglesia. / Diciendo, mismo.
Remplacé par l'O......	*Y para el mejor bien y servicio de AMBES*......	Tratados de Paz de Felipe III.	Ambes......	Ambos.
F.				
Retranché......	*Al bendito san JOSEF*......	De la Encina......	Josef.	José.
Remplacé par l'H......	*Tres FERMOSA vos FALLÉ* / *Que FIXE por ella alardé*...... / *Los clérigos non deben jugar dados niu caualverse con TA-* / *FURES*......	Hoz......	Fermosa, Fallé, Fixe...... / Fijo, Fambre, etc.	Hermosa, Hallé, Hice, Hice. / Hijo, Hambre, etc.
Remplaçant le l'H......	*PHELIPE, por la gracia de dios,* etc. / *El FrisoFIO nos manda* / *Que no arguyamos*......	I Partida, ley 34, tit. VI...... / Poema del Cid......	TeFur. / Pilelipe, JosePH...... / FilisoPllo, FilosoPllia.	TeHur. / Telipe, JoseH (puis José). / FilisoFo, FilosoFía.
G.				
Ajouté......	*La virgen santa me VALA,* / *E ella mis preces OVA...* / *SS et reconterete que THAYO,* / *Venio tan da roudon*......	Villegas...... / Cervantes......	Vala, oya, oaya...... / Trayo......	ValGa, oiGa, oaiGa. / traiGo.
Remplacé par l'I......	*Vientos, nubrados et GELOS,* / *Todo anda junto AGORA*......	Arenal......	Gelos, aGorra......	Hielos[1], aHora.
Remplacé par S......	*Pues quien no GELO merece* / *Pase por lo destruído...* / *Prelcron rey á don Jupiter, mudo GELO reydon*......	Savillana...... / Archipreste de Hita......	Gelo......	Se lo.
Remplaçant l'X guttural......	Au commencement et au milieu des mots, devant l'E et l'I......		Xefe, eXercío, diXe......	GeFe, eGercío diGe[2].
H.				
Retranché......	Cette lettre n'est souvent qu'un signe orthographique pour la divi- / sion des voyelles. En disparaissant de certains mots, elle amène / quelquefois la contraction entre les deux voyelles qu'elle séparait......		Reliacio, comprehender, re- / prehender......	Reacío, comprHender, reprH- / der[2].

[1] On dit hielo, yelo; et helada, place; helar, etc.
[2] Ce G est remplacé hi-même par J. (Voyez la lettre J.)
[2] Cette contraction a lieu quelquefois, même avec l'interposition de l'H; comme dans VEHEmente.

	EXEMPLES ou OBSERVATIONS.	NOMS DES AUTEURS.	ANCIENNE ORTHOGRAPHE.	NOUVELLE ORTHOGRAPHE.
SUITE DE L'H.				
Retranché......	Y de nostra santa fe CATHOLICA...... Non deben los clérigos III tovir, porque facen III muchas vilanías y desaposturas......	Tratado de Paz de Felipe III. Moratín, Orígenes del teatro.	Cathólica, chrísto, ailleli. Y, aquí, aíll¹.	Católica, cristo, aleli;
Ajouté......	ó eud es aquesta ORRIBLE cossta...... Sobed e sepa todo ONBRE Y os OVIEIES grant placer...... 	Santillana. Lope. Moratín, Orígenes del teatro.	Orrible. Onbre, ovistes. Ayades.	Horrible. Hombre, huvisteis, Hubisteis. Hayedes, Hayedes.
Remplaçant l'F......	Que todos AVADES á facer penitencia......	Moratín, Orígenes del teatro.	Fijo, Fazaña, Folïor, Falïor, Fuïr, Folgar, etc.	Hijo, Hazaña, Hablar, Hablar, Huïr, Holgar, etc.
F.				
Retranché......	E COMIENZÓ mucho ó dolerse......	Juan de la Encra.	Comienzó, pedimiento.	Comenzó, pedimento.
Ajouté......	La confertmos facultad tan AMPLA. ACORDIASTES de os soltar E fair á muy grant prisa......	Felipe III. Torres.	Ampla. Acordiastes, ouvastes, feïsteis.	Amplia. Acordásteis, ouvásteis, feïsteis.
Remplacé par l'O......	Y si fuere donadío de rey ó de OTRI......	Fuero real, ley. 1, tit. 2.	Otri.	Otri.
Remplacé par l'E......	QUI ordena las cosas sin ningun consejero......	Qui.	Quï.	Qué.
Remplaçant l'E......	ENCLINARON las orras sin suso de los arzones Ruego ó todo letrado Questo quisiere leer, Que me quiera CORRIGER, Si en algo FUE errado.	Poema del Cid.	Enclinaron, Encensor. Fue, Corregir.	Inclinaron, Incensar, etc. Fuï, corregir.
Remplaçant le G......	Précédé de H, l'I remplace quelquefois le G......	Lope de Vega.	Gelo.	Hielo.
Remplaçant l'Y......	L'I remplace l'Y placé au milieu d'un mot, et suivi d'une consonne. Il le remplace aussi dans les mots d'origine grecque......		Aïre, ofeïer, etc. Dïra, pïra, etc.	Aïre, ofeïer, etc. Lïra, pïra, etc.
J.				
Remplaçant l'I......	Non aventuras mucho tu riqueza Por CONSEIO de ome que ha pobreza......	Santillana.	Conseio.	Consejo.
Remplaçant l'X et le G guttural.			Xabon, deXar, Xefo, eXircito, Gefo, etc; diXe, diXo, reloG, almiraG, almirToG.	Jabon, dejar, Jefe, ejército, Gefe, diïe, diïo, reloï, almiraï, almiraï.
Remplaçant l'H......	Rey de HIERUSALEN......	Tratados de Paz de Felipe III.	Hierusalen.	Jerusalen.

¹ De oeï-y, aïlé-y, on a fait aqui, aïlí. L'H s'est maintenu dans a-hi, pour ne pas confondre cet adverbe avec l'interjection Aï!... Aÿ¹.

	EXEMPLES OU OBSERVATIONS.	NOMS DES AUTEURS.	ANCIENNE ORTHOGRAPHE.	NOUVELLE ORTHOGRAPHE.
L.				
Remplacé par l'R.....	Autrefois l'R final de l'infinitif se changeait en L par euphonie, quand cet infinitif était suivi du substantif relatif *le, lo,* etc. A son tour l'L a disparu pour faire place à l'R. *Y segun PLATICA, y uso.*	RECOPILACION.	*Matalle, disculpalle, Plática,*	*Matalle, disculpalle, Plática, plácetlo.*
Remplacé par le D.....	*Obedientes el REBELLES.*	Lope.	*RebelLes.*	*RebelDes.*
Remplaçant l'R.....	*Con esta mi FABCIA,* etc.	Origenes del teatro.	*FLecha.*	*FLecha.*
	TEMPRAD (la cupida sed.	Santillana.	*Templad.*	*Templad.*
	El BLANCO vellon	Cervantes.	*BLanco.*	*BLanco.*
Remplaçant l'F.....	*Con devoto ardor el FLAMA.*	Flama.	*Flama.*	*Llama.*
LL.				
Remplacé par L.....	*Eran las CARNESTOLLENDAS.*	De la Escna.	*Carnestollendas.*	*CarnestoLendas.*
Remplacé par L.....	*Por FIELLES.*	Lope.	*Cruelles, fielLs.*	*Crueles, fieles.*
Remplaçant L.....	*A grandes voces LAMA.*	Poema del Cid.	*Lama, aLá.*	*Llama, aLLá.*
M.				
Remplacé par N.....	La lettre M est remplacée par la consonne liquide N, qui tombe volontiers sur les dentales D, T.	Santillasa.	*Asampto, proMptitud.*	*AsaNto, proNTitud.*
Remplaçant N.....	*Todo ONBRE sea contento / De ser como fue su poderc.* Ici, comme dans le grec, le latin et le français, la liquide M tombe volontiers sur les consonnes labiales, B, P.		*ONbre, faNbre, eNbober, eN-pobrecer,*	*faNbre, faNbre, hoMbre, hoMbre, eMbober, eMbobre, eMpobrecer.*
N.				
Retranché.....	*Que NON tenías dellos SINON la su fama.* / *NIN nadie ANSI mesmo,* etc.	Santillana.	*NoN, niN, SinoN, aNsi.*	*No, ni, Sino, asi,* etc.
Ajouté.....	*Que Yo deva me EMENDAR.* / *CONIGO y yo con él por lo passaso.*	Tratatos de Paz de Felipe III	*Emendar. Consigo.*	*ENmendar. CoNsigo.*
Remplacé par l'S.....	*Y DENDE en adelante.*	Ley 7, tit. 4, lib. 9, R.	*DeNde.*	*DeSde.*
Remplacé par le tilde.....	*NINNA era de dias, de seso acabada.*	Moratin.	*NiNNa, compaNNia, seNNor.*	*NiÑa, compañia, señor.*
Remplaçant le tilde.....	*Querellando á D. Jupiter DIERO voces las ranas.*	Hrta.	*Diero.*	*DiéroN.*
	Y á mi Ño me repetieron.	De la Escna.	*Nó pour noN.*	*No.*

	EXEMPLES ou OBSERVATIONS.	NOMS DES AUTEURS.	ANCIENNE ORTHOGRAPHE.	NOUVELLE ORTHOGRAPHE.
O.				
Ajouté................	Véase ó MAN derecha.... personages nas de cieu.		Bon, cieu.	MaoO, cieutO.
Remplacé par l'U......	Hace el medroso esforzado / Et muy POLIDO el grosero. / Era tan gran BOLLICIO / Que TOHÉ que desenterme.	Orígenes del teatro.	POlido. / BOllicio, tObe.	Pulido. / BUllicio : tUbe, tUve.
Remplacé par UE......	NOSTRO séñor D. Phelipe tercero.	Tratados de Paz.	NOstro, vOstro.	NUestro, vUestro.
Remplacé par A, E.....			BOrruméada, escOroso.	BArruméada, escUroso.
Remplaçant T, D......			NinguuT, ninguuD; alguuT, alguuD.	NinguuNO, alguuNO.
Remplaçant UO........			QUOtidiano, qUOta, eUO-ciente.	COtidiano, cOta, cUciente.
P				
Retranché............	Al comenzar el SEPTIEMBRE — delante de ellos el que tenie el PSALTERIO. / Tiene tal jurisdicion / Que CAPTIVA el corazon.	Trapacería. / Chevas.	SePtiembre, Psalterio, asunP-to, promPtitud. / CaPtivar.	Setiembre, salterio, asunto, prontitud. / Cativar.
Remplacé par l'U.....	Y el CAPTIVO BAUTIZO / A la hija del bajá.	Cervantes.	CaPtivo, baUtico.	Cativo, baUtizo.
Remplacé par l'AI....	No quieras mi DAPNACION.	Santillana.	DaPnacion.	DaMnacion.
Q.				
Remplaçant le C......	Y porque la MONARCHIA del rey christianísimo.	Tratados de Paz de Felipe III.	MonarCHia, CHristia-nera, CHi-	MonarQUia, QUistea, QUi-nera.
Remplacé par le C....			Quotidiano, Quota, Quociente, Quatorce.	Cotidiano, Cuota, Cota, Catorce.
R.				
Retranché............	Cuando los ángeles sanctos TREMBLAN con pavor.	De Benego.	Thremería, temblon, endoRsar.	Temería, temblon, endosar, etc.
Remplacé par L.......	Con esta mi FRECHA, cruel traspasante. / Pues que ya el FRAYRE vos ha predicado / Que BRAS ha escuchado.	Moratín orígenes del teatro.	FRecha, froghe, BRas, blaro-do, repraschla.	FLecha, fragLe, BLas, BLando, represalia.
Remplacé par U.......	Ordenamos y mandamos que no sean SECRESTADOS.	Ley 7, tít. XVII, lib. 5, R.	SeCRestados.	SeCUestrados.

ALPHABET ORTHOGRAPHIQUE.

	EXEMPLES OU OBSERVATIONS.	NOMS DES AUTEURS.	ANCIENNE ORTHOGRAPHE.	NOUVELLE ORTHOGRAPHE.
SUITE DE L'R.				
Transposé..........	*Por ende el santo PERLADO,* / *Degостreфa es vanida,* / *La muerte VERNA.*	MONATN, Orig. del teatro..	PERlado........... / VERNÁ...........	PRElado........... / VENDRá............
S.				
Retranché..........	*Ca los omes de alta SCIENCIA,* / *Duela sobre la cobdicia,* / *Todos los bienes FALLESCEN,* / *En el pueblo sin justicia,* / *Los que son justos PADESCEN.*	MENA..............	Sciencia........... / Fallescer,padescer,aborrescer.	Ciencia............ / Fallecer, padecer, aborrecer.
Retranché, avec l'O.	*Gobernador y teniente de VISOREY....*	JOAN DE TIMONEDA...	VISorey...........	Virey.
Ajouté.............	*Fija el teal, espera* / *Del tu fijo MESIA...*	MONATN, Orig. del teatro..	Mesia, Jesú, diminuido...	MesiaS, JesúS, déSminuido.
Remplacé par le Z..	*El gran golpe del justo PISO á las renas callar.*	DITA.............	FiSo, soleS.........	FiZo, hiZo, soleZ.
Remplacé par le C..	*Falagabar el otro DESIENDO, amigo Señor.*	DITA.............	DeSiendo, reSio.......	DeCiendo, áfiCiendo,reCio, etc.
Remplacé par le G ou J...			ASerjo............	AGorjo, aJenjo.
Remplacé par l'N.....	*Que ESTONCES para en aquel caso..*	Ley 14, tit. XIII, lib. 9, R.	EStonces..........	ENtonces.
Remplacé par TR......	*Déjemos NUESSAS mugeres,* / *Y al-zad la faz; que yo es cierta* / *VUESSA honra[1].*		NuesSaS, vuesSo......	NuesTraS, vuesTras.
Remplaçent le C....	*Mas alto que las Cierras.....*	De BERCEO..........	Cierras............	Sierras.
T.				
Retranché..........	*Y las amazonas Celestra ET Lampeto......*	SANTILLANA.........	ET...............	E.
Remplacé par le D...	*Solomon, sabio prudindo,* / *Lo dijo, y es VERDAT, etc.,* / *VENIT y veretes del mundo el engüio.*	TORRES............	VerdaT, vanidaT, / VeniT............	VerdaD, vanidaD, / VeniD[2].

[1] L'espagnol conservait encore au dix-huitième siècle le redoublement des voyelles, dans un grand nombre de mots : FirmadZZa, poSSer, intereSSes, promeTTer, deSSaar, aFFiarsa, eNNo, teNNer, meSSalin, qui-zieSSen, etc., etc.

[2] De là vient que les grammairiens ont cru qu'il y avait un rapprochement entre la prononciation du D et du T, la première de ces deux consonnes n'a rien de commun avec l'autre; sa véritable prononciation est douce et se rapproche tant soit peu du Z. C'est ainsi qu'elle se prononce dans la Vieille-Castille, et c'est ainsi qu'il faut la prononcer, si l'on ne veut tomber dans le ridicule si justement reproché aux habitants de Valence, dans ce quatrain :

> *Los de Valencia del eT* \
> *Tienen por grande etreT,* \
> *Saber tener etjnaT* \
> *Y tater calado en MadriT.*

Il faut écrire : CID, viriuD, leuD, maviriD.

	EXEMPLES ou OBSERVATIONS.	NOMS DES AUTEURS.	ANCIENNE ORTHOGRAPHE.	NOUVELLE ORTHOGRAPHE.
U.				
Retranché......	Dans la diphthongue UO, après la lettre C ou Q......		Qüotidiano, qüociente, cüo-ciente.	Cotidiano, cociente.
Ajouté.......	Salvo EXCEPTADOS los casos acostumbrados...... Ni vtea los entienda que el dean de CIUARODRIGO......	Ley 2, tit. 26, lib. 8, R. Fernan Gomez.	Eccepctados. Cidarodrigo.	Exceptuados. Ciudarodrigo.
Remplacé par le V...	Por tanto y en URTUD......	Tratados de Paz de Felipe III.	Urtud, Natierra.	Virtud, Natierra.
Remplaçant le B.......			Clüdadano, clüdad.	Ciüdadano, ciüdad.
Remplaçant l'O......	Si alguna hiciere BOLLICIO ó levantamiento del reino.. s...	Ley 1, tit. 18, lib. 8, R...	BOllicio, tOvo, tObiera, pO-llilo.	BUllicio, tUvo, tUviera, pU-llilo.
V.				
Retranché......	Un viérnes por ó ó mira. VOS mandé presto euillar.	Tobnes......	Vos.	Os.
Ajouté.......	Para que no UELHAN......	Tratados de Paz de Felipe III.	Uelhan.	Vuelhan, Vuelvan.
Remplacé par le B...	Bien se ne DEVE creer......		Devë.	Debe.
Remplaçant le B......	Guardiad vos de mal BEVIR......	Phillas.	Bevir.	Vevir, Vivir.
Remplaçant l'U......	Que se consiga el SERUCIO. UA, la presencia fermada. Rey de NAVARRA, SEUILLA, CORDOUA, ALGARUES, etc...	Tratados de Paz de Felipe III.	SerUicio, Ua, NaUarra, SeUilla. CordoUa, AlgarUes.	Servicio, Va, NaVarra, Se-Villa, CordoVa, AlgarVes.
X.				
Retranché......	Des mots où, suivi d'un P, il était une abréviation de crist......		XPiandad, XPiano, XPo.	CHRISTiandad, CHRISTiano, CHRISTo.
Remplacé par J, G...	Ainsi que nous l'avons vu dans le premier alphabet, au commencement ou au milieu d'un mot......		Xefe, Xabon, eXército.	Jefe, Gefe, Jabon, ejército.
Remplacé par J......	A la fin d'un mot.		reloX.	reloJ, etc.[2].
Remplacé par CS......	On en est venu jusqu'à écrire les syllabes Xa, Xen, Xi avec CS.		EXâmen, eXento, eXimio...	EkSâmen, ekSento, ekSimio[3].

[1] Là où l'X est conservé, avec le son de CS, il n'est plus suivi de l'accent circonflexe : Exâmen (examen), ancienne orthographe; exâmen, nouvelle orthographe.

[2] Dans le mot reloj, le J final est muet.

[3] Cette innovation est ridicule et barbare; elle dénature la véritable prononciation de l'X, et n'aboutit qu'à compliquer l'écriture. L'X n'a été justement remplacé que par J ou G.

ALPHABET ORTHOGRAPHIQUE.

	EXEMPLES OU OBSERVATIONS.	NOMS DES AUTEURS.	ANCIENNE ORTHOGRAPHE.	NOUVELLE ORTHOGRAPHE.
SUITE DE L'X.				
Remplacé par S........	Ce changement n'est pas plus heureux que le précédent : il a lieu lorsque l'X est suivi d'une consonne. (Voy. le premier alphabet.)	EXtranjero, eXterno	EXtranjero, eXterno.	ESTranjero, eSterno.
Y.				
Remplacé par I.........	Au milieu d'un mot, et suivi d'une consonne.	....	aYre, afeYtar, paYs........	aIre, afeItar, pais.
Remplacé par IG........	CAYA é íncurra en pena de 6,000 maravedís.	Ley 1, tit. 19, R.......	CaYo, troYo, oYo, etc......	CaIGo, traIGo, oIGo, etc.
Remplacé par D.........	MORDEY sabrosos bocados.... N. B. MordeY, andaY, etc., ne sont probablement que des contractions du verbe avec l'adverbe Y, si usité dans l'ancienne littérature.	CERVANTES........	MordeY, andaY.......	MordaD, andaD, etc. [1]
	Está en mesa rica mucha buena trianda , Un manjar mejor que otro á menudo Y anda. Dans les verbes en IR, l'Y disparaît des anciens mots.	HITA.		
	Osado sois de aquí entrar, DECI don perro villano.	LUIS DE MIRANDA.	Deci............	DeciD.
Z.				
Remplacé par le C.......	Por la GRAZIA de dios rey de GALIZIA.	Tratados de Paz, DE FELIPE III.	GraZia, galiZia, ZéFiro , etc.	GraCia, galiCia, CéFiro , etc.
Remplaçant le Ç........	(Voy. le premier alphabet.)		Çapato............	Zapato.
Remplaçant l'S.........			FiSo............	FiZo, hiZo, etc.

[1] Les substantifs dont cette lettre formait la terminaison, ne prenaient pas E au pluriel. Ex. : *ley, leyS; rey, reyS. Aujourd'hui : reg, regiS; ley, legiS.*

FIN.

TABLE DES MATIÈRES.

TABLE DES MATIÈRES.

FIN DE LA TABLE.

www.ingramcontent.com/pod-product-compliance
Lightning Source LLC
Chambersburg PA
CBHW060431090426
42733CB00011B/2236